浙江省一流本科课程建设项目《新闻采访与写作》
[浙越外教发(2020) 37 号]阶段性成果

新闻导语写作案例教程

Case Study Approaches to News Lead Writing

武斌 著

南方日报出版社
NANFANG DAILY PRESS
中国·广州

图书在版编目（CIP）数据

新闻导语写作案例教程 / 武斌著. -- 广州 : 南方日报出版社, 2024.6
ISBN 978-7-5491-2871-6

Ⅰ. ①新… Ⅱ. ①武… Ⅲ. ①新闻导语—新闻写作—教材 Ⅳ. ①G212.2

中国国家版本馆CIP数据核字(2024)第094646号

XINWEN DAOYU XIEZUO ANLI JIAOCHENG

新闻导语写作案例教程

著　　者：武　斌
出版发行：南方日报出版社
地　　址：广州市广州大道中289号
出 版 人：周山丹
责任编辑：刘志一　陈　宇
责任校对：朱晓娟
责任技编：王　兰
装帧设计：劳华义
经　　销：全国新华书店
印　　刷：广州市尚铭印刷股份有限公司
开　　本：787mm×1092mm　1/16
印　　张：14.25
字　　数：180千字
版　　次：2024年6月第1版
印　　次：2024年6月第1次印刷
定　　价：45.00元

投稿热线：（020）87360640　　读者热线：（020）87363865
发现印装质量问题，影响阅读，请与承印厂联系调换。

前言

Preface

严肃对待新闻导语

互联网新媒体的勃兴标志着人类社会进入了后新闻传播业时代①，虚拟现实、人工智能、万物皆媒正在深化这一进程。在传统媒体时代，掌控新闻话语传播平台和传播渠道优势的专业媒体严格把关，倒金字塔思维得以保持超稳定的状态，新闻话语遵守专业规范。进入后新闻传播业时代之后，传统媒体的传播平台和传播渠道被人人都是传播者的新型交流环境取而代之，新闻生产走向“泛社会化”，新闻写作失范失序屡见不鲜，其中，作为新闻文化精粹的导语写作问题尤为突出。

新闻以信息传播的效率性见长，其建构模型是以导语为中心的倒金字塔结构，其写作精要是：以导语为中心，一事（人）一报、事实与情感和观点分离。它恪守新闻客观性法则，所以也被称为纯新闻。又因其选题着眼于公共事务、政府行为和公共关系，突出新闻价值的时新性和重要性，因此也叫硬新闻。

19 世纪 60 年代，新闻导语开始在美国出现，它标志着脱胎于文学写作范式的新闻写作开始形成独立文体，随后新闻导语形成了以六要素俱全为标志的“第一代导语”，它使得新闻开头精华荟萃，但显得臃肿冗长，焦点不突出。1953 年 10 月 26 日，《纽约时报》编辑主任特纳·卡特利奇（T. Catledge）提出了第二代新闻导语的理念，提倡在建构导语时宜根据新闻诸要素在新闻中起什么作用以及不同稿件，来决定使用新闻六要素中的哪些部分要素，不

① 杨保军．简论“后新闻传播时代”的开启［J］．现代传播，2008（6）：34．

要把所有要素都堆积在导语中，这种简明扼要的导语被称为“部分要素式导语”①。“第二代导语要求好中挑好，把最重要、最新鲜、最能引起读者兴趣的内容，突出地写进导语里，使这条新闻导语勾魂摄魄，紧紧地抓住读者。”②

倒金字塔结构是一种以导语为统摄地位建构全文语篇的话语形式，即在导语中以“何事”要素为中心，交代全篇的核心事实和结果，把最新鲜、最重要、最能引起读者阅读兴趣的事实信息以提纲挈领的形式醒目地呈现出来，展示新闻的菁华碎片，使读者一眼就发现新闻的主题并产生继续阅读主体部分的兴致。其写作特点是“先果后因”，即从导语开始，围绕焦点，事实材料按照重要性依次递减排列。行文的核心是要言不烦、开门见山、简洁明了。

新闻倒金字塔结构的普适化范式建构了新闻思维的规律——倒金字塔思维。“倒金字塔思维是展开新闻传播活动的基本思维方式，是新闻传播思维的一种稳定模式，贯穿在新闻内容的选择、新闻传播方式的选择、新闻受众的选择定位过程中。因此，可以说，倒金字塔思维，是新闻传播思维的基本规律之一，或者说是新闻传播规律性的思维方式。”③

与这种以新、实、活、短为特点，以传播信息见长的新闻相对应的是以人情味故事为旨趣的特稿（特写）。特稿导语的写作风格与新闻相比较，更注重个性化和情趣，富有文采。它们共同建构了新闻文化的不同色彩，满足受众对信息和情感的需求，交相辉映。千里之行，始于开头，作为新闻传播者，学习并掌握导语写作范式是新闻写作的起点。

在当下后新闻传播业时代，个体化节点以分布式方式参与媒介内容生产，新闻行业的壁垒被拆除，专业与业余的边界被打破，舆论场嘈杂的信息传播环境令人心浮气躁。对于职业新闻工作者而言，弘扬报人精神、回归专业主义、强化职业规范，以优质的导语书写统摄新闻话语，有利于廓清新闻业的合法边界，推动报业文化在转型与重生中得到传承和赓续，巩固新闻作为知识生产的一个行业所需要的专业权威。同时，对于热衷于利用自媒体传播信息的“草根记者”而言，懂得新闻学的专业知识，掌握新闻导语的写作规范，对于提高自身传播信息的质量不无裨益，“在当前的数字时代，非记者和非传统记者正踏上传统记者长期占有的领地，并且总的来说并未受到欢迎，因此动态地和情

① 卡特利奇. 我的一生与《纽约时报》[M]. 俞立，等译. 北京：新华出版社，1985：263.
② 尹德刚，周胜林. 当代新闻写作 [M]. 上海：复旦大学出版社，1997：38.
③ 杨保军. 倒金字塔：新闻思维的规律性结构 [J]. 新闻战线，2008 (6)：44.

境性地理解记者的行动可能会卓有成效”①。

当世美国新闻传播学领域最具影响力的学者之一，现任教于纽约的哥伦比亚大学的迈克尔·舒德森（Michael Schudson）在思考新媒体技术对传统新闻业程式产生的颠覆性的影响时认为：“互联网的确是自印刷术以降，对知识的生产和流通影响最大的一种技术。新闻业的变化是显而易见的：社交媒体如日中天；美国总统沉迷推特；记者不再仅仅是‘报道’新闻而是在社交媒体上‘推送’自己为随便什么媒体制造的故事；人们越来越不关心新闻的品质而沉浸于新闻带给自己的震惊；等等。新闻正在变成一套更加随意、私人化、尖酸刻薄、粗鄙、毫无品位、无事生非、耸人听闻的话语，这与‘老派’的、相对更中心主义的、建制化的、温和的、非私人化的、有特定语言标准的传统新闻话语有本质的区别。这一过程尽管引发人们兴趣、希望乃至恐惧，但笔者还是要说：所有这一切，都与新闻报道、调查和采访等行为的生产动机无关。新闻——真正意义上的新闻，仍然要通过这些最‘古老’的采集与制作方式生产出来。被互联网所改变的，远远不是新闻生产最核心、最有价值的部分。”②

迈克尔·舒德森的洞见启示我们：在新媒体时代，做好新闻仍旧需要我们继承和发扬最“古老”的新闻生产方式，避免因技术崇拜而迷失在数字空间的迷宫中。

新闻导语作为连接新闻标题与新闻主体之间的媒介，“撒播”信息的核心思想，它“试图将思想的鲜活精灵凝固在纸墨之上”③，创造新闻文化与受众的相遇；它遥控客体的身体，与缺席而又在场的客体建立最便捷的对话；它释放知识生产者与社会现实生活碰撞的灵韵，彰显主题的意义；它是主体对客体的魅惑。让我们从学习新闻导语写作开始，一同探寻新闻写作的奥秘！

---

① 泽利泽. 想象未来的新闻业［M］. 赵如涵，译. 北京：中国人民大学出版社，2022：154.

② 常江，何仁亿. 迈克尔·舒德森：新闻学不是一个学科——历史、常识祛魅与非中心化［J］. 新闻界，2018（1）：15.

③ 彼得斯. 传播的观念史：对空言说［M］. 邓建国，译. 上海：上海译文出版社，2017：3.

目录

Contents

第一章　绪　论 / 1

一、新闻导语要引人注目 / 2

二、新闻导语有硬软之分 / 5

三、精益求精，写好新闻导语 / 9

第二章　融媒体时代新闻导语的范式危机 / 15

一、信息超载 / 18

二、主次不分 / 19

三、时间模糊 / 20

四、硬软混淆 / 22

五、盘根错节 / 23

六、似有实无 / 24

第三章　新闻导语的历史 / 27

一、优质新闻始于导语 / 28

二、新闻导语源自 19 世纪 60 年代 / 30

三、从第一代导语到第二代导语 / 33

第四章　新闻导语的功能 / 37

一、锐化新闻焦点，彰显价值 / 38

二、浓缩全文精要，纲举目张 / 39

三、主导新闻结构，简洁明了 / 41

四、增强可读性，引人入胜 / 42

第五章　新闻导语的类别 / **47**
一、硬新闻导语 / 48
二、软新闻导语 / 55

第六章　新闻导语与新闻要素 / **67**
一、What（何事）要素 / 68
二、When（何时）要素 / 69
三、Where（何地）要素 / 71
四、Who（何人）要素 / 73
五、Why（为何）要素 / 74
六、How（如何）要素 / 75

第七章　新闻导语与新闻价值 / **77**
一、时新性 / 78
二、接近性 / 81
三、重要性 / 83
四、显著性 / 84
五、趣味性 / 86

第八章　新闻导语的语言 / **89**
一、准确清晰 / 91
二、简洁明了 / 95
三、具象可读 / 103

第九章　新闻导语与报道的结构 / **111**
一、硬新闻的结构 / 113
二、软新闻的结构 / 116

第十章　新闻导语与稿件的标题 / **127**
一、硬新闻导语与标题 / 129
二、软新闻导语与标题 / 133

第十一章　新闻导语的信源应用 / **141**
一、导语中需要指明新闻来源的几种情形 / 142
二、导语中笼统交代新闻来源的几种情形 / 146
三、导语中不交代新闻来源的几种情形 / 147
四、新闻来源在导语中的空间位置 / 149

第十二章　硬新闻导语写作 / **151**
一、硬新闻导语写作的技巧 / 152
二、硬导语写作失误举隅 / 164

第十三章　软新闻导语写作 / **173**
一、软导语与硬导语的差别 / 176
二、软导语写作的原则 / 180
三、软导语失范举隅 / 182
四、建构软导语的进路 / 186

第十四章　新闻人的工匠精神请从“头”开始 / **191**
一、硬新闻导语宜开门见山、简明扼要 / 192
二、软新闻导语宜委婉生动、虚实结合 / 195
三、优化记者笔力，强化新闻文化建设 / 199

结　语 / **203**

参考文献 / **209**

后　记 / **215**

01

第一章

绪　论

清代学者李渔在《闲情偶记》中说:“开卷之初，当以奇句夺目，使之一见而惊，不敢弃去。”[①] 可见，写好文章的开头多么重要。新闻学是“叙事艺术中最严格的一种”[②]，其开头尤其不可轻视。美国新闻学者杰克·海敦说，新闻的“导语是促使读者读下去的诱饵。如果导语索然无味，读者看完导语就不往下看了”。[③] 为此，美国高校在新闻采访写作课上特别强化导语教学。“美国大学新闻学院的大学生或研究生要花一年的时间学习新闻导语的写作。美国大学新闻学教授和传媒专家相信，新闻导语的写作是新闻传播学专业学生最基本的基本功。”[④]

一、新闻导语要引人注目

面对两篇同一主题的新闻开头，你会喜欢下面的哪一个开头呢?

▲华南广东省的农学家去年对全省野生稻的资源进行调查，收集了530多个各种生态型的野生稻标本。[⑤]

▲新华社星期三报道，中国的研究人员相信，一些野生稻品种可以用来培育出抗病虫害和抗恶劣气候稻种。[⑥]

第一个开头写作逻辑严谨，但读起来枯燥乏味。它的时效性差，“去年”的事为何现在才报道？新闻要新鲜！其次，一般人看到“野生稻的资源”“生态型的野生稻标本”这两个词语都会感觉陌生。另外，数字“530多个”是抽象的表达，难以令受众产生共鸣。看了这个开头，我们不清楚农学家做这件事的意义是什么，也许就不想再继续阅读剩下的段落了。你可能会纳闷：对于非农业专家而言，这么专业的新闻与普通人有什么关系呢？第二个开头

① 李渔. 闲情偶记［M］. 北京：中国社会出版社，2005：407.
② 李希光. 不做新媒体技术的奴隶:《实用网络新闻学》序言［J］. 运城学院学报，2007（2）：109.
③ 甘璐. 论新闻导语的优化［D］. 长春：长春理工大学，2008：03.
④ 李希光. 中国新闻导语批判［J］. 青年记者，2007（4）：20.
⑤ 新华社新闻研究所. 认真写好新闻导语［M］. 北京：新华出版社，1984：198－199.
⑥ 新华社新闻研究所. 认真写好新闻导语［M］. 北京：新华出版社，1984：198－199.

就不一样了。首先它的新闻来源提供的时间新鲜，它以新华社报道的时间为起点，借用中国农业专家的想法，把这件事的意义和价值概括出来了。它的语言朴实直白、通俗易懂，比第一个开头阅读体验感好。我们看完这个开头就有兴趣阅读下文，想获得更多关于“野生稻”的信息。

每天我们都会面对海量的新闻，不可能按照媒体安排的议程照单全收。过去，我们浏览报纸或期刊时，会随手翻阅，选择自己感兴趣的标题，然后瞄一眼开头，发现自己想看的新闻才会凝神阅读。可见，我们是根据感兴趣的标题和导语选择性地阅读新闻的。在移动互联网时代，滑动手指，方寸之间的手机屏幕会呈现海量信息，人们的视觉选择范围更宽泛了。美学家阿恩海姆说：“视觉与照相是截然不同的，它的活动不是一种像照相那样的消极地接受活动，而是一种积极地探索。视觉是高度选择性的，它不仅对那些能够吸引它的事物进行选择，而且对看到的任何一种事物进行选择。”① 一篇新闻的导语的好坏，决定了它能否瞬间抓住人们的眼球。

新闻的开头有一个专业的名字，叫导语，也叫导言。它有两大作用，其一是概括新闻中最重要的事实，呈现新闻价值，聚焦新闻主题，使读者对新闻的中心思想一目了然；其二是吸引读者的注意，使其对阅读全篇新闻产生兴趣。下面这个导语有 124 个字，你看了觉得它写得怎么样？

国内首枚明代蜀世子宝金印出土。昨天，四川彭山“江口沉银”遗址三期考古发掘结束。本次发掘历时 3 个多月，总计出土文物 10 000 余件。其中最重要的发现是一枚印面铸有蜀世子宝的金印，印台边长 10 厘米，厚 3 厘米，含金量高达 95%。从印文可知，金印曾为明代蜀王世子所拥有。

——《中国首枚明代蜀世子宝金印出土》(2020 年 4 月 29 日 《人民日报》)

笔者的感觉是，它的信息超载，令人难以消受。比如“明代蜀世子宝”“江口沉银”“三期考古发掘”“明代蜀王世子”“四川彭山”，这些都不是人们熟悉的概念。这五句话中包含了太多的人文、地理知识，信息量太大。它还提供了 5 个数字，更是增加了阅读的“迷雾指数”。如果你阅读这篇新闻，对这个开头感觉费解，可能就不会再继续阅读下文了。如果改成下面这样呢？

---

① 杨保军，陈刚．报纸版面编排的倒金字塔结构［J］．中国编辑，2008（5）：25.

一枚黄澄澄的明朝亲王继承者的金印出现在了人们面前。它在水底泥沙中沉睡了 374 年。

这枚印面铸有“蜀世子宝”的金印是昨天在四川眉山市彭山区江口镇岷江河道出土的。它是 1646 年张献忠“江口沉银”遗址三期考古发掘获得的 10 000 多件出土文物中最有价值的。

这是国内第一枚明代蜀世子宝金印。“世子”是明清两代对亲王嗣子的称谓。它是明朝末年蜀王朱至澍继任者世袭的权力象征。

修改的这个导语一共 170 字，比原来的导语多了 46 字。你读起来会不会感觉轻松、有趣了？它用了三个段落，对一般人陌生的地理、历史知识点提供了解释和说明。此外，它将原导语中的“印台边长 10 厘米，厚 3 厘米，含金量高达 95%”删除了（可以放在导语之后的主体中），将原来的 5 个数据减少到了 3 个，而且都是醒目的大数字。在新闻写作中，应该为受众着想，数字少而精并形象可感，才能更好地服务主题。

我们用手机阅读新闻，首先浏览的是标题，点击之后，最先看到的就是新闻的开头——导语。俗话说：良好的开端是成功的一半。导语应该是整篇新闻中最精彩的片段。记者只有精心构思导语，用最凝练的文字把整篇新闻中最新鲜、最重要或最吸引人的事实呈现在开头，简洁明了，引人关注，才能使受众迫不及待地想阅读下文。导语写作对于整篇新闻的传播效果而言可谓一语定乾坤。简言之，它吸引受众的注意力，它令其产生继续阅读全文的兴趣。

毛泽东说过：“我看新华社的消息看第一句，第一句看不下去，就不看了。”[①] 他还引用晋代文学家陆机《文赋》中的一句话“立片言而居要，乃一篇之警策”来说明新闻导语的重要性。

如何写好导语呢？用心揣摩新闻名篇导语写作的精妙，从模仿起步不失为一条成功的捷径。比如 1945 年 8 月 14 日晚，美国总统杜鲁门举行记者会宣布，日本天皇已经同意无条件接受盟军提出的投降条款。美联社立即抢发了重要的消息《东京宣布无条件投降》。其导语干脆利落：

日本投降了。

① 孙世恺. 新闻记者入门［M］. 北京：北京出版社，1982：51.

这句导语翻译成汉语仅仅5个字！其效果宛如明代的谢榛所言“凡起句当如爆竹”。它浓缩了历史转折点上的一个重大事件，概括了该新闻最重要、最具有新闻价值，也是最吸引受众的事实。它字斟句酌，惜字如金，令人击节赞叹！它被视为硬新闻导语的经典范例。同样是记录一件重要的事，下面的新闻导语却有99字：

国务院联防联控机制4月24日15时在北京召开新闻发布会，发布会上，国家卫生健康委新闻发言人、宣传司副司长米锋在通报疫情时说，刚刚得到消息，随着最后一例重症患者新冠肺炎治愈，今天，武汉重症病例实现了清零。

——《今天，武汉重症病例实现了清零!》(2020年4月24日　参考消息网)

模仿上述美联社《东京宣布无条件投降》的新闻导语，我们可以将其写得更为简洁明晰：

今天，武汉最后一例新冠肺炎重症患者治愈，它标志着这座城市重症病例实现了清零。

二、新闻导语有硬软之分

新闻可分为硬新闻和软新闻。硬新闻指具备时新性和重要新闻价值的动态报道或事件报道，它以传播信息为主。硬新闻的导语要简明扼要，直奔主题。所谓硬新闻也叫纯新闻、新闻报道、新闻（狭义的概念）、消息。因为它注重报道时间的紧迫性，越快越好，国外也称其为“快新闻”。其导语就是第一自然段，经常是一句话，最多两句话，直截了当，美联社的要求是不超过35个英语单词。清华大学教授李希光建议不超过50个汉字。硬新闻导语的突出特点是：最新鲜的时间+最重要的事实（结果），以此突出新闻价值，锐化新闻焦点。因为要追求传播速度，所以硬新闻的写作特点可以概括为：新、实、活、短，即时间新鲜、语言平实、材料鲜活、篇幅简短。

软新闻以传播故事为旨趣，其以委婉、生动的语言为引子，营造悬念、惊奇、意外等效果，然后过渡到新闻事实。如果我们把硬导语比喻成大河奔流、一泻千里，给人“直挂云帆济沧海”之壮美，那么软导语就像小桥流水、烟雨江南，尽显婉约之美。软新闻导语突出故事的人情味、娱乐性或教育意义。硬新闻导语将最新鲜的时间要素摆在醒目的位置，叙事节奏快，叙事效率高，而软新闻导语有声有色，娓娓道来。软新闻导语从虚写切入——铺陈，再过渡到实写——告知事实（结果）。澳大利亚记者写的软新闻导语就值得我们玩味：

在自己1975年的流行金曲中，美国歌手保罗·西蒙告诉全世界的断肠人：离开爱人的方法有50种。中国企业家顺应21世纪的生活苦恼增添了第51种——花钱让陌生人替你办。

一种崭新的网站将帮忙传递分手消息，使胆怯的客户免除亲自出面的尴尬，单次收费相当于大约30美元。

——《中国网站让人花钱请陌生人传递分手消息》（2011年9月9日 《参考消息》）

你会发现，它的第一句话是以西方人熟悉的歌手保罗·西蒙在1975年演唱的一首流行歌曲的歌词作为由头的，因为该新闻的传播对象是西方受众，这样开头有接近性，能吸引美国受众。它不像硬新闻导语常以某月某日开头。其第二句延伸到了该新闻的主题事实：中国出现了一种新业务——花钱让陌生人替你向爱人提出分手，这是保罗·西蒙的那首歌里所没有的信息。正因为新鲜，所以它是新闻。看到第二句，美国的受众就会好奇了，中国人发明的新方法究竟是怎样的？其第二段才把谜底揭开：通过互联网传递分手信息，每次收费约30美元。值得我们注意的是，其第一段虚写铺陈与主题契合，与第二段实写衔接自然流畅。细细品味，它的第一句非常巧妙，先从美国人熟悉的文化入手，用一个具体的事实作引子，紧接着第二句顺势引出该新闻的事实，这是该新闻的价值之所在。它在第一段制造了悬念，有意卖了个关子，引起受众好奇，然后引出第二段，揭开该新闻的真相。

因为这件事与普通人的生活没有太大关系，是茶余饭后的谈资，同硬新闻相比，它不涉及众人的切身利益，影响面窄，没有必须争分夺秒抢速度告知公众的必要性和紧迫性，所以它适合用这种先铺陈后揭秘的写作方法。与我们前面说的硬新闻导语不同，它节奏慢、叙事效率低，但饶有趣味，彰显了其表现性特色，即不直接告知事实结果，而是从趣味性、娱乐性的事引出话题，拐弯抹角，绕到有新闻价值的事上来。所以人们也称之为间接式导语、延迟式导语、延缓性导语、软新闻导语（简称软导语）。软新闻不强调时效性（时新性），所以也叫“慢新闻”。也许你注意到了，软新闻导语与硬新闻导语看上去就有一个明显的不同，它有铺陈（虚写），它可以是多个自然段组合而成的复合式导语。它不像职业化写作的硬导语那样必须遵守刻板的程式。

当然，通过这个软导语案例，我们会感觉到，要写好这类个性化的导语并不容易，记者得有丰富的知识，还得有精湛的文学叙事素养。此外，软导语写作者要明白你的受众在哪里，铺陈要拉近与受众的距离，要能够引起受众的兴趣，还要契合主题。这一点同硬新闻不一样，硬新闻因为事实本身就有较高的新闻价值，关系到公众切身利益，影响面广，所以要快速、直接、简短地告知信息。

新闻学家泽利泽认为，早期的研究表明，区分硬新闻与软新闻除了可以表明新闻内在属性的差异，另外也是基于新闻生产经营与管理的需要。“因为这种区分能够让新闻生产的调度更加可预测和便于管理。”① 有的学者认为，“硬新闻和软新闻的区别反映了时间的特性。美国学者盖伊·塔奇曼（Tuchman）认为：‘（在新闻编辑室里）时间的结构影响着人们对自然事件的新闻价值的判断。’按照这种说法，研究者发现硬新闻的明显特征是新闻生产者知道自己在新闻生产周期内必须要传播一个特殊的事件，或者用塔奇曼的话来说就是‘传播的紧迫性’。相比之下，‘软新闻并不需要及时传播’，因为记者把它们视作在不同新闻周期内开放的事件，不需要确定其新闻价值。新闻报道的时间模式是从业人员建构出来的：一个事件被报道成硬新闻还是软新闻取决于新闻从业者如何根据他们的日常工作节奏来确定报道框架”②。从新闻生产的管理经验看，时间模式是区分硬新闻与软新闻的常见规律。塔奇曼认为硬新闻主要有两个特征：“第一，此类新闻报道的是无法预先安排（unscheduled）或者可以预先安排（prescheduled）的事件；第二，此类新闻需要尽快发表。相反，软新闻报道是不定期的（nonscheduled）、不需要尽快发表

---

① 博奇科夫斯基. 工作中的新闻：信息充裕时代的模仿［M］. 周亭，译. 北京：北京大学出版社，2020：46.

② 博奇科夫斯基. 工作中的新闻：信息充裕时代的模仿［M］. 周亭，译. 北京：北京大学出版社，2020：46.

的事件。”① 美国西北大学传播学系教授帕布鲁·博奇科夫斯基（Pablo J. Boczkowski）通过对阿根廷《号角报》和《民族报》新闻网站的田野调查发现：硬新闻同质化比例高，软新闻同质化比例低。这说明这两种类型的新闻生产有着各自的特点：前者格式化，后者个性化。从可读性和再传播的效果看，后者胜出。

博奇科夫斯基指出：“所有内容重合的印刷报纸和新闻网站的案例几乎都是硬新闻，这清楚表明了硬新闻和软新闻在生产上的不同逻辑，特别是前者的监看和模仿比后者更为盛行。”② “提供最新的、全面的报道加剧了新闻网站上硬新闻生产之间的相互模仿。对生产速度的要求减少了生产者寻找独特内容的时间，对当前事件进行全面报道的意愿则增加了从其他媒体复制新闻的可能性。”③ 硬新闻对报道时效性的快节奏、高效率的要求，对媒体和从业者形成了无形的、巨大的压力，盯紧竞争对手成为保住品牌和影响力的常态。“硬新闻的及时性限制了具有新闻价值的事件的范围，影响了记者的努力方向。记者必须互相监看以确保他们没有遗漏任何相关内容，这么做增加了产出相似内容的可能性。相比之下，软新闻的内容不用那么及时，反而减少了模仿的可能性。”④

两种类型的新闻生产直接影响了从业者之间的经验差异，“硬新闻记者在他们的日常工作中传递了一种‘被事件推动’的感觉，这在网络记者中尤其普遍。硬新闻记者通常声称‘新闻议程是强加给我们的’……相比之下，生产软新闻的记者则有另一种感觉，即他们必须把事件‘拉进’他们的报道。负责生产软新闻的记者在选题上有更大的自由，普遍表达了‘必须走出新闻编辑部去完成报道’的意愿”⑤。“其他媒体报道的新闻给硬新闻记者施加了压力，迫使他们的工作与新闻同行保持一致。相比之下，软新闻记者在写作

---

① 博奇科夫斯基. 工作中的新闻：信息充裕时代的模仿［M］. 周亭，译. 北京：北京大学出版社，2020：219.

② 博奇科夫斯基. 工作中的新闻：信息充裕时代的模仿［M］. 周亭，译. 北京：北京大学出版社，2020：125.

③ 博奇科夫斯基. 工作中的新闻：信息充裕时代的模仿［M］. 周亭，译. 北京：北京大学出版社，2020：85.

④ 博奇科夫斯基. 工作中的新闻：信息充裕时代的模仿［M］. 周亭，译. 北京：北京大学出版社，2020：90.

⑤ 博奇科夫斯基. 工作中的新闻：信息充裕时代的模仿［M］. 周亭，译. 北京：北京大学出版社，2020：90－91.

报道的时候接触到了更多单位信息中介单位，他们得以寻找更多待挖掘的报道。”①

另一种说法认为，区分硬新闻和软新闻的关键是“新闻表现出来的总体格调。硬新闻格调严肃，以理性取胜”②。顺其语义，软新闻格调轻松，以感性为特色。这是从两种类型新闻的文本呈现来区分的。

需要提示的是，硬新闻与软新闻并非绝缘的，“新闻报道的时间模式是从业人员建构出来的：一个事件被报道成硬新闻还是软新闻取决于新闻从业者如何根据他们的日常工作节奏来确定报道框架。图罗（Turrow）对一家地方电视台的研究发现，一个新闻事件的报道可以从硬新闻改写为软新闻，也可以从软新闻改写为硬新闻，这种转变部分基于时效性转换的需求，‘一些从业人员指出，有时软新闻可以通过改写转变为硬新闻，从而使其变得更具紧迫性’”③。在网络传播时代，新闻记者传播新闻的速度面临着媒体同行之间的竞争，还有“草根记者”在现场的直播，使得新闻传播的即时性较之传统媒体时代更为紧迫，紧盯动态事件第一时间分布式发布新闻报道，已经成为争抢流量的常态。“对于新闻网站来说，必须要不停地发布新闻。一旦有新闻事件发生，必须尽快发布。”④“消费者期待阅读硬新闻的两个主要原因是时效性和全面性。如果消费者不能从某个网站获得最新的报道，他们可能会停止访问这个网站。”⑤

三、精益求精，写好新闻导语

新闻导语要准确地凸显焦点，为新闻赋魅。不管是硬新闻还是软新闻，都要尊重新闻客观、真实的基本原理，准确、公正、平衡地报道事实，恪守

---

① 博奇科夫斯基．工作中的新闻：信息充裕时代的模仿［M］．周亭，译．北京：北京大学出版社，2020：91.

② 周盛平．硬新闻发展趋势研究［D］．北京：清华大学，2005：19.

③ 博奇科夫斯基．工作中的新闻：信息充裕时代的模仿［M］．周亭，译．北京：北京大学出版社，2020：46.

④ 博奇科夫斯基．工作中的新闻：信息充裕时代的模仿［M］．周亭，译．北京：北京大学出版社，2020：49.

⑤ 博奇科夫斯基．工作中的新闻：信息充裕时代的模仿［M］．周亭，译．北京：北京大学出版社，2020：85.

准确、通俗、简洁、具体的新闻语言规范，基于新闻的六要素建构文本，突出导语的核心地位。

要掌握新闻导语的写作技巧，还应当通过案例研究提高自己的认知能力。就个人的经验而言，笔者认为，平时在阅读新闻时要善于收集案例，把写得好和写得不好的导语都收藏起来，结合相关的原理，通过比较、分析、归纳，从中总结经验，获得启迪。“每一个新闻记者都应自问一下：‘在我即将写作的这个事件及其经过中，最重要的东西是些什么呢？对于大多数读者来说其重要意义何在呢？’当你能够较好地回答了这个问题之时，你也就开始了写作简短新闻的漫长征程。”①

电视新闻《海上风电太给力！400 根百吨重钢管直插“豆腐”海底，变身 50 亿年产值海洋牧场》给我们呈现的是一个软导语：

2018 年，中国海上风电的建设创造了一个奇迹。1 年里，新增的海上装机容量高达 116 万千瓦，这一数字是全国海上风电装机总容量的三分之一左右。目前，中国的海上风电建设正进入井喷期，预计到 2020 年底，累计并网容量将达到 1080 万千瓦，是 2018 年底的 3 倍左右。

——2019 年 3 月 28 日　搜狐新闻

该新闻导语一开头就是陈旧的时间，其叙事中包含了太多的专业术语和数字，内容抽象，缺乏吸引力。不如改成这样：

在浙江省舟山群岛大鱼山岛北部 11 公里的一片海域上，工人们正在将每根高达 90 多米的钢管桩以 8 根一组为单位斜插在海床上。

打桩船顶部的液压锤，发出巨大的撞击声，一下一下把钢管桩打到海底。

这些高大、笔直的钢管桩将托起风力发电的承台和巨大的海上风力发电机。

用这三段视觉语言作导语，一下子就能把受众带入现场，使其身临其境。唐代诗人贾岛说：“为求一字稳，耐得半宵寒。”要想写好导语，我们可以通过模仿优质导语范例积累感性认识，还可以通过研究正面与反面案例提高理

① 车英编译. 关于美国新闻写作中“短”“精”与“可读性”[J]. 新闻知识，1990（3）：46.

性认识，更要像贾岛那样用心钻研，勤学苦练，拥有出色的文笔。“最好的记者通过他们新闻报道的准确性、公正性和洞察力而受人尊重。”① 下面这个导语就值得我们引以为戒：

据加拿大广播公司（CBC）当地时间4月21日报道，当天早上的记者会上，加拿大总理特鲁多表示，两架被派往中国运送医疗物资的飞机被迫空手返回加拿大。

——《特鲁多：竞争太激烈，两架飞机从中国空手而归》（2020年4月22日 观察者网）

在这个导语中，“空手”不准确，不如改为“空机”。第一个“被”也应删除。一句话里含有两个“被”会令人费解。相比较，路透社记者1964年10月16日写作的《中国爆炸第一枚原子弹》硬新闻导语就值得学习：

今天格林尼治时间7时中国爆炸了一枚原子弹，从而闯进了核俱乐部。

这句话用短句提高了易读性，用动词“爆炸”和“闯进”激活了整个导语。

通过上述两个导语的文字对比可知：学好语言运用不是一件轻松的事，要多读书、读好书、常练笔。通过移动手机端阅读自媒体人的作品会发现，当中错别字、用词不当、语言不符合语法规范的问题比较多见。这提醒我们，要想拥有写作的技能，需要博览群书、勤奋写作，锤炼过硬的语言文字表达能力。因为新闻写作有时效要求，有截稿时间限定，必须写得快，还要写得好，平时的功底至关重要。“广博的知识对于记者职业是必不可少的。具有丰富知识的记者，会让写出的故事更准确、更有吸引力，也更能提出到位的问题。”② 一个有志于提高新闻业务素养的人，唯有善于积累知识，勤于学习语言，练就扎实的功底，才能够在最短的时间里，眼到手到心到，下笔如有神。

要写好导语，还得学习并恪守专业的范式。要知道，“经过150年，新闻文体逐渐演化为今天的形式。它由电报、打字机、电话以及19世纪的其他发

① 李希光．新闻记者应具备的能力［J］．新闻与写作，2012（4）：74．
② 李希光．新闻记者应具备的能力［J］．新闻与写作，2012（4）：76．

明所塑造，并适应着今天新的电子技术和计算机技术而继续演变。”① 在当下互联网新媒体引领传媒业变革的时代，有人误以为传统媒体时代的写作规范不那么重要了，于是我们看到许多冗长平庸的新闻导语。其实“要革新新闻写作，不能轻率地贬斥‘定体’是老一套的‘模式化’的形式，而是要在运用‘定体’中加以创新”②。以硬新闻导语写作为例，它要求概括新闻中最重要的事实，简明扼要、直截了当，这是它写作的规范。

比如美国总统尼克松 1974 年 8 月 8 日宣布辞职。美联社的导语是：“尼克松宣布，为了国家的利益，他决定辞职。”其实，这个导语也可以写成：“尼克松辞职。”“尼克松今天宣布辞职。”“尼克松总统告别白宫。”“尼克松今天离开了白宫椭圆形办公室。他是美国历史上第一位在任期内辞职的总统。”不擅长硬导语简明风格的人也许会写成堆积事实信息的导语：“因‘水门事件’而陷入泥潭的尼克松在最高法院以八票对零票通过了对他不利的裁决、报纸社论发出要他辞职的舆论、国会也不停地呼吁要对他进行弹劾的压力下，在 8 月 8 日被迫辞去总统职务，成为美国历史上第一个为了躲避国会对其滥用职权进行弹劾而辞职的总统。作为首位访问中国的美国总统，他的权力巅峰画上了句号。”这样写，导语变得冗长，焦点也被模糊了。实际上，就信息传播的效率性而言，简明扼要的硬新闻导语，优势明显。

在网络新媒体碎片化传播、轻阅读流行的今天，硬新闻导语依然因为简明扼要而受到青睐。“总体上看，新闻思维的倒金字塔结构并没有过时，只不过使用的形式和载体发生了一些变化。”③ 新闻写作在人人都是传播者的今天已经成为公民素养的一部分，对于职业新闻人而言更是必备的专业技能。因此，精通新闻导语写作技能是我们掌握新闻写作的第一步。

“作为记者，写好导语相当于写好消息。”④ 新闻导语是新闻写作的起点，是新闻作品的精华，如果一个记者写作一篇新闻要花费 2 个小时，那他至少得花 1.5 小时来构思、写作、修改导语。美联社著名记者威廉·L. 瑞安谈新闻采写体会时说：“我往往为第一个段落而瞎忙和烦恼。在我把令人满意的第一

---

① 广陵. 词与句：漫谈新闻写作 [J]. 国际新闻界，1998 (3)：24.

② 高羽. 略谈倒、顺金字塔式的优劣：怎样写消息 [J]. 新闻通讯，1996 (10)：34.

③ 杨保军，周世林. 新闻文本生产中的思维特征分析 [J]. 中国地质大学学报（社会科学版），2013 (3)：50.

④ 李天际. 浅谈新闻导语的写作技巧 [J]. 新闻与写作，2009 (2)：86.

段——能够抓住读者心理的第一段写在纸上以前，我是一事无成的。”① 可见，要写好导语需要对新闻写作充满激情，在实践中一丝不苟，精益求精。美国记者丹尼尔·威廉森所说：“要想吸引读者，但没有好导语，就等于钓鱼钩上没有诱饵。”② 美国新闻学者赫伯特·黑德断言：“导语是新闻的生命所在。”③ 可见，导语有多重要！新闻导语写作最集中地体现了新闻文化的魅力。

南京大学教授方延明在论述创作新闻精品时，建议新闻人在六个方面强化自己的人文素养和业务素养，即“丰厚的文化底蕴（多读书，不能没有文化）；执着的职业理想（有追求，不怕吃苦受累）；着迷的新闻敏感（有智慧，充满着好奇心）；快捷的写作速度（能即兴运笔，倚马可待）；开阔的政治胸襟（有大家风范，举重若轻）；虔诚的仁爱之心（要爱家人、爱家、爱祖国）等”④。方教授的这段话用在如何有创意地写作精品新闻导语上也是适用的。清华大学教授李希光认为：“写作能力一方面来源于写作技巧，另一方面，也是更重要的，是来源于对写作的热爱。它是推动你不断进步的源泉。”⑤

一个人对新闻写作的痴迷源自他内心对新闻事业的挚爱。2001 年，68 岁的 CNN 著名主持人拉里·金（Larry King）访问美国国家公共广播电台 85 岁的记者丹尼尔·肖（Daniel Schorr），双方进行了如下对话：

——丹尼尔，你今年多大了？

——到 8 月就 85 岁了。

——你从来没想到过退休吗？

——没有，你呢？你想过退休吗？

——没有，但你不会感到厌倦吗？

——不会，我爱新闻，我喜欢知道世界发生了哪些事。⑥

2005 年，丹尼尔·肖年近 90 岁了，仍然每周有两天要写电台广播稿，还

---

① 廉振孝. 追求更好：经济新闻写作四要［J］. 中国记者，1992（9）：37.

② 赵伟东. 谈新闻导语写作的美学风格［J］. 写作，2004（11）：27.

③ 赵伟东. 谈新闻导语写作的美学风格［J］. 写作，2004（11）：27.

④ 方延明. 方延明文化三论［M］. 北京：中华书局，2019：348.

⑤ 李希光. 新闻记者应具备的能力［J］. 新闻与写作，2012（4）：74－76.

⑥ 王健壮. 凯撒不爱我：追寻新闻人的自由传统与典范［M］. 桂林：广西师范大学出版社，2014：36.

定期替报纸写专栏①。如果我们具备了丹尼尔·肖这样的敬业精神，就会有无穷的动力追求优质的新闻文本。

写好新闻导语我们需要在“学中干、干中学”才能熟悉其技巧并运用自如。李希光教授说，我们要热爱写作，精益求精，追求卓越，持之以恒，这样才能够掌握新闻导语写作的精髓。

著名记者范长江在总结自己的新闻写作经验时深有感触地说：“写导语最易见一个记者的功力，也是最能发挥记者才能的地方。即使是个老记者，每次写消息，他也要苦心经营，搜索枯肠，把导语写好。写好了导语，新闻也就写好了一半。”②

---

① 王健壮．凯撒不爱我：追寻新闻人的自由传统与典范［M］．桂林：广西师范大学出版社，2014：36．

② 甘璐．论新闻导语的优化［D］．长春：长春理工大学，2008：4．

02 第二章

融媒体时代新闻导语的范式危机

截至2023年，“融合十年，在媒体自发创新、技术迭代影响、市场要素驱动以及政策持续赋能的基础上，媒体融合的深度和广度已经从单一的传媒系统内部扩展到广泛的社会系统，在经济、技术、政治、社会等多方面影响下不断呈现出新的特征”①。

2013年8月19日，习近平总书记在全国宣传思想工作会议上，就宣传思想工作的手段创新，提出“加快传统媒体和新兴媒体融合发展”的号召，我国媒体融合高歌猛进。中国媒体纷纷向数字化转型，推出“两微一端”，即微博、微信、新闻客户端，力争在互联网融合新闻时代勇立潮头，抢占舆论制高点。2023年11月15日，广东南方报业传媒集团在媒体融合战略下锐意进取，正式发布“两端一云”建设的宏伟蓝图，全力推动南方+提档升级、建设今日广东国际传播中心（GDToday）和打造支撑服务全省媒体融合的统一技术平台“南方智媒云”，力求牵引带动广东新型主流媒体建设迈向更高水平②。

在融合新闻时代，新闻的接受平台从传统媒体时代的报纸、广播、电视的“宽屏”变成了手机的“窄屏”，利用碎片化时间刷手机浏览新闻成为一种接受信息的常态景观。目前多数手机屏的尺寸在5—6寸，这就要求新闻呈现版式要适应新的平台空间，满足受众的阅读体验，文字行间距、字体字迹的醒目清晰都要照顾到受众的感受，文字、图片与音频、视频的组合是常见的搭配。有的媒体将导语变成了诗行的排列方式；有的媒体将全文以诗歌形式呈现，对重点语句用蓝色或其他颜色加粗标示，其目的都是满足受众手机“窄屏”的阅读体验，提升传播效果。但不管采用何种招数吸引受众，新闻导语写作范式不应脱轨，它是全球新闻业知识共同体共同遵守的典范。

范式，英文为Paradigm，该词源自希腊文，含有“共同显示”之意。由此引出模式、模型、范例等义。美国科学哲学家托马斯·库恩在《科学哲学的

① 金元浦. 互联网思维：科技革命时代的范式变革［J］. 福建论坛（人文社会科学版），2014（10）：44.

② 王彪，余秋亮. 广东媒体融合出新招：新型传播矩阵出击，南方报业重磅发布“两端一云”［N］. 南方日报，2023-11-16（5）.

结构》中认为，“范式”是指特定的科学共同体从事某一类科学活动所共同掌握并必须遵守的一般原理、模型和范例。具体而言：（1）范式是一定时期内科学共同体的“看问题的方式”，包括思维原则、方法论和价值观。（2）范式是科学共同体一致接受的某一专业学科的基本理论和取得的重大科学成就，包括可以进行逻辑和数学演算的符号概括系统。不同的学科部门各有自己的范式，每一学科在发展的不同阶段，也会有不同的范式。（3）科学共同体拥有的仪器设备和操作运演方式。（4）每一范式均拥有的范例是根据公认的科学成就做出的典型的具体题解。每一科学共同体成员必须通过范例的学习，才能掌握范式，学会解决同类问题的方法①。新闻导语写作自19世纪60年代在美国诞生之后，经过实践经验的积累和传播，已经形成了新闻界知识生产者共同遵守的模式，形成了维系新闻生产品质的范式。正如安布诺斯·拜厄斯在论述新闻导语的重要性时所说：“导语的写作强迫新闻记者高度集中精力，他必须做出决断‘这条新闻里什么东西最重要；应该强调什么；而且导语如何写会直接影响到这条新闻的其余部分。’”②

5G时代的信息技术为新闻业和新闻生产营造了全新的社会和文化语境，移动互联网的多节点互动取代了以职业记者为生产主体、通过“把关”将新闻呈现给受众的单向传播链③，公民新闻的崛起和机构媒体的式微，改变着舆论场域的生态环境，新闻专业主义在当下面临着种种现实困境。我们可以借用和延伸齐格蒙特·鲍曼（Zygmunt Bauman）在《流动的现代性》（*Liquid Odernity*）一书中使用的“流动的”或“液态的”（liquid）概念来概括数字化和融合文化冲击新闻业带来的“液化”现象，如记者在新闻过程中在职业记者、“草根记者”、社会大众之间不断转换；职业记者和公众既无法固守原有的职业、非职业边界，但也并不是从原有社区秩序中完全脱离，而是相互渗透等④。在“液态”新闻业的浪潮冲击下，新闻生产原有的框架开始变形，作为新闻之“眼”的导语书写文本形态出现了以下范式危机：

---

① 金元浦．互联网思维：科技革命时代的范式变革［J］．福建论坛（人文社会科学版），2014（10）：44.

② 马胜荣，苟世祥，陶楠．国际新闻采编实务［M］．北京：北京师范大学出版社，2010：10.

③ 陆晔，周睿鸣．“液态”的新闻业：新传播形态与新闻专业主义再思考——以澎湃新闻“东方之星”长江沉船事故报道为个案［J］．新闻与传播研究，2016（7）：39－40.

④ 陆晔，周睿鸣．“液态”的新闻业：新传播形态与新闻专业主义再思考：以澎湃新闻“东方之星”长江沉船事故报道为个案［J］．新闻与传播研究，2016（7）：39－40.

一、信息超载

新闻导语是对全篇最重要的事实的概括，所谓“最重要”包含了“何事”与结果，其中的新闻要素应体现最新鲜、最重要的理念，其信息量应该是高度提纯压缩的，言简意赅，浓缩精华，让人们一眼就能洞见其传播价值。如果信息量溢出了，其重点就被淡化了，反而令受众迷惑不解。如“‘陪审团意见不一，法院宣布审判无效’，据美国《费城问询者报》9 日报道，针对美国男子迈克尔·罗哈纳折断并偷走在当地博物馆展出的中国秦始皇兵马俑手指一案，因为陪审团在被告是否有罪的问题上意见不一，当地法院周二判决审判无效，陪审团解散。检方表示，将在 5 月 15 日前决定是否重启该案件。据报道，12 名陪审员中有 7 人认为该男子无罪。检方则要求陪审团考虑一下：如果有人将位于费城美国独立大厅的“独立钟”偷走一块，他们会怎么看——在中国人看来，罗哈纳的罪行相当于此。”[①] 该新闻导语有四句话，223 字，它的第一句话就长达 137 字，整个导语对该事件作了完整的陈述，信息芜杂，没有对最重要的事实进行提炼概括，未能突出主题，迟滞了核心信息的传播效果。

其实，按照新闻导语应突出最新鲜（最近时间点）、最重要事实（何事与结果）的原则，新闻导语宜用简洁明了的方式突出新闻价值。“硬新闻导语在第一句话里概括报道的主要内容，通常只有一句话或至多两句话……”[②] 美联社曾经过研究推出了一个新闻可读性公式，规定导语不能超过 35 个词。《中国新闻实用大辞典》认为，导语的长度中文以 5 行（110 字）为限[③]。清华大学的李希光、孙静惟、王晶建议，这种动态新闻的导语最好不超过 50 个字[④]。一般而言，动态新闻（事件新闻）总字数多在 200—300 字，照此比例，李希光教授的见解值得国内媒体人借鉴。

---

① 环球网. 兵马俑在美被损案：陪审团意见不一，法院宣布审判无效［EB/OL］.(2019-04-11)［2024-04-09］. https://news. sina. com. cn/w/2019-04-11/doc-ihvhiqax1625471. shtml.

② 里奇. 新闻写作与报道训练教程［M］. 钟新，译. 北京：中国人民大学出版社，2004：156.

③ 冯健. 中国新闻实用大辞典［M］. 北京：新华出版社，1996：109.

④ 李希光，孙静惟，王晶. 新闻采访与写作教程［M］. 北京：清华大学出版社，2011：159.

二、主次不分

“在叙述一个复杂的事件或一个延伸时间的一部分时，记者必须有一种把握重要事件的核心的直觉。”① 在建构新闻导语时，记者要善于区分主要事实和次要事实，有一双沙里淘金的锐利眼睛，能够明辨事实，抓住焦点。有一篇新闻的导语是：“世界上最大的石油公司——沙特国家石油公司（沙特阿美）10 日宣布将在中国东北部合作开发一座大型炼油设施。此前一天（9 日），中国石化发布声明称已于 8 日与沙特阿美签署谅解备忘录，双方将在中国石化现有炼油化工和未来扩建等项目上加强合作。”②

该导语 113 字，它包含了最新鲜、最重要、最有新闻价值的事实，即该导语的第一句，同时也包含了次要事实（与之相关的新闻背景），即该导语的第二句话。根据该新闻的主题，应将签约双方中的事实主体作为叙事的焦点。这样，该新闻导语就变得简短了。也就是说，仅保留该导语的第一句话作为导语聚焦事实中心即可，不需要第二句，事实上这句话包含了第二句话的应有之义——大的合作项目没有得到双方的认可并签约，客户不可能公开宣布事实结果。新闻导语最好就是一个简单句，最多两个简单句，超出这样的范围就会导致导语信息冗余，篇幅过长导致新闻的主题不显著。“如果你在报道上写下了焦点陈述，写导语就会快得多。在写焦点陈述时，你这样问自己：报道是关于什么内容的？最重要的信息是什么？这篇报道的要点是什么？”③“导语的句子通常只包含一个思想，而且为清楚起见，遵循主—谓—宾的句子结构。”④

① 迈克尔·舒德森. 新闻社会学［M］. 徐桂权，译. 北京：中国人民大学出版社，2020：117.

② 观察者网. “现在谁才是贱民”，俄媒：冷落拜登后，沙特阿美转头跟中国签了［EB/OL］.（2019－03－11）［2024－04－09］. https://cj. sina. com. cn/articles/view/1887344341/707e96d502001834q.

③ 里奇. 新闻写作与报道训练教程［M］. 钟新，译. 北京：中国人民大学出版社，2004：153.

④ 门彻. 新闻报道与写作［M］. 展江，译. 北京：华夏出版社，2003：126。

三、时间模糊

时间要素是硬新闻（纯新闻）写作中常用的由头，时间要素一定要新鲜精确，体现“最近时间点”。但在新闻实践中，时间模糊的硬新闻导语并不少见，如2022年3月11日新华社消息《2月下旬以来我国互联网持续遭受境外网络攻击》导语中的时间要素是“2月下旬以来”。它不是一个精确的“最近时间点”①，而是一个事件发生的起点和截稿的终点均不清晰的“时间段”，导致该事实信息的新闻要素模糊不清，不是作为讲究时效性的新闻文体的应有形态。类似的导语较为常见，问题出在记者没有精通新闻业务的技能。类似这种报道事实现象或问题的新闻报道，属于静态的新闻线索，记者从国家互联网应急中心获得事实信息之后，应从最新发生的一件事入手，以最新鲜的时间点作为叙事的起点。上例可根据其新闻主体中的事实，宜改为：“国家互联网应急中心3月11日监测发现我国互联网正遭受境外新的一轮网络攻击。”这样写就突出了该新闻的时新性、重要性和显著性，提升了该新闻的品质，凸显了新闻价值，突出了新闻主题。

类似上述没有突出新闻新鲜标志的“最近时间点”的导语，还有着另一种失误的表现，即以新闻背景作为叙事的起点，迟滞了新闻传播的效率，没有突出新闻的本质属性。如消息《安徽砀山先进工作者举报局长后被判刑，被举报人却意外提级退休》（该标题冗长，宜改为《安徽砀山：举报人被判刑，被举报人受提拔》）的导语是：

7年前，安徽宿州市砀山县农机局退休职工李平实名举报该局局长王超的经济问题，16个月后，李平夫妇及其亲属等三人突然被当地公安机关以“涉嫌合同诈骗罪”刑事拘留，2018年7月5日分别被判刑一年三个月至一年六个月。李平及其家人对判决结果不服，经过不懈维权，检察院最终撤回起诉。随后，李平及其家人共计获得约75万元的国家赔偿。蹊跷的是被举报人王超仍于去年按照正常程序办理了退休手续（待遇被提半级，即享受正科待遇退

① 王思北. 2月下旬以来 我国互联网持续遭受境外网络攻击［EB/OL］.（2022-03-11）［2024-04-09］. https://news.sina.cn/2022-03-11/detail-imcwiwss5434803.d.html.

休）。砀山县纪委监委回应赤焰新闻称，对王超的调查仍在进行中。

——2024 年 1 月 23 日　赤焰新闻

该消息写作与规范要求背道而驰。消息写作导语是核心，导语是消息的主题，它是新闻全篇的焦点，应用一句话，最多两句话概括新闻最重要的事实，即发生了何事？什么结果？起到一语定乾坤的作用。导语应体现新闻的本质特点：新鲜、准确，宜用最近时间点体现新闻的“新”，用凝练的语言概括新闻主题，体现新闻的“美”——简洁。首先，好的导语消息才能吸引受众，而该新闻的导语对主题缺乏提炼，直接交代事件的过程，冗长且不新鲜，有 227 字，受众难以一目了然，无法一眼洞察全篇的主题事实，其传播信息的效率低下，没有突出消息体裁传播信息的优势：新、快、活、短。其次，其标题也没有简明扼要地凸显新闻主题，难以引起受众的阅读兴趣。该导语宜改为一句话：1 月 22 日下午，砀山县纪委监委第二纪检监察室工作人员回应记者：该县原农机局局长已被给予党内严重警告处分。至于该局长被举报后职务不降反升一事，对方称，调查仍在进行中。根据修改的导语，其标题制作宜为：“《（引题）举报人被判刑，被举报人升职退休；（主题）砀山县纪委监委称：调查仍在进行中；（副题）事发 7 年前　何时有结果?》”从标题制作可以看出写好导语有多么重要。

在新闻导语写作中，记者找到“最近时间点”的常用技巧是“以新带旧”或“由近及远”，即对动态事件进行追踪，及时捕捉最新变化，以其最新鲜的时间点作为由头，使新闻鲜活有生命力，令受众在乎在意，一见倾心。在新闻阅读中还发现有一种写作导语的陋习是，明明有准确的“最近时间点”，但记者非得在导语的开头用“近日”，然后在主体部分的开头才交代精确的时间要素。这种失误堪称“锦衣夜行”或“明珠暗藏”，没有突出导语的亮点。“导语中要尽量用时效性最强的时间副词，突出最新时间。”① “所谓时间‘最近点’指的是记者在发表消息时，尽量缩短它与受众感知信息的时间差距。”②

① 新闻采访与写作编写组．新闻采访与写作［M］．北京：高等教育出版社，2019：222.

② 武斌．消息写作原理［M］．广州：南方日报出版社，2020：177.

四、硬软混淆

西方新闻界将动态新闻（事件新闻）归为硬新闻（纯新闻），即我们熟悉的消息，它属于新闻的“信息模式”，其特点就是以倒金字塔结构为特色，简短简洁，直白直接，快速传播事实信息；他们将不可思议、人情味、冲突性、戏剧性的事实归之为软新闻，即新闻的“故事模式”，其特点为，故事的主人公通常是小人物，其经历离奇罕见，以情感打动人心，这种新闻不追求传播的“紧迫性”，即不须如硬新闻那样刻意突出“最近时间点”，而是追求故事的情节曲折动人。“硬新闻报道一般包括公共事务、政府行为或者国际关系报道。软新闻可能会关注名人、娱乐新闻或者小报式犯罪报道。”① 在表现手法上，以“讲故事”见长的软新闻常用“铺陈 + 何事与结果”的复合式导语，突出事实的旨趣，借以勾起受众一探究竟的阅读欲望。其结构也比硬新闻的文本更为灵活，记者有按习惯叙事的自由，常用编年体结构，即在引人入胜的导语之后，按照时间线娓娓道来，不讲求叙事的快节奏和高效率，而是凸显新闻故事的趣味性。在国内的教科书中，常常将这种软新闻称之为“社会新闻”，即与人情世故、市井百态有关联的故事。

盖伊·塔克曼认为硬新闻的两个特征是：“第一，此类新闻报道的是无法预先安排（unscheduled）或者可以预先安排（prescheduled）的事件；第二，此类新闻需要尽快发表。相反，软新闻报道是不定期的（nonscheduled）、不需要尽快发表的事件。”② 在现实新闻写作中，对硬新闻和软新闻不加区分，用硬新闻导语建构软新闻的失误并不少见，如用陈旧的时间或者用“近日”“前不久”等模糊的时间构建新闻导语开头，导致新闻的文本没有体现新闻的本质属性，失去了可读性。例如一篇发表于 2020 年 11 月 11 日的新闻导语开头的起点是“10 月 29 日晚……”，这个时间距离发稿时间已经有 13 天了，直接用这个陈旧的时间要素显然不符合新闻规律。一篇报道 7 个月之前发生事件的新闻导语的叙事起点是“前不久”，实际上这个时间是模糊不清的，类似

---

① 汉密尔顿．有价值的新闻［M］．展宁，和丹，译．杭州：浙江大学出版社，2016：216.

② 博奇科夫斯基．工作中的新闻——信息充裕时代的模仿［M］．周亭，译．北京：北京大学出版社，2020：219.

的时间表达法还有“日前”“近日”等。如果改用软新闻导语，即把这件事的不可思议之处用一两句话作为铺陈，唤起受众的关注，然后交代事实结果，导语就有吸引力和可读性了。

五、盘根错节

“经典的‘硬新闻’故事将所有关键信息放在第一句，并且不强迫多数人读到结尾。其结尾从来没有一个结论或一种寓意，而只是所有信息中最不重要的部分。……经典的硬新闻报道的操作需要有效地传递有用的信息，甚于在情感上为读者构筑一个共享的世界。”①

武汉大学的老牌坊被搅拌车撞击后受损害是一个突发事件，属于新闻写作的“信息模式”，按理应当日事当日报。记者应用直截了当、直奔主题的简明扼要式硬新闻导语，要言不烦，一两句话即可。但该文的导语用了三个段落共计 251 字铺陈，第一段引用了讴歌武汉大学的几句诗，第二段和第三段告知受众武汉大学老牌坊的历史，到了第四段才开始提及该新闻最关键的事实。这种绕弯兜圈的导语写作传播信息的效率低下，是一种文学散文的写作模式，不符合新闻注重信息传播效率的文风。实际上，根据该题材为“信息模式”的特点，记者完成采访后，快速地用一句话告知人们事实信息才是合情合理的：今天凌晨，逾 83 年历史的武汉大学老牌坊遭撞击受损。这样写，仅需要 24 字即可将受众最关心的最新鲜、最重要、最有新闻价值的关键事实信息浓缩在一句话里了。

盘根错节、叠床架屋的导语叙事效率低下，易使受众丧失阅读的耐心。这种失误更多地出现在软新闻导语的写作中。软新闻导语也叫延缓性导语、间接式导语，先铺陈，后交代核心段落——事实结果。常见的问题是写作者在铺陈阶段迷失自己，脱离主题、啰唆，结果把该交代的事实结果忽略了，或者过度延迟，或者置于结尾，导致新闻导语形散魂亦散。“尽管延缓性导语有意营造悬念吊起受众胃口，引发好奇和关注，但需要把握好‘度’，最迟应该在第三自然段或第五自然段揭晓悬念，不能没完没了地延迟，故弄玄虚，

① 舒德森. 新闻社会学［M］. 徐桂权，译. 北京：中国人民大学出版社，2020：124.

让受众焦虑，丧失阅读的兴趣。"① "假如你没有实质性的内容来支持导语，你的导语就写错了。"②

六、似有实无

消息（硬新闻）适合报道动态事件，其经典结构是倒金字塔。而今，有的媒体改弦易张，试图摈弃这种传统新闻业的圭臬，把最不重要的事实放在开头，而将最重要的事实"何事（结果）"放在第二自然段的主体之中，这就背离了消息这种纯新闻传播信息时应紧迫、快速、高效的原理。实际上，这样的消息等于消灭了新闻导语。迈克尔·舒德森认为，新闻导语是 19 世纪末美国新闻业的"一项特殊的发明"③，记者在倒金字塔结构的导语写作中，会在首句回答最基本的"五要素"，以及"（有时提出）为什么（why）"的问题。从导语开始，将新闻事实的材料按照重要性降序排列。"它不仅适应了电报的技术，而且适合于越来越独立和骄傲的新闻从业者，他们打算以自己的权威来判断新闻内容的重要性。那么，这个叙事的形式特征隐含地授予新闻从业者一种专家的权威。"④ 如今，受众遇到缺失导语的新闻并不鲜见。"近日，随着最后一段无砟轨道床浇筑完成，杭温铁路杭州段无砟轨道施工全部圆满完成，为后续铺轨和通车运营创造了有利条件。"⑤ 该导语是从企业的工作角度建构的，它对于受众而言没有吸引力，应从满足受众对信息有用有益的需求角度切入，宜改为：明年即将开通的杭州至温州新高铁线路将使往来两地的行驶时间从现在的 2 个多小时缩短到 1 个小时左右。

"导语浓缩凝练了新闻中最重要、最精华的事实，将新闻的核心内容——最有新闻价值的要素高效率地、有趣地传达给受众，紧紧地粘住他们，体现新闻文化的魅力。"⑥ 新闻导语的核心新闻要素是"何事"，包含结果。动态新闻（事件新闻）常见的范式是：何时 + 何地 + 发生了何事（结果），用一

---

① 武斌. 新闻采访与写作［M］. 杭州：浙江大学出版社，2019：185.
② 里奇. 新闻写作与报道训练教程［M］. 钟新，译. 北京：中国人民大学出版社，2004：156.
③ 舒德森. 新闻社会学［M］. 徐桂权，译. 北京：中国人民大学出版社，2020：120.
④ 舒德森. 新闻社会学［M］. 徐桂权，译. 北京：中国人民大学出版社，2020：120.
⑤ 澎湃新闻. 最新进展来了！明杭州西到温州一小时！［EB/OL］(2023 - 11 - 02)［2024 - 04 - 09］. https://www.thepaper.cn/newsDetail_ forward_ 25164575.
⑥ 武斌. 新闻采访与写作［M］. 杭州：浙江大学出版社，2019：174.

句话（简单句）概括一件事最新鲜、最重要的信息，彰显新闻价值。如果脱离了“何事”（结果）要素建构导语，那么这样的新闻开头是没有新闻的导语。它模糊了新闻业的合法边界，拉低了新闻业务的门槛。新闻导语是新闻写作的核心，“因为有了导语，新闻才成为一种特殊文体，它不仅仅是长期以来形成的一种行之有效的规范，更是一种思想传播方式”①。导语决定了一篇新闻的文脉，“如果记者未能在导语中表现出水平，那么，他就是没水平”②。

综上所述，在社会日益液态化的进程中，新闻事业固有的形态、地位已经被侵蚀并逐渐在消融中改变，传统媒体的理念、组织框架、流程以及利益格局等都不得不转型重生。学者潘忠党认为，新媒介技术给新闻业带来变革的核心是“元传播”（meta－communication）层面的开放，新闻的大众化生产打破了专业机构对作为“元传播”的新闻产制的垄断，由于“草根记者”与职业记者经受的新闻规训迥异，新媒体时代的新闻业因此包含更多声调和非正式“谈话”③（“谈话”指网络传播时代人人都可以利用互联网社交媒体发声互动，使得传统新闻业时代媒体垄断信息传播话语权的“单声道”场景消失。——作者注）。在当下的新闻实践中，“立片言以居要”的导语“声调”尤其显得杂乱刺耳，除上述列举的明显问题外，诸如使用非权威的新闻来源开头、违反一事一报原理、将媒体名称作为新闻事实融入导语等瑕疵，使得新闻导语冗长乏味，降低了新闻作品的成色。回溯新闻史不难看到，新闻写作成为一种独立于文学的叙事正是因为人们发明了新闻导语，并由此诞生了新闻的倒金字塔结构，推动了人类社会新闻知识生产的进步，使新闻生产成为一种职业。

当今新媒体生态场域下，传统媒体的话语权以及传播平台、渠道的优势受到冲击，以至于原有的单一广告变现的经营模式难以为继，在人才流失、收入下滑、亟待转型升级的压力下显得进退失据，导致新闻业在如液体一般变化的状态下，专业范式失守，导语书写出现种种“逆生长”。一个负责任的新闻媒体不会甘愿被流量“绑架”而任由低劣的新闻导语产品损害新闻业的声誉，因此，在当下新闻业向互联网新媒体转型重生的生态环境下，专业化的写作范式虽然难免经历曲折，但不会离场，它终将在技术层面的变革与价

---

① 高岗，潘曙雅．新闻采访与写作［M］．北京：中国人民大学出版社，2018：118．
② 梅茨．怎样写新闻［M］．苏金琥，译．北京：新华出版社，1983：21．
③ 潘忠党．新闻变迁的核心问题［N］．中国社会科学报，2016－7－7（3）．

值层面的坚守下回归。“外行人也许会认为，仅仅报道事实，没有琐碎的细枝末节，这可能很容易，也很平淡。但实际上，消息的写作技巧很难掌握。”①在消息的写作技巧中，最重要的也是最难应用自如的就是建构导语。媒体记者经过新闻业务岗位培训，在专业的编辑室文化的熏陶下才得以掌握新闻导语的写作技能，这是“草根记者”难以企及的职业门槛，是维系一个负责任的新闻业的合法边界。今天，传媒业的传播渠道、平台等在发生巨变，但迈克尔·舒德森坚信，真正意义上的新闻，仍然要通过新闻文化传承的那些最“古老”的采集与制作方式生产出来②。

综上所述，在“液态新闻业”时代，遭受信息传递技术冲击的传统新闻业在困厄中更应坚守价值立场和职业边界，固守新闻从业者声张专业权威的方式，恪守导语文本的范式：呈现新闻主题，展示新闻菁华，应简洁易读，切题凝练，引人入胜。“对于新闻从业者来说，如果他们不能做到这一点，这不是职业的失误，而是一种文化上的亵渎。”③

---

① 萨利赫. 新闻写作的艺术［M］. 陶娟，译. 北京：中国人民大学出版社，2017：209.

② 常江，何仁亿. 迈克尔·舒德森：新闻学不是一个学科——历史、常识祛魅与非中心化［J］. 新闻界，2018（1）：15.

③ 舒德森. 新闻社会学［M］. 徐桂权，译. 北京：中国人民大学出版社，2020：125.

03

第三章

新闻导语的历史

法国作家菲利普·迪昂说:"在我看来，开头第一句话非常重要，因为我坚信它掌握着通往某些领域的、可以支撑整部作品的钥匙。不管怎么说，至少它是整个小说的基石，当它们存在的时候，其他所有的石头都能够在上面，被支撑起来。所以有什么样的开场白，根据它的尺度和形式，可以确定未来作品的方向和形式。你最好经过深思熟虑，所以你必须围绕它反复推敲，然后在最终到达顶峰之前，你需要再返回来，仔细琢磨那些细小的地方。否则的话，很有可能来不及了。这就是为什么我认为在'创作过程'中，百分之九十的功夫应该放在对'开场白'的深入研究上。"① 新闻写作也是这样，导语对于整篇新闻而言非常重要，记者应把90%的功夫用于导语的构思和写作。

一、优质新闻始于导语

沈从文的《边城》是这样开头的："由四川过湖南去，靠东有一条官路，这官路将近湘西边境，到了一个地方名叫'茶峒'的小城时，有一小溪，溪边有座白色小塔，塔下住了一户单独的人家。这人家只有一个老人，一个女孩子，一只黄狗。"② 这个开头呈现了故事发生的地理空间，把读者带到了现场，吸引读者继续阅读下文，一探究竟。詹姆斯·乔伊斯的《尤利西斯》的开头是："仪表堂堂、结实丰满的壮鹿马利根从楼梯口走了上来。他端着一碗肥皂水，碗上十字交叉，架着一面镜子和一把剃刀。他披一件黄色梳妆袍，没有系腰带，袍子被清晨的微风轻轻托起，在他身后飘着。他把碗捧得高高的，口中念念有词：Introibo ad altare Dei."（拉丁文："我登上天主的圣坛。"这是天主教神父主持弥撒开场用语。）③ 这个开头也是文学作品开头常见的一种方式，用场景描写把主要人物的动态形象呈现在读

① 迪昂．三十七度二［M］．胥戈，译．上海：上海译文出版社，2016：503－504.
② 沈从文．沈从文小说选［M］．长沙：湖南文艺出版社，1981：234.
③ 乔伊斯．尤利西斯［M］．金隄，译．北京：人民文学出版社，1994：003.

者眼前，有画面感，令人好奇：他为什么要这样？读者的好奇心被勾起，欲知后事如何的阅读心理油然而生。

新闻作品的开头叫作导语，它比文学作品更注重传播信息的快速和高效，“导语告诉受众报道的主要内容，它可以看作报道的引子或者预告”①。事件新闻（动态新闻）也称消息或硬新闻，常见的模式是直接导语（概括式导语），即开门见山，直奔主题，通常为由一句或两句话建构的第一个自然段，呈现报道主题，凸显新闻价值。“导语对于消息来说至关重要，它作为报道的开端，向读者承诺接下来要读到的内容。”② 人情味故事（特稿）往往采用间接导语（延缓性导语、延迟式导语、软新闻导语），它会在交代事实结果之前先铺陈，以富有表现力的语言打动受众的情感（虚写），委婉生动，形象有趣，然后再交代主题（实写），常用复合结构。新闻导语是新闻文体特有的形式，是区别于其他文体的重要特征。“一个好的开头需要一下子就勾住读者的心，让他们继续读下去。一则好的导语能让读者接着读一个他们本不那么感兴趣的话题，而一则干巴巴的导语甚至会在故事还没展开前就阻止读者读下去。”③ 美国报纸编辑亚瑟·布赖斯本毫不留情地说：“如果你没有在第一句话给读者留下深刻的印象，那就没有接着写第二句的必要。”④

最早的消息是没有导语的，往往是流水账式地叙事，节奏缓慢。“当时的新闻作品与一般文章是很难区别的。”⑤ 结果，最新鲜和最重要的事实都被淹没在了新闻材料之中，“事情的重点、情节的高潮往往隐藏在消息的末尾和中间；新闻价值大的、最新鲜、最重要的内容往往被淹没在一些琐琐碎碎的次要内容之中”⑥。“在这（1844 年莫尔斯发明电报——作者注）之前，特别是在 18 世纪美洲殖民地开展独立战争的年代里，新闻报道的要点常常淹没在报上的政府公告与政治论文之中，要由读者自己去寻找。”⑦

在电报发明之前，新闻传播无法满足受众第一时间获得信息的需求。

---

① 高钢，潘曙雅. 新闻采访与写作［M］. 北京：中国人民大学出版社，2018：118.

② 高钢，潘曙雅. 新闻采访与写作［M］. 北京：中国人民大学出版社，2018：118.

③ 华莱士，诺伯尔. 光与热：新一代媒体人不可不知的新闻法则［M］. 华超超，许坤，译. 北京：中国人民大学出版社，2017：107.

④ 华莱士，诺伯尔. 光与热：新一代媒体人不可不知的新闻法则［M］. 华超超，许坤，译. 北京：中国人民大学出版社，2017：107.

⑤ 刘海贵，尹德刚. 新闻采访写作新编：第二版［M］. 上海：复旦大学出版社，2005：197.

⑥ 刘海贵，尹德刚. 新闻采访写作新编：第二版［M］. 上海：复旦大学出版社，2005：197.

⑦ 荆武臣. 新闻的倒金字塔结构及其变异［J］. 郑州大学学报（哲学社会科学版），1995（3）：114.

1779 年，美国费城传送了一个发生于 25 天前的事件新闻，被认为是创纪录的当时最快的新闻。1844 年 5 月 24 日，曾经是著名画家的美国人萨缪尔·芬利·布里斯·莫尔斯坐在华盛顿国会大厦联邦最高法院会议厅中，他用颤抖的手向 40 英里以外的巴尔的摩城发出了历史上第一份长途电报："上帝创造了何等奇迹！"《巴尔的摩爱国者报》首次收到了从华盛顿发来的电讯。19 世纪中叶起，美国新闻开始进入了电报传输时代。

二、新闻导语源自 19 世纪 60 年代

南北战争（也称美国内战，1861—1865）中，战地记者纷纷使用电报争抢消息时效性，但新兴的电报常出故障，导致电讯中断，迫使记者把消息的主要事实——结果展示在报道的开头部分。这样，即使整篇报道未能完整发回编辑部，报社仍然可以刊发消息。导语的雏形由此诞生。美国学者埃德温·埃默里和迈克尔·埃默里父子撰写的《美国新闻史》就认为，倒金字塔和导语产生与美国南北战争有关。他们提到了发明新闻导语的 B·S. 奥斯本。他是一位牧师的儿子，酷爱航海和冒险。1861 年 4 月 12 日早晨，美南北战争爆发的时候，他正为《纽约世界报》工作。奥斯本从一艘海军快艇的甲板上，目睹了北方军队对南军萨姆特要塞的炮击，他发回了也许是世界上第一篇倒金字塔结构的新闻稿：

查尔斯顿，4 月 12 日电——炮弹开花，战争爆发。①

第一自然段就是奥斯本首创的新闻的开头——导语，它用简洁的语言概括了南北战争的爆发。它具有划时代的意义，是新闻导语的滥觞。

1889 年 3 月 30 日，一个新闻六要素俱全的新型导语在美联社记者约翰·唐宁的笔下诞生了：

南太平洋沿岸有史以来最为猛烈、破坏性最大的风暴，于 3 月 16 日、17 日疯扫萨摩亚群岛，结果有 6 条战舰和 10 条其他船只要么被掀到港口附近珊

① 埃默里 M，埃默里 E，罗伯茨．美国新闻史：大众传播媒介解释史：第九版［M］．展江，译．北京：中国人民大学出版社，2009：141.

瑚上摔得粉身碎骨，要么被掀到阿庇里小城的海滩上搁了浅。与此同时，美国和德国的143名海军官兵有的葬身珊瑚礁上，有的则在远离家乡万里之处的无名墓地上，为自己找到了永远安息的场所。①

以今日新闻导语的要求看，这则新闻导语太长了，它包括了新闻的六要素（5W1H）：What（何事）——南太平洋沿岸风暴疯扫萨摩亚群岛，美国和德国的143名海军官兵葬身珊瑚礁上。Where（何地）——萨摩亚群岛。When（何时）——3月16日、17日。Who（何人）——美国和德国的143名海军官兵。Why（何因）——南太平洋沿岸有史以来最为猛烈破坏性最大的风暴疯扫萨摩亚群岛。How（结果）——有6条战舰和10条其他船只要么被掀到港口附近的珊瑚上摔得粉身碎骨，要么被掀到阿庇里小城的海滩上搁了浅。美国和德国的143名海军官兵有的葬身珊瑚礁上，有的则在远离家乡万里之处的无名墓地上，为自己找到了永远安息的场所。

如果按照今天新闻导语写作的标准，该导语会简洁高效得多：南太平洋沿岸风暴连续两天袭击萨摩亚群岛，美德海军官兵143人丧生。该部分要素导语仅48个字，比六要素导语整整减少了102个字，其传播信息的节奏更快，效率更高。但在当时，人们对新闻导语的认识还处于蒙昧时期，对这种新生事物的认识难免肤浅。

还有一种说法认为，倒金字塔结构诞生于美国内战之后的林肯总统遇刺事件，持这一观点的美国学者称，美联社记者劳伦斯·A. 戈布赖特用电报发出的林肯遇刺的消息，才是“倒金字塔结构”的开篇之作。1865年4月14日晚上，劳伦斯·A. 戈布赖特刚写完一篇扬名于南北战争的格兰特将军未随林肯总统去福特剧院看当晚演出的花边新闻，突然，一位朋友破门而入，大声嚷嚷着向他报告了林肯遇刺的消息。几分钟后，劳伦斯·A. 戈布赖特向自己效力的美联社总社发出了一句话快讯电文：

华盛顿1865年4月14日星期五电 总统今晚在一剧场遭枪击，可能伤已致命。②

① 刘海贵，尹德刚. 新闻采访写作新编：第二版［M］. 上海：复旦大学出版社，2005：198.
② 埃默里 M，埃默里 E，罗伯茨. 美国新闻史：大众传播媒介解释史：第九版［M］. 展江，译. 北京：中国人民大学出版社，2009：147.

对此，有人质疑，这一句话新闻难以体现倒金字塔结构的特征：事实或材料按新闻价值重要性由重到轻排列。因为它只有这么一句话，仅仅12个单词，不是一篇结构完整的消息。纽约大学的戴维·T. Z. 明迪奇通过查阅资料，提出用“倒金字塔结构”写新闻的第一人是林肯总统的陆军部部长埃德温·M. 斯坦顿。1865年4月14日晚，埃德温·M. 斯坦顿惊悉林肯总统遇刺后，立即骑马赶赴现场，随即他在林肯总统的急救室里发布追捕刺客、全城戒严等命令，他还指示手下人收集尽可能多的现场目击证据。埃德温·M. 斯坦顿很快获得了一大堆材料，他在林肯遇刺三小时后根据所搜集的材料和自己在刺杀现场的见闻完成了一篇新闻，通过电报发往纽约的各大报纸。这篇新闻只作了极少删减就发表在《纽约先锋》的头条上：

陆军部，华盛顿4月15日凌晨1时半电：今晚大约9时半，总统在福特剧院同其夫人及哈里斯夫人、拉思本少校一起看戏时遇刺，刺客是在闯入总统私人包厢后从总统背后开枪的。

随后，刺客挥舞凶器，跳上舞台，向剧院外逃去。

子弹击中总统脑后，几乎穿透大脑，伤势惨重。

总统已不省人事，生命垂危。

大约在同一时间，一刺客（不知是否同一个人）借口检查房间闯入国务卿苏厄德先生的公寓，冲进卧室向其咽喉连刺大约二至三刀，同时还向面部猛刺二刀。

我真希望伤势不是致命的，真希望他们能幸免于难。

保姆的惊叫声惊醒了住在隔壁房间的苏厄德之子弗雷德里克·苏厄德先生，他连忙奔向父亲的房间，并与刺客在房门口相撞，刺客向其连刺数刀。如今他能否被抢救过来也是一个未知数。看来总统似乎不可能活过今晚。

格兰特将军及其夫人曾被告知今晚同总统一起看戏，但他下午六点钟动身去了伯灵顿。不久前，在有格兰特将军出席的一次内阁会议上，曾经讨论过目前时局。当时总统在会上非常乐观自信，极友好地谈到了罗伯特·李和其他联邦，以及弗吉尼亚政府的成立。

现在，除了国务卿苏厄德之外，全体内阁成员都守候在总统身旁。

我刚刚看望过苏厄德先生，但他和弗雷德里克仍不省人事。

陆军部部长埃德温·M. 斯坦顿①

---

① 单波. 关于倒金字塔结构源起的再考察与再评价［J］. 写作，1994（9）：33－34.

这篇新闻与传统的时间顺序结构，即按照事件发生、发展、结束的自然演进的报道方式明显不同，于是埃德温·M. 斯坦顿被认为是第一个采用倒金字塔结构叙事、第一个发明新闻导语的人。当然，按照倒金字塔结构的叙事规范，上述消息应这样写：

今晚大约9时半，林肯总统在福特剧院遇刺，生命垂危。

总统同其夫人及哈里斯夫人、拉思本少校一起看戏时，刺客闯入总统私人包厢从其身后开枪。子弹击中总统脑后，几乎穿透大脑。

随后，刺客挥舞凶器，跳上舞台，向剧院外逃去。

大约在同一时间，国务卿苏厄德和其子弗雷德里克·苏厄德也被刺客刺伤。

现在，除国务卿苏厄德之外，全体内阁成员都守候在总统身旁。

埃德温·M. 斯坦顿写的新闻结尾表达了个人的情感，这与后来成熟的倒金字塔结构注重客观性的写作模式是不相符的。倒金字塔结构奠定了新闻传播信息的模式：高效、快节奏地报道事实，把感受和结论留给受众。倒金字塔结构诞生之后，新闻有了特殊的开头——导语，它开始与文学写作分道扬镳。倒金字塔结构的突出特点是：在导语中交代全篇的核心事实和结果，把最新鲜、最重要、最能引起读者阅读兴趣的事实信息醒目地呈现在导语中，使读者看导语就知道消息的主要内容并产生继续阅读主体部分的兴致。其写作特点是“先果后因”，即从导语开始，围绕一个主题，事实材料按照重要性依次递减排列。行文的核心是要言不烦、重点突出、简洁明了。

三、从第一代导语到第二代导语

在新闻史上，美国新闻学者休曼在1903年写的《实用新闻学》一书最早确立了新闻导语理论。他认为，记者把“何事”“何人”“何地”“何时”“何故”都写在新闻的第一节内最好。因这5个新闻要素在英文单词中均以W开头，所以这种导语也叫5W导语。他宣称这就是新闻文本的法则，违反者就是失败的写作。休曼的新闻导语理论得到了新闻记者的赞同，成为新闻第一代导语写作的范式。休曼开创的5W导语模式首次把新闻体裁同小说、戏剧、散文等体裁严格区分开来，推动了世界新闻写作的改革。

1915 年，美国学界又把新闻要素“How（如何）”作为新闻的基本要素，形成所谓“5W1H”的新闻六要素。到了 19 世纪末叶，美联社总经理梅尔维尔·E. 斯通对这种全要素导语大为欣赏，他明确要求美联社记者报道的每一条新闻必须具备 5 个 W 和 1 个 H。于是美联社确定了“5W1H”式的新闻导语模版，全美国的新闻界也跟风仿效。1932 年，美国新闻学者麦格杜戈尔从理论上承认了“5W1H”的导语写作模式（何时、何地、何人、何事、何因、如何）。

到了 20 世纪，由这种全要素导语建构的倒金字塔结构在英、法、德、意、日、俄等国家的新闻界被接受并奉为新闻写作的金科玉律。这种全要素、信息冗长的导语被喻为“晾衣绳”式导语，喻义是导语这根“绳子”上面晾满了五颜六色的“衣服”（新闻要素），显得事实堆积、重点不突出，难以令读者印象深刻。

1953 年 10 月 26 日,《纽约时报》编辑主任特纳·卡特利奇（T. Catledge）不堪忍受臃肿的“六要素”导语，提出了第二代新闻导语，即部分要素式导语。他提倡在建构导语时宜根据新闻诸要素在新闻中所起的作用，以及不同的稿件类型来决定使用部分新闻要素，不应千篇一律使用全要素式导语。他认为，重要新闻的导语应 5W 要素俱全，有些短消息、快讯、简讯则不一定俱全。特纳·卡特利奇在 1954 年发表的一封公开信说：“也许永远不会再有必要把传统的新闻‘五要素’都写进一个句子或一段中——何人、何事、何时、何地与何因。”① “第二代导语要求好中挑好，把最重要、最新鲜、最能引起读者兴趣的内容，突出地写进导语里，使这条新闻导语勾魂摄魄，紧紧地抓住读者。”② 在美联社的倡导下，这种在消息开头使用第二代倒金字塔结构的导语开始成为全球消息写作的主流。部分要素式导语从此成为新闻导语写作的普适原理。

国内有人认为，倒金字塔结构是中国人发明的，比美国早 271 年，论据是刊于明神宗万历元年（1573 年）正月十九日《京报》上的一篇“消息”：

“乾清宫门，伪阉章龙伏诛。是日早，乘舆出乾清宫，有男子伪著内使巾

① 卡特利奇．我的一生与《纽约时报》［M］．俞立，等译．北京：新华出版社，1985：263.
② 尹德刚，周胜．当代新闻写作［M］．上海：复旦大学出版社，1997：38.

服，由西阶下而前，为守者所执。索其衣，得刀剑各一，具缚两腋下。诘之，供道其姓名为王大臣，系武清人，余无言。司礼监太监冯保奏，奉旨下东厂究问，得名章龙。"①

还有一种说法认为中国明代的天启六年就出现了倒金字塔结构，该观点认为，现存的明代邸报抄件《天变邸抄》记录了发生在明熹宗天启六年（1626年）五月初六日的一条"新闻"。它是从当时出版的民间报房发行的"邸钞"上转录下来的。这一特大灾难事件发生在北京内城西南隅王恭厂火药库附近一带，灾情波及全城及北京周边近百里的一大片地区，史称"天变"。《天变邸抄》全文约2000字，其开头部分是：

天启丙寅五月初六日巳时，天色皎洁，忽有声如吼，从东北方渐至京城西南角，灰气涌起，屋宇动荡，须臾大震一声，天崩地塌，昏黑如夜，万室平沉。东自顺城门大街，北至刑部街，长三四里，周围十三里，尽为齑粉，屋以数万计，人以万计。王恭厂一带糜烂尤甚，僵尸重叠，秽气熏天。瓦砾盈空而下，无从辨别，街道门户伤心惨目笔所难述……此真天变，大可畏也。（引自金日升：《颂天胪笔》卷八）②

有人因此推断，这段开头类似于今天的导语，之后的叙述依次为事件发生的那一瞬间各方面的情况介绍，类似于今天常用的倒金字塔结构。导语起源于中国明代的这两种说法并未得到国内和国际新闻学界认可。其实，以上案例属于古代文学作品中的叙事散文，并非新闻报道。

学界的共识是，倒金字塔结构诞生于美国，它催生了新闻导语的出现。随后，这种独立的新闻文体开始在欧洲和日本流行。证据显示，1815年始至19世纪80年代以前，中国报纸的新闻写作"五花八门，毫无格式可言……分不清是文学作品还是新闻稿"③。这时的报纸文体有着叙事散文和小说等文学体裁的特征。学界公认的结论是：电报技术在19世纪中期用于传送新闻稿以后，独立的新闻文体才得以形成④。有学者认为，新闻导语与倒金字塔结构是

① 王菊荣．再议倒金字塔结构新闻的来源［J］．品牌，2014（6）：28.
② 翁正良．倒金字塔结构起源新说［J］．现代传播，1991（8）：65.
③ 贺琛．报纸新闻文体演变探因［D］．长沙：湖南师范大学，2005.
④ 贺琛．报纸新闻文体演变探因［D］．长沙：湖南师范大学，2005.

1893年《新闻报》创刊前后传入我国的。史料显示，1913年，上海广学会出版了美国休曼所著的《实用新闻学》（史青译），该书介绍了新闻导语写作的5个W[①]。

倒金字塔结构使新闻写作成为独立的文体，它建构了新闻思维的规律——倒金字塔思维。“倒金字塔思维是展开新闻传播活动的基本思维方式，是新闻传播思维的一种稳定模式，贯穿在新闻内容的选择、新闻传播方式的选择、新闻受众的选择定位过程中。因此可以说，倒金字塔思维是新闻传播思维的基本规律之一，或者说是新闻传播规律性的思维方式。”[②]

① 武星户．写好导更讲究技巧［J］．新闻与写作，2002（10）：34.
② 杨保军．倒金字塔：新闻思维的规律性结构［J］．新闻战线，2008（6）：45.

04
第四章

新闻导语的功能

互联网新媒体时代，每个人都可以是信息的传播者和接收者，新闻进入了后新闻传播业时代，人人传播，万物皆媒。在这样一个众声喧哗、信息涌动的传播生态中，简洁、优质的新闻导语更能吸引受众的眼球，适应快节奏的生活模式中人们对新闻传播效率性的需求。专业的新闻工作者更需要敬业爱岗，技高一筹，以专业的态度和技能写好新闻导语，弘扬新闻文化；“草根记者”也应提升传播信息的媒介素养和专业能力，避免生产粗陋、简单的新闻。美国新闻学家赫伯特·里德强调：“导语是新闻的生命所在。”① 了解导语之于新闻写作的重要功能，有助于我们正确认识导语。

一、锐化新闻焦点，彰显价值

消息导语要求记者用最凝练的语言，准确、简洁、清晰地展示消息内容中最具有新闻价值、最吸引人的事实要素，令受众一见倾心并产生阅读全文的兴趣。好的消息导语简短、具体、鲜活、具有可读性。例如消息《深圳地铁 3 号线轨行区发生进人事件，闯入者已死亡》的导语是：

据《羊城晚报》消息，3 月 17 日下午，深圳地铁发布运营公告，受突发事件影响，地铁 3 号线红岭—塘坑区间暂停服务。3 号线红岭—益田，双龙—塘坑采取小交路有限度运行。布吉站 5 号线双方向列车暂时不停站通过。

记者了解到，此次突发事件是有人在 3 号线布吉站闯入轨行区，致 3 号线运营受到影响，闯入者已死亡。

——2020 年 3 月 17 日 《新京报》

该导语有两个自然段 141 字，不符合消息导语简明扼要、直奔主题的要求，其标题就是主题，导语应与之呼应。应提炼出核心事实，将冗余信息移植到主体中补充导语：

① 刘萍．新闻导语中的动词巧用［J］．文教资料，2006（5）：218.

据《羊城晚报》消息，3 月 17 日下午，一男子闯入深圳地铁 3 号线布吉站轨行区死亡，致 3 号线运营受到影响。

硬新闻写作关键在导语，其导语风格可概括为：在最新鲜的时间发生了何事导致了何种结果。“最近时间点”常用于硬新闻导语的由头，而“何事 + 何结果”是其核心。下列硬新闻存在明显的失误：没有在导语中概括事件最重要的事实——“结果”，导致新闻传播效率低下。

4 月 15 日晚，安徽宿州埇桥区蒿沟镇一场演出现场，一名表演高空杂技的女演员在升空过程中突然坠落到舞台上，令现场观众担心不已。目前，当地相关部门正对此事展开调查。

——《女演员表演时高空坠亡，官方：活动已被叫停，相关情况将通报》(2023 年 4 月 16 日　新黄河客户端)

该消息将最重要的事实“结果”（女演员表演杂技高空坠亡）放在了标题中，不符合硬新闻以倒金字塔结构直截了当传播信息的特点，节奏慢，效率低下。其导语应为：

据《新京报》报道，一名女杂技演员在安徽宿州埇桥区蒿沟镇表演节目时从高空坠亡。

记者应在导语中用准确、简练的一句话或两句话告知受众发生了什么事、这件事导致了什么后果，叙事应快节奏、高效率。

二、浓缩全文精要，纲举目张

导语之于新闻全篇的文脉如同“定海神针”。美国记者威廉·梅茨说：“导语是记者展示其杰作的橱窗……如果记者未能在导语中表现出水平，那么，他就是没水平。”① 他断言：“导语是新闻报道中最重要的部分。抓住或者失

① 梅茨. 怎样写新闻［M］. 苏金琥，译. 北京：新华出版社，1983：21.

去读者，取决于新闻的第一段，第一句，甚至第一行。"① 消息适合报道动态事件，尤其是突发事件，其旨在快速、准确地传播信息，篇幅宜短，文本宜简，文风宜实。新闻《女孩和网恋1个月杭男友见面　从东站附近酒店5楼坠下》（2019年8月19日　《都市快报》）属于突发事件报道，200字左右即可，但它却长达1745字，其中有1600余字与新闻主题无关联。原因出在记者没有根据新闻价值确立新闻的焦点，没有根据新闻焦点来组织新闻素材，眉毛胡子一把抓，杂乱无章。记者将与主题无关的大量素材堆砌在了新闻中，多数段落津津乐道于无聊的琐事，冗长乏味。其开头是：

昨天上午，读者周大伯来电报料：艮山西路168号，凌晨三四点时，有个18岁的姑娘从五楼坠下，幸亏被一楼的雨篷挡了一下，人在浙二解放路院区，暂时没有生命危险。

记者于清核实报道：

我赶到艮山西路168号，发现这里是已经关闭的安琪儿市场，门口保安说这里严禁进入，酒店在市场的另一侧大门里。

绕过去一看，酒店没有名字，只写着"连锁酒店"——之前这里是7天连锁酒店，合约已到期，所以不能再挂"7天"标志了。

走进酒店，正好看到有两位民警在做笔录，沙发上坐着一男一女两个年轻人，男孩小俞、女孩小琳。只听民警在对他们说："如果要跟酒店走法律程序，建议你们去找一个律师，到时候要跟律师实话实说……"

其中一位民警跟我说了大概的情况：……（下文略）

该新闻开头显示，记者根据新闻采访的先后过程，以"有闻必录"为原则开篇布局，其第一自然段和第二自然段的人称转换令受众疑惑。这种写法放弃了写作主体对写作客体的判断和思考，结构松散，堆砌材料，形同流水账，实际上，它没有导语。构思导语其实就是判断新闻价值、思考新闻主题的过程。该例子警示我们：记者在获得新闻线索之后，要根据新闻价值判断如何做新闻。首先，要明确报道思想，力求事半功倍；其次，在采访之中和写作之前，都要反反复复地用心思考报道的焦点是什么，只有主题明确了，才能够量体裁衣，根据新闻的中心思想对获得的新闻材料进行有序组织，去

① 梅茨. 怎样写新闻［M］. 苏金琥，译. 北京：新华出版社，1983：21.

糙存精，选材得当。

没有主题的新闻必然会像这篇新闻一样叙事散乱，信息冗余。此外，该新闻的标题冗长，结尾无意义，也需要修改。如果记者精心构思导语，并且由导语来确立文脉，那么该新闻只需要 266 字即可准确、简明、高效地传播完整事实信息：

一女子从五楼坠落受伤

昨天凌晨，一名 18 岁的女子从杭州一酒店五楼坠下，因被一楼的雨篷挡了一下，暂时没有生命危险。

坠楼女子是 18 岁的蒋某，她6 月份与 17 岁的闺蜜小琳一起从老家重庆坐飞机来到杭州。8 月 18 日，在返家的前一晚，蒋某与网恋一个月的杭州男友俞某约好在艮山西路 168 号的一家“连锁酒店”见面。

事发当时，俞某在一个房间，两个女孩子在隔壁的房间。小琳躺在床上看电视剧，蒋某则在窗边玩手机。凌晨 3 点多，忽然一声尖叫，蒋某摔出窗外。

凌晨4 点左右，蒋某被送到浙江第二人民医院救治。“连锁酒店”方面认为蒋某从楼上摔下去不是他们的责任，只愿本着人道主义精神为蒋某资助 2000 元医疗费。

对突发事件报道首先应追求传播效率，第一时间传播信息，力求要言不烦，简洁明了。如果情节曲折、细节复杂，可在迅速报道完消息之后再深挖事实信息，撰写特稿满足受众对深度信息的需求。

三、主导新闻结构，简洁明了

新闻报道（消息）主要的功能是传播信息，倒金字塔结构是叙事效率最高的结构，也是新闻叙事的经典结构。即根据新闻价值，提炼六要素中的部分要素，概括一篇新闻最重要的事实，力求用一句话、最多两句话作导语，按照重要性逐段递减的原则呈现事实材料，即从最重要的导语到最不重要的结尾来排列新闻段落。知易行难，对于媒体记者而言，要经历多年的新闻实践才能对倒金字塔结构应用自如。例如《山口百惠退出娱乐圈后首次出书 丈夫：作 60 岁纪念》的导语就没有写好，这直接导致该新闻脉络不清晰，传播效率性不高，有冗余信息：

山口百惠是日本著名影视歌三栖明星，13 岁时便通过参加歌唱比赛获得第二名而出道。她不仅在日本，在中国也被一代人所熟知，被称为代表了昭和年代的偶像。26 日，山口百惠发布了自己退出娱乐圈后的第一本书，书里介绍了自己婚后一直研究的拼布作品。该书署名“三浦百惠”。

——2019 年 7 月 26 日　海外网

该导语 125 字，其中前两句 71 字均为旧事实，是新闻背景。如此之多的旧闻置于导语的开头不符合新闻的本质属性：新鲜。正是因为记者对该导语缺乏推敲，致使其对材料的安排没有围绕导语中最新鲜的事实“日本明星山口百惠退出娱乐圈 39 年后首次出书”有序展开补充完善，层次不清楚，过渡不自然。正确的谋篇布局应该是：先介绍其人，再介绍其新书，然后延伸相关信息。其语言不够简洁，有冗余信息。此外，该新闻对“昭和年代”和“东日本大地震”这两个中国受众陌生的名词没有提供新闻背景解释，令人疑惑。此外，其标题也没有简洁明了地凸显该新闻的价值。实际上，如果抓住它的主题“日本明星山口百惠退出娱乐圈 39 年后首次出书”为焦点建构导语，应该是：

日本前著名影视歌三栖明星山口百惠 26 日发布新书《时间的花束——Bouquet du temps》。这是她退出娱乐圈 39 年之后首次出书。

对主题的明晰认知，为写好导语奠定了基础，正文围绕导语展开补充和延伸，主次分明，脉络清晰，该新闻只需要 50 多字就能准确、有效地传播信息。

四、增强可读性，引人入胜

新闻导语的主要目的有两个：首先，吸引受众的眼球，引发人们的关注；其次，使受众对阅读全文产生期待和兴趣。硬新闻注重新闻价值的时新性，其导语要突出最新鲜的时间点。如 1969 年 7 月 16—24 日，美国阿波罗 11 号在月球着陆，标志着人类开始了对月球的探索。对这一重大事件，美联社的新闻导语是：

美国星际航行员阿姆斯特朗今天晚上格林尼治时间2时26分成了第一个登上月球的人。

该导语惜墨如金，把这一历史转折关头的重大事件用凝练的语言以最快的速度传遍全球。它仅仅突出了该事件最重要、最有新闻价值的一个新闻要素——“What（何事）”，可谓要言不烦。在硬新闻（消息）报道中，“何事”要素是新闻六要素中最为核心的要素，是消息导语建构的中心。消息以报道动态事件、第一时间传播事实信息见长，其导语要突出简明高效的特点。

对于未能及时获得新闻来源而迟报的消息如何处理其时新性？常见的技巧之一是，由近及远，以新带旧，即记者追踪消息的最新变动事件，寻找一个最新鲜的时间点发生的事件，将其作为由头，引出以往的旧事件。这是记者职业化写作的技能。新闻《两男子杀害一家四口抢钱回家过年　潜逃23年终落网》的导语是：

随着两名犯罪嫌疑人被押解回内蒙古自治区通辽市，23年前轰动一时的杀死4人、重伤2人重特大命案积案宣告破获。

——2019年10月9日　中国新闻网

该导语的时间由头“随着……”不准确、不清晰（新闻标题宜改为《两男子杀害4人重伤2人　潜逃23年后落网》）。新加坡联合早报网（www.zaobao.com）报道该新闻时的导语是：

中国内蒙古两名男子23年前生意失败，决定抢钱，结果谋财害命，杀死4人后潜逃，直到上个月被警方逮捕。

该导语48字，更为简洁，但其时间由头“上个月”明显不清晰、不新鲜。上述两个导语都是硬导语，即开门见山、直白简洁。如果记者对该消息无法追踪到该新闻最新鲜的变动事实，则可以采取第二招：改用软导语，其与硬导语的不同点是，叙事前先作铺陈，委婉间接，曲径通幽。软导语体现记者的个性化写作技能，它以旨趣掩盖新闻时间的陈旧，把过时的时间置于新闻主体中。可以改为：

俗话说：善恶到头终有报，高飞远走也难逃。辽宁鞍山两名男子 23 年前在内蒙古通辽杀死 4 人、重伤 2 人后潜逃。今年 9 月 18 日，内蒙古警察在鞍山警方的配合下，将这两名犯罪嫌疑人擒获。

通辽市科尔沁区检察院目前已经以涉嫌故意杀人罪、抢劫罪、强奸罪，批准逮捕这两名嫌犯。

硬导语与软导语在形式上有明显的不同，前者通常用一句话或两句话概括核心事实（事件的结果），一般为一个自然段，突出新闻价值，简明扼要；后者可由多个段落构成，先作铺陈或设置悬念，然后在第二自然段或第三自然段（最迟在第五自然段）交底，呈现事件的结果。

发繁体字说粤语　男子装香港人骗走浙江女子 17 000 元

2019 年 10 月 24 日《都市快报》

今年 4 月 12 日晚，在杭州工作的洪小姐在家刷微信，有陌生人申请加其为好友，对方自我介绍是香港人，目前在杭州旅游。洪小姐通过朋友申请之后，两个人就在微信上聊天。

对方发过来的文字是繁体字，发语音过来大多是普通话，偶尔夹着几句粤语，洪小姐就认为对方是香港人。这之后几天，就偶尔聊天，没有什么大事。直到 4 月 16 日，对方对洪小姐说，因为保护女友自己受了伤，现很严重，身上人民币不多了，向洪小姐借钱看病，洪小姐出于同情，陆续通过微信向对方转账 4000 多元，可是万没想到，才一天时间不到，洪小姐竟被对方拉黑了。

洪小姐意识到被骗，立即报警。警方立案侦查，6 月 20 日上午在杭州某网咖将涉嫌诈骗洪小姐的犯罪嫌疑人葛某某抓获，葛某某供认，他根本不是香港人，是他因为没钱了，虚构身份想骗钱。

该新闻导语写作冗长，全文共 7 个自然段，到了第五自然段才介绍称："该男子不但骗了洪小姐 4000 多，还骗了张小姐 13 000 多元"。这个事实交代太迟缓，让受众看了标题和前 4 个自然段后对该男子诈骗金额疑惑不解。该新闻导语写作采用了叙述式写作方式，不够吸引人。如果我们抓住这件事的不可思议之处建构导语，其可读性要更好：

一男子装香港人骗走浙江女子17 000元被判刑

如果香港电影金像奖有“最佳模仿秀新人”奖项，这名用繁体字和粤语骗人的男子也许可以捧回一尊小金人。（铺陈）

该男子叫葛某某，他通过网络聊天工具，随意添加陌生的女性，以香港人在杭州旅游，身边没有人民币、没法打车、没法住宿、生病没钱等理由向不同的女生“借”钱，骗了17 000元，最终还是栽了。（过渡）

日前，杭州市中级人民法院以诈骗罪判处这名葛姓的男子有期徒刑一年六个月，缓刑两年，并处罚金15 000元。（结果）

这个悬念式导语采用了“铺陈 + 过渡 + 结果”的组合形式，通过联想，将该男子行骗的特点与香港电影金像奖在逻辑上自然衔接，用虚拟语气营造悬念，唤起受众的好奇心，在第三自然段释疑解惑，揭示谜底。由此可见，作为新闻开头的导语对于整篇新闻的传播效果意义重大，好的导语可以先声夺人，令受众一见倾心，想一口气读完。这正是传播者所预期的效果。有人说导语是“抓心的手”，好导语能够把读者的心牢牢地抓住。澳大利亚新闻记者杰维斯的经验是：写好简洁的导语要力求“每个字都必须值得写；每个字都必须准确得当”①。他的感悟提醒我们：多读新闻，多琢磨新闻，不断从优秀的新闻作品中汲取有益的养料；从失败的新闻中总结、分析其问题，修改比较，感悟新闻写作的技巧，为自己的新闻写作积累经验。只有对新闻写作原理孜孜以求，对新闻实践精益求精，才能攻克新闻导语的写作难关。获得过普利策特稿新闻奖的美国记者南·罗伯逊认为，在深入叙述之前，有必要写出有吸引力的导语。她说：“导语如果写不好，整个报道看样子也写不好了。”②

1896年接管《纽约时报》的阿道夫·奥科斯（Adolph Sochs）经常给他的下属讲“三个石匠”的故事：三个石匠在回答一个旅行者提问“在干什么时”，第一个说：“我在凿石头。”第二个说“我在雕刻一块基石。”而第三个则回答：“我在建造一座大教堂。”奥科斯要他的下属们深信，新闻工作中包含着目标和信念。肯尼迪和迪尔指出：“《纽约时报》的力量在于，它的职工

① 邢红文. 新闻导语写作中应注意的问题［J］. 西部广播电视，2014（05）：97.

② 加洛克. 普利策新闻奖：特稿卷［M］. 多人译. 李彬校. 北京：新华出版社，1999（3）：118.

如奥克斯所鼓励他们的那样，是大教堂的建造者而非一群石匠。”[①] 阿道夫·奥科斯对媒介文化价值观的守望造就了《纽约时报》的百年品牌和声誉。由此可见媒介组织文化中集体核心价值观塑造的重要性。

国内当下新闻生产中导语写作质量不佳反映出媒介组织的文化价值观存在危机。“文化并非因为新闻精品而存在，但是新闻精品建构离不开与之相适应的媒体组织文化。其中，精品价值观是新闻精品制作的思想和观念动力源。”[②] “在媒体组织文化中，作为文本的新闻精品处于人工产品即物质文化的层面，是媒体组织文化的一种物化产品，也是一种重要的载体。它承载的是媒体组织的精品价值观，是新闻人的心智信念和才智，是‘理想类型’的逻辑上的‘完善性’。”[③] 可见，媒介组织的文化环境塑造新闻生产者的价值观，它为新闻经营管理制定的标准决定着新闻产品的质量，影响着组织内部每一个新闻人的职业理想和职业道德，没有规范的制度就没有优质新闻的产出。

这是新闻业最好的时代，它受惠于新技术带来的史无前例的信息传播条件，“今天，互联网上的内容以光速进行着传播；1000 字节的电子邮件的发送速度为每小时接近 6.7 亿英里”[④]。但与此同时，这也是新闻业融合转型的时代，传统新闻业也面临着技术变革带来的许多重大挑战。“新媒体时代，专业新闻生产者的内容生产特权被打破，传播技术让任何人可以用最小的成本成为记者，新闻采编技能被大规模‘业余化’了，新闻业面临‘去专业化’的危机，直接蚕食新闻业的合法性。”[⑤] 作为社会的守望者，新闻人在当下新闻生产的边界消弭、人人都是传播者的媒介生态环境中，要有“乱云飞渡仍从容”的定力，忠于新闻理想，恪守职业道德，赓续报人精神，推动社会进步，孜孜以求“脚力、眼力、脑力、笔力”等新闻素养与时俱进，为新闻业的“重新专业化”而乾乾不息。

---

① 肯尼迪，迪尔．公司文化［M］．印国有，等译．北京：生活·读书·新知三联书店，1989：64.

② 孔祥军．新闻精品：一种理论建构和组织文化的框架［D］．上海：复旦大学，2005.

③ 孔祥军．新闻精品：一种理论建构和组织文化的框架［D］．上海：复旦大学，2005.

④ 厄舍．互动新闻：黑客、数据与代码［M］．北京：中国人民大学出版社，2020：13.

⑤ 张超．释放数据的力量：数据新闻生产与伦理研究［M］．北京：中国人民大学出版社，2020：106.

05

第五章

新闻导语的类别

导语是整篇新闻写作的起点，它决定了全文的走向，“导语提出的事实和信息决定着接下来出现的内容的侧重点和方向。”① 一篇新闻有什么样的开头，就会有什么样的新闻结构，新闻材料和新闻段落的应用就会有差别。导语的目的有两个：①吸引受众的眼球；②使受众产生继续阅读新闻的兴趣。写作新闻第一难就是写作导语。构思一个合适的导语需要花费写作一篇新闻一半甚至更多的时间。

导语是新闻写作的起点。希腊悲剧大师欧里庇得斯说：“没有好的开头，就不会有好的结局。”② 导语浓缩凝练了新闻中最重要的事实，它将新闻的核心内容——最有新闻价值的要素传达给受众，体现新闻文化的魅力。导语的黏性决定着新闻的黏性。“三秒钟内读者会决定阅读或转到下一个报道。你必须在三秒钟内抓住读者视线并留住读者视线，你必须在这个时间里吸引读者并向其提供信息。”③

从新闻内容展开的方式上，导语可分为硬新闻导语和软新闻导语。从报道的语言表现方式上，导语可分为概括式导语、影响式导语、描写式导语、轶事式导语、叙述式导语、对比式导语、直接引语建构的导语、提问式导语等。导语必须言之有物，忌虚空、忌晦涩、忌跑题、忌冗长。

一、硬新闻导语

硬新闻导语也叫硬导语、直接式导语、概括式导语。它的突出特点是，开门见山，第一句话就概括新闻最新鲜、最重要的内容，直截了当、直言不讳。硬导语通常就是一句话，最多两句话，直来直去，使读者对新闻要点一

① 佩普，费瑟斯通．报纸新闻：从入门到精通［M］．周黎明，译．北京：中国人民大学出版社，2010：37.

② 斯坦德灵．专栏写作的艺术：第一版［M］．熊锡源，译．广州：南方日报出版社，2014：18.

③ 里奇．新闻写作与报道训练教程［M］．钟新，译．北京：中国人民大学出版社，2004：152.

目了然。硬新闻导语决定了其后主体的写作方向：①补充导语中未展开的新闻要素；②提供导语中未提及的新闻要素。清华大学李希光教授建议，硬新闻导语最好不要超过50个字。“测试硬新闻导语好坏的一个方法，就是看它是否能当作一条可以独立成文的新闻简讯。”①

硬新闻报道重大事件、突发事件，注重新闻传播时间的紧迫性，简明扼要。记者要在导语中高效率地告知受众：发生了什么事、结果如何，用简单句概括受众最为关心的核心新闻要素，快节奏地传播信息。例如：

【美联社北京2月2日电】美国总统理查德·尼克松的座机今天格林尼治时间3时27分（北京时间11时27分）在北京机场着陆，他将对中国大陆进行具有历史意义的访问。

——《尼克松到达北京》（1972年2月2日）

它用直白、平实的语言，简明地概括新闻最重要的内容，呈现新闻价值，引起受众关注。

（一）概括式导语

从新闻“六要素”何人、何事、何时、何地、为何、如何（结果怎样）当中挑选出符合新闻主题最重要的部分要素写进导语，将其他要素植入第二自然段或者第三自然段，概括事实，语言简洁、具体、清晰，有信息含量。如：

【德新社伦敦2000年12月31日电】今天公布的令人震惊的新统计数据显示，烟民每吸一支烟就减寿11分钟。

概括式导语的特点：①注重时效性；②语言简洁、具体，不写空话；③用简单句，即主—谓—宾结构，易读易懂；④用一句话，最多两句；⑤用主动句（法治新闻的标题和导语常出现被动句，如：案发后45小时，两名持枪犯罪嫌疑人就被警方戴上了手铐）；⑥何时、何人、何事、何种结果是概括式导语使用最多的几个要素；⑦一般把权威的新闻来源置于导语开始的位置。

---

① 李希光．新闻稿如何结构［J］．新闻与写作，2012（6）：74－75.

概括式导语的时间要素是“时间最近点”，即报道的时间距离新闻发生的时间之间差距最小，以凸显报道时间的新鲜。下面这个导语的时间由头是：

前天中午11点40分，绍兴市人民医院门诊楼一楼的女厕所里，正在打扫卫生的保洁员突然停下了手中的活。

——《21岁女子在医院厕所分娩　产后将婴儿放入马桶》(2016年10月16日　《钱江晚报》)

“前天中午”是哪一天？受众看了还得查一下日历或者掰着指头算一算，这岂不麻烦？类似的表达还有如“前天”“后天”“大前天”“大后天”等，不如直截了当用“几月几日”表述更为清晰。

对于时效性强、新闻价值重要的硬新闻，记者通常将最新鲜的时间放在导语开头的位置。其实，最终决定将哪一个新闻要素作为导语开头，记者还得具体问题具体分析。应通过比较，哪个要素最重要就强调哪个，灵活应变。

笔者对发生在2021年1月21日的法治新闻——《中国华融资产管理股份有限公司原董事长赖小民被执行死刑》（2021年1月29日　中国新闻网）的概括式导语设计了如下几种写法：

①何事

二审维持死刑！天津市高级人民法院对中国华融资产管理股份有限公司原党委书记、董事长赖小民受贿、贪污、重婚案二审公开宣判。

②何人

中国华融资产管理股份有限公司原党委书记、董事长赖小民受贿、贪污、重婚案二审于2021年1月21日在天津公开宣判，法院裁定维持死刑。

③何时

2021年1月21日，天津市高级人民法院对中国华融资产管理股份有限公司原党委书记、董事长赖小民受贿、贪污、重婚案二审公开宣判，裁定驳回上诉，维持原判。

④何地

天津市高级人民法院，随着法槌落下，中国华融资产管理股份有限公司原党委书记、董事长赖小民的生命走到了尽头。

⑤何因

因犯受贿罪、贪污罪、重婚罪，中国华融资产管理股份有限公司原党委书记、董事长赖小民二审被公开宣判：维持死刑。

通过对比上述同题导语，我们会发现，由于强调要素的不同，同一主题的概括式导语的传播效果也不同。第一条导语把该新闻事实中最为核心的要素“何事”作为开头，其传播信息的效率最高、节奏最快。

1. 概括式导语“时间”的应用技巧：

①要用距离新闻发表最近的时间“点”

例如：

10 月 11 日至昨日，湖州菱湖镇在南栅桥河的河道清淤过程中，发现了十四枚迫击炮弹。发现后，菱湖所立即向党委政府和上级公安机关汇报。分局第一时间会同市特警支队到现场进行处理。目前，分局已成功将所有炮弹安全运往湖州市危险物品收缴库存放。

——《湖州：河底清淤挖出 14 枚炮弹　已妥善处置》（2016 年 10 月 16 日《浙江法治报》）

该导语的时间由头表述不当，用了一个“时间轴”，即“从过去到现在”的一段时间，记者不懂得新闻的时新性是用精确的、距离发稿最近的时间“点”来表示的。该导语的时间应该使用最新鲜的“昨天”，改为：湖州菱湖镇公安分局昨天将河道清淤中发现的 14 枚迫击炮弹运往湖州市危险物品收缴库存放。

用没有新闻价值的时间作由头就更是失误了。例如：

最近，杭州市一医院收治了一位 22 岁的小叶姑娘，她被父母送来的时候，正在大出血。

原来，小叶在发现自己意外怀孕后羞于启齿，自己上网搜索了一张堕胎中药方自行服用，才造成了这样的后果。

——《90 后女孩学电视剧用中药堕胎　结果突发大出血》（2017 年 4 月 14 日《杭州日报》）

硬新闻（消息）导语常用一句话，最多两句话。该导语用了两个自然段显然冗长了。其第一自然段中的时间要素是“最近”，它含糊不清，不是“最近时间点”，没有突出新闻价值。该事件的报道意义是：为受众提供知识，意外怀孕别擅自服用中药堕胎。记者在报道这件事时，要么等该女孩脱离危险时报道，要么等她出院时报道，要么采用描写场景的软新闻导语讲故事。如果为了抢新闻，可以将不新鲜的时间移植到主体中去，导语突出“何事（结果）”：杭州一位22岁的姑娘在发现意外怀孕后上网搜索了一张堕胎中药方自行服用，结果大出血被送入市一医院抢救。在新闻写作中，“近日”“最近”“不久前”“前不久”“连日来”“最近一段时间以来”“一直以来”等模糊的表达都不宜作为硬新闻导语的时间要素。

②用电头中的发稿时间替换导语中不新鲜的时间

隐去过于陈旧的时间，用发稿时间代替。如：

【埃菲社柏林10月14日电】 尼日利亚总统穆罕马杜·布哈里在对柏林访问期间的一些言论令德国总理默克尔感到尴尬。布哈里说，他的妻子艾莎的位置在厨房而不是政坛。

——《尼总统夫妻争论　令默克尔尴尬》（2016年10月16日　参考新闻）

该新闻通篇没有具体时间要素，作为一条花絮，它是对时政新闻尼日利亚总统穆罕马杜·布哈里访问柏林的拾遗补阙，体现的是新闻的趣味性，所以“什么人”和“什么事”是它的重点，受众只要知道它是最近发生的事，满足其对政坛高层的“窥私欲”心理就足够了。

③把不够新鲜的时间植入导语句子之中

不少人写新闻习惯于用时间作为导语的开头，这是惯性思维。其实，哪个新闻要素作为导语开头，要根据其在新闻中的价值来衡量。例如：

在历经一年多的升级改造后，坐落于美国加利福尼亚州约巴林达市的理查德·尼克松总统图书馆14日重新揭幕面向公众开放。

——《尼克松图书馆重开中国馆展览引注目》（2016年10月16日　《解放日报》）

该导语将两天前的时间“14日”放在了导语临近结束的位置，显然记者写作时用心了，该时间不新鲜也不重要，最重要的要素是“理查德·尼克松总统图书馆重新揭幕面向公众开放”这件事，“理查德·尼克松总统图书馆”体现了新闻价值的显著性，比不新鲜的时间要素更为重要。

④突出有冲击力的事件，将导语中的“时间”要素后置到主体中

反常、离奇、罕见事件的发生往往被受众所关心，这些情节稀奇的事件第一次听说的受众都会感兴趣，因此，时间要素并不是最重要的，可以不放在导语的开头。

2. 寻找新鲜的时间由头

①以新带旧：以最新鲜的事实引出旧事实

【海外网12月2日电】在今年8月的世青射箭锦标赛上，19岁的哥伦比亚女射箭选手希拉尔多火了。她不仅凭借高超技术，赢得女子反曲弓冠军，还因为专注的神情和完美的五官轮廓，在网上吸粉无数，甚至被网友称赞为“爱神丘比特”。

——《哥伦比亚美少女射箭冠军火了　颜值高被赞“爱神丘比特”》（2019年12月2日　海外网）

该新闻是2019年12月2日刊发的，但其导语中的时间是3个多月之前，完全失去了“时新性”。其标题也没有聚焦新闻价值，体现的是记者的猎奇心理，不符合硬新闻的特点。

②由近及远：以事件最新的变动时间点为叙事起点

8月4日凌晨，河北沧州任丘市麻家坞镇发生一起“女孩遭绑架被杀害案”，引发关注。8月8日，任丘警方通报称，嫌犯已被抓获，案件正在进一步侦办。

该导语第一句是新闻背景，第二句才是新闻。应将最新鲜的时间作为其由头，删除冗言，改为：8月8日，河北沧州任丘警方称，“女孩遭绑架被杀害案”嫌犯已被抓获。

③以事物变动的“临界点”作由头

《波音737－300客机告别中国民航市场》的导语是：

【联合早报网讯】在中国国内执飞的最后一架波音737－300客机今天（8日）在郑州国际机场退役，该型号客机亦正式告别中国民航市场。

——2017年5月8日　联合早报网

事物是从量变到质变的一种流动过程，新闻为凸显其变化的分水岭，选准其量变到质变的关键时间点，可突出新闻价值，引发受众的关注。

（二）影响式导语

国内教科书多将此类导语定性为议论性导语或述评性导语。美国阿拉斯加安克雷奇大学新闻学教授卡罗尔·里奇称其为影响式导语，即“解释读者和观众如何受到某个问题影响……能使报道看起来新鲜而有针对性”①。笔者采纳了卡罗尔·里奇的说法，因为新闻的客观性法则最重要的一条就是“事实与观点分开”，用议论性导语或述评性导语为其冠名，会给受众带来困惑。影响式导语常见于政治新闻报道，此外，重大历史事件、重大发现、重大工程、重要成果类的报道，也可采用这种导语形式。如：

据拉美社 3 月 21 日报道，中国当天顺利完成了首列自主研制的氢能源市域列车的运行试验，这标志着中国在将氢能应用于轨道交通方面取得了新的重大突破。

——《外电关注：中国首列氢能源市域列车成功达速试跑》(2024 年 3 月 22 日　参考消息网)

该消息导语共 65 个汉字，由一句话构成，它符合硬新闻导语的简短特点：通常用一句话作为导语，直截了当。它是对中国取得的一大重要科研成果的报道，如果把“这标志着中国在将氢能应用于轨道交通方面取得了新的重大突破”这句事实判断句删除，受众仅凭前面的句子可能不会把这篇新闻当回事，因为一般人对这项新科技成果之于中国轨道交通的价值和意义并不了解，也就难以判断其意义。这就是影响式导语的功用，它在新闻事实的基础上将信息的价值以判断句的形式明确地告知受众，引发受众的关心和对新闻主题的理解，以此提高新闻的传播效果。

【美联社盐湖城 1998 年 6 月 14 日电】在盐湖城犹他爵士队主场，看迈克尔·乔丹如何投中最后两球，从而以一分优势为公牛队夺取本赛季美国职业篮球联赛（NBA）总冠军，你不得不相信，天才就是天才！

① 里奇．新闻写作与报道训练教程［M］．钟新，主译．北京：中国人民大学出版社，2004：166.

迈克尔·乔丹在最后时刻投中两个关键球，使得公牛队以一分胜出，在巨大的压力和阻力面前取得这样的成绩的确是天赋异禀。因此，导语最后的夸赞乔丹是天才球员，这是基于比赛的过程和结局得出的事实判断，是客观的。

通过上述案例，我们会发现，影响式导语先陈述事实，然后用简短的一句话指明其影响是什么。这种导语对新闻事实结果延伸出的“影响”是从受众角度思考的，简洁明了，判断独特有新意。要注意的是，这类导语写作需要审慎，否则会影响新闻的客观公正。

记者写影响式导语应首先客观陈述新闻事实，然后使用事实判断，即回答该新闻事实影响受众的是什么或意味着什么。事实判断是客观的，是唯一的，无争议的，它是记者基于对客观事实的判断得出的结论。而价值判断是主观的，它是关于“应该怎样”的问题，它不是唯一的，是有争议的。

二、软新闻导语

软新闻导语也叫间接式导语、延迟式导语、延缓性导语、软导语、特写导语。软新闻导语与直接导语形成鲜明的对照，它有意不直截了当告诉受众报道的最主要的事实，有意放慢导语的表现节奏，采用描写或者讲故事的手法，用趣味吸引受众。

西方记者在特稿写作中常用场景描写，令受众仿佛亲历现场，看到了画面。软新闻导语可以包含多个段落，这些段落可以用情节、细节、引语、精彩片段等激发受众的兴趣，逐渐切入正题。

软新闻导语适合故事性强、十分有趣味的新闻、特稿、调查性新闻、解释性新闻等。它不适合突发事件报道、时效性突出的新闻、有重要新闻价值的新闻。实际上，采用延缓性导语首先是因为新闻本身包含戏剧性、冲突性，不可思议，离奇荒诞，有故事元素、情感召唤等新闻事实要素。此外，尽管延缓性导语有意营造悬念吊起受众胃口，引发好奇和关注，但需要把握好“度”，最迟应在第三自然段或第五自然段揭晓悬念，不能没完没了地延迟，故弄玄虚，让受众焦虑，丧失继续阅读的兴趣。以下是软新闻导语示范案例：

下午，街区安静，太阳照着哈佛校园里的一排排教授们住的别墅，但波士顿四月的风有点冷。

傅高义家的门铃按钮有点老化了。傅高义开门，笑着，蓝色的衬衫塞进裤子里，白袜子，棉拖鞋。他示意南方周末记者坐在沙发上，自己搬来一把白色的椅子，跷着二郎腿坐下了。

角落桌子上的水壶正烧着开水，发出些噪音。他拿出几个不同颜色的杯子倒茶，上面印着“××有限公司”或者“××会议”的红色汉字。背后的书柜里，摆放着二十多年来他和学生们的合影。他笑的时候眼睛眯起来，笑容的角度在时间跨度很大的几张合影中没有什么变化。现在他坐在那把椅子上，就像照片中那样笑着等待提问。

——《哈佛“中国先生”傅高义：有时候旁观者更清》（2017 年 8 月 16 日 《南方周末》）

这是特稿常见的一种软导语，它以场景描写开始，有现场感和画面感，让受众仿佛“看到”了这一切，有“在场”的感觉。

（一）描写式导语

用美术白描的技法将人物、地方或者事件的细节表现出来，呈现富有特色的现场场景，凸显画面感，让受众有身临其境的感觉。如 2001 年美国“9·11”恐怖袭击发生的当天，新华社记者发回的消息导语：

【新华社 2001 年 9 月 11 日电（新华社驻美国记者任毓骏、王如君报道）】9 月 11 日上午 9 时 48 分，一架飞机撞到了纽约世界贸易中心大楼，飞机把大楼撞了个大洞，在大约距地面 20 层的地方冒出滚滚浓烟。就在楼内人员惊慌失措之际，18 分钟后，又有一架飞机撞上了世贸大楼，这架飞机是从大楼的一侧撞入，由另一侧穿出，并引起巨大爆炸。

描写式导语让受众有沉浸感，仿佛置身现场。

描写式导语的难点是如何写得简洁而生动，下面这个案例值得学习：

半夜，桥上……一阵尖叫……枪声……溅水声……又是枪声……又是溅水声。

今晨，警署从蛇河中捞获了已经分居的墨菲夫妇的尸体。尸体的太阳穴上都有枪伤，警官断定是“谋杀与自杀”。

美国记者构思的这个描写式导语仅 84 字，其铺陈语言用了五个省略号，给受众以想象的空间，用心之妙令人叹服①。

（二） 轶事式导语

轶事就是我们常说的逸闻趣事，是有趣的小事。在软新闻导语中，轶事式导语指直接设置一个现场场景，提供一个有趣的小事，或者直接从一件有意思的小事开始讲起。

轶事式导语在特稿写作中比较常见。例如：

【美联社 4 月 2 日电】 在伊朗新年的第 13 天，待在家里是不吉利的。而几个世纪以来，围绕 13 这个数字的恐惧一直困扰着全世界的人们。1910 年甚至诞生了心理学名词“恐十三数症”。

从星期五 13 号到阿波罗 13 号，甚至是最后的晚餐中犹大的第 13 号座位，我们来看一看在历史和流行文化中，13 这个数字的力量吧！

——《数字 13 会带来霉运?》（2014 年 4 月 5 日 《参考消息》）

在采访中，记者要善于从聆听中发掘似乎不起眼的轶事并通过提问让受访者解释清楚，或者从资料中采撷有趣的轶事。在软新闻中应用轶事能活跃文风，增强报道的可读性，让受众获得美的感受。

（三） 叙述式导语

叙述式导语以生动的情节讲故事。它借用文学手法，如对话、情景描写和构建悬念，用预设的伏笔提示受众将要发生的事实。下面是采用叙述式导语的新闻案例：

【路透社洛杉矶 2000 年 3 月 17 日电】 就连好莱坞也编造不出这样的故事：为了侦破一起神秘的盗窃案，一个联合特别行动组成立了；联邦调查局也被请来了；一条特殊的电话热线开通了，悬赏破案的赏金是 5 万美元。

什么被偷了？英王皇冠上的珠宝？比尔·盖茨的财产？都不是。被盗的是对洛杉矶市来说重要得多的东西：奥斯卡金像奖不见了！

---

① 李笑白. 作文十讲［M］. 哈尔滨：哈尔滨出版社，2009：49.

该导语用虚写造成悬念，吸引读者。第二段先用三个问句引起受众的好奇，然后揭开谜底，说明究竟是何事，实写，解开悬念。

我们不要把叙述式导语与概括式导语搞混淆了，它们的差别是：叙述式导语是软导语，它通过设置悬念，引人入胜，它的语言形象生动，这种导语引导的通常是时间顺序结构的特稿文本。概括式导语属于硬新闻导语，它传播信息，开门见山告诉受众发生了何事、何种结果，语言直白平实，毫无悬念，它决定全文须采用倒金字塔结构。比如上面这篇叙述式导语是软导语的写作风格，如果改成概括式导语就会拥有硬新闻快节奏、高效率的特点：

洛杉矶市即将颁发的奥斯卡金像奖被盗贼偷走，警方悬赏5万美元破案。

叙述式的软导语136字，而这个概括式的硬导语仅32字，对比阅读不难发现，前者通过铺陈委婉地在结束时点明了主题，显得饶有趣味，后者直奔主题，简单明了。

（四）对比式导语

有比较才有鉴别。对比是新闻写作常用的手法，它能使人或事物的特点在比较中显得更加鲜明，彰显新闻价值，有助于人们了解其不同之处，加深印象，难以忘怀。

软新闻《中科大金融博士毕业6年考大专：感觉医学很神奇》（2019年4月17日 《新安晚报》）的导语是：

【新安晚报】从中国科学技术大学博士毕业工作6年后，朱骏（化名）参加了今年安徽省高职专科的分类高考，报考的是安徽医学高等专科学校的口腔医学专业。最终他取得了文化课满分，校考第一名的成绩，一旦被录取将在学校里进行三年的全日制学习。以博士学历报考高职专科学校，这在安徽省还是首例。

该导语写得比较平淡。我们知道，软导语最忌讳的就是平淡无奇，我们应该从新闻中包含的戏剧性、冲突性来建构导语，以此来吸引受众的眼球。以该新闻为例，一个博士毕业工作6年的人居然跨专业报考一所专科学校，这本身就是意见有戏剧性的事，离奇而罕见。导语应该这样建构：

一名毕业于国内名校、工作了6年的博士居然辞掉了知名公司的工作想去读一所高职学校。这件事在安徽还是第一次发生。

这名让人惊奇的人物叫朱骏（化名），是中国科学技术大学金融工程专业毕业的博士，他报考了今年安徽医学高等专科学校的口腔医学专业。最终他取得了文化课满分、校考第一名的成绩。

软导语写作要善于从新闻材料中挖掘令人心动的元素来构思，将其置于导语的开头，如戏剧性、冲突性的细节，采用对比的修辞手法，使新闻事实显得不同寻常，令人印象深刻，这是构思软新闻导语的技巧。

（五）用直接引语建构导语

将当事人富有情感色彩或生动的个性化表述用于软新闻导语中，能够唤起受众的关注。此外，众人耳熟能详的歌词、诗句、流行语、经典电影对白等也可用于建构直接引语导语。

导语写作总体上要求简洁明晰，所以，使用直接引语建构导语一定要恰到好处，引用多了会拖慢导语的节奏，使导语臃肿。例如《杭州至武义高铁上1男子大量呕血　浙一医院医生果断出手》的导语是：

"医师节最美医师：高铁上一中年男子突发不适，旁边这位背着包的是邵逸夫医院医师（我也不知道该医师姓名），刚好同乘一辆高铁，主动上前帮忙，评估病情严重，建议患者中途武义下车，并联系120，患者病情变化非常快，发生消化道大出血，白衣服染血变红衣服了。邵逸夫医院医师一路护送到我院急诊抢救室抢救。祝这位美女医师节快乐！"今天，第二个中国医师节，武义县第一人民医院急诊科医生杨丰发了这么一条信息，迅速霸屏朋友圈。

快报记者第一时间联系上这位救人的美女医生，邵逸夫医院重症医学科（ICU）医生王倩倩。接到记者的电话，王医师笑着称，这都是应该做的，"在专属于医师自己的节日的这天，能救助患者，是作为医者最开心最自豪的事。"

——2019年8月20日《都市快报》

这个软导语共297字，过长。用直接引语建构软导语是软导语写作常见的方法，但使用引语不宜过长，过长会迟滞叙事的节奏，使得新闻的主题受到干扰，应从采访材料中细心筛选，挑选最精彩的话写入导语，尤其是该引语式软导语的第一段不是事件主人公说的话，它不够简练且没有文采，实属喧宾夺主，导致该导语虚实转换节奏过慢，使得消息的篇幅也因此变得冗长。宜改写为：

“在专属于医师自己的节日的这天，能救助患者，是作为医者最开心最自豪的事。”邵逸夫医院重症医学科（ICU）医生王倩倩这样回应她在高铁上救助一名消化道大出血中年男子受到微信朋友圈点赞的消息。

引语式软导语要符合新闻写作的文本规范，要精挑细选，只用能够凸显主题的、最亮眼的话。

需要注意的是，使用引语建构导语要交代清楚新闻来源。如：

“小孩掉西湖里了！”昨天下午三点半左右，杭州西湖边游人如织，市民江先生正在断桥边采风，突然看到好几位游客一路小跑冲上桥面，其中一位小伙子还焦急地喊着“发生意外啦！”

——《四龄男童掉入西湖　孩子母亲跳湖自救　一个矫健身影掠过　一双大手高高举起》(2017 年 4 月 24 日　浙江新闻)

该导语的不足是：开头第一句直接引语没有交代新闻来源，最后一句直接引语比较空洞，不如删除，用第一句直接引语就够了。此外，该导语还有一个缺陷，里面提及的人物“市民江先生”仅仅是事件的旁观者，之后的故事再也未提及他，因此放在导语里纯属多余。这条导语不如改成：

昨天下午三点半左右，杭州西湖边游人如织。突然，好几位游客一路小跑冲上桥面，有人喊道：“小孩掉西湖里了！”

（六）提问式导语

用一个精彩的、有思想的、有趣味的或令人意想不到的问题做导语的开头，能唤起受众的思考和参与意识，这种提问式导语也是软新闻导语的一种常见类型。提问式导语分为两种：第一种是问答式，记者自问自答，提问新闻事实中的冲突性情节，回答报道的新闻价值；第二种是疑问式，记者只提出关键的问题，答案放在正文。

如新闻《想断子绝孙吗？艾滋病的好处是啥？广西一高校大尺度考卷引争议》的导语：

“你将来想要小孩子吗？你想断子绝孙吗？你要不要借一个好的种？”

“艾滋病的好处是什么？”……

这些题目全都来自北海一高校今天举行的思政课期末考试试卷，其中部分试题内容简直令人匪夷所思。

——2019 年 1 月 21 日 《南国早报》

这个导语提出的问题是匪夷所思的，也正是新闻事实的荒唐之处，记者把这样一个违反人伦道德常识的事件用问题摆出来，一下子就击中了人们的心灵，引起受众的惊奇和关注。一般的提问式导语都会像这样用第二人称“你”提问，口吻亲切自然，仿佛记者是在和每一个单独的受众面对面交流沟通，能拉近双方的距离。该导语属于提问式导语中的问答式。

【路透社洛杉矶 1970 年 1 月 22 日电】谁说必须很棒才能在好莱坞得奖？

莎朗·斯通的《本能》极为成功，但是，去年的《本能 2》却一败涂地，已经入围第 27 届金酸梅奖，即最差电影奖。

该导语用了一个反问句，看上去似乎不合情理，看了回答之后才令人恍然大悟。反问句设置了一个令人费解的悬念，回答先扬后抑，有起有伏，记者文笔之简约、之生动令人赞叹。

如新闻《出过 59 个宰相的闻喜裴氏家族　有什么样的好家风?》的导语：

【新华社北京 2017 年 4 月 22 日电（记者杨进欣）】历史上曾先后出过宰相 59 人、大将军 59 人的山西省闻喜县裴氏家族，为何能声名显赫、经久不衰？裴氏家规家训文化应该如何借鉴和传承？

该导语由两个疑问句构成，第一个疑问句中用两个典型数字和相关历史事实作背景，提出受众想知道答案的问题；第二个疑问句则是新闻的主题，是对第一个问题的引申和升华。两个问题环环相扣，唤起人们的思考，激发读者阅读全篇寻找答案。

（七）悬念式导语

对于不可思议的事，软新闻导语可以有意渲染其中匪夷所思的信息碎片，烘托气氛，引发受众的惊奇和好奇心。例如：

一场突如其来又莫名其妙的求爱让张婷（化名）这两年陷入了烦恼，她常常被吓得不敢出门。尽管她连续搬了几次家，可对方紧追不舍，她在家中的监控中经常看到那个人对着摄像头比心表白，甚至亲吻她家门外的猫眼。

张婷是广东茂名一家医院的护士，她有丈夫有孩子。而追求她的人曾是她照顾过的一名病人，是一名女孩子。

张婷的丈夫5月4日晚对记者说，希望追求者的父母“带她去治病”。

——《女护士被女患者跟踪2年，对方多次做出诡异举动》（2021年7月19日　封面新闻）

建构悬念式导语的技法是，故意把关键的事实信息遮蔽、隐藏起来，突出离奇、荒诞的部分碎片信息，吊起受众的胃口，开头“误导”受众，最后再揭晓谜底。比如上述这个悬念式导语就有意延迟了主人公女护士的家庭状况和职业、求爱者的性别，让受众一开始误以为女护士未婚，被一名男性追求。看完第二自然段才恍然大悟，为之不解，感到稀奇，顿时产生一睹全文的阅读兴趣。

通过对软导语类型的举例和说明，我们发现，职业化的硬新闻导语的写作以突出新闻价值时新性、重要性为纲，以部分新闻要素特别是“何事”要素建构，以简明扼要、直奔主题为特色，硬导语需要记者具备过硬的新闻素养，朴实简洁的文笔，记者经过多年的新闻实践便可掌握硬导语的写作要领。而软导语就不好掌握了，这种个性化的导语需要记者有良好的新闻素养、丰富的知识和精湛的文笔，它不像硬导语那样有刻板的模式，它需要记者在实践中探索创新，在熟知规律的前提下善于思考，精益求精。新华网2010年12月3日新闻《京沪高铁以时速486.1公里刷新世界铁路运营最高速》的导语是：

【新华网江苏徐州12月3日电（记者齐中熙）】时速486.1公里！这是喷气飞机低速巡航的速度。时速486.1公里！这是中国新一代高速动车组跑出的速度。时速486.1公里！中国再度刷新世界铁路运营速度纪录，演绎“高铁奇迹”。

这条导语用了三个排比句，凸显了新闻要素中最重要的事实——我国高铁创造的世界速度，气势磅礴，精炼生动。其实，这个导语并不新鲜，《泰森：85秒卫冕成功》这篇新闻，记者杨明就使用了这种导语：

【新华社华盛顿1989年7月21日电】85秒！拳王泰森击败挑战者。85秒！历史上最短的拳王卫冕战。85秒！1300万美元尽入腰包。

相比较之下，杨明的导语更为凝练简洁。对比这两条导语，对于新闻人的启发是：搜集好的新闻作品作范本，模仿其技法，在模仿的基础上创新不失为一条捷径。

例如新闻《日美今启动史上最大规模军演》的导语是：

韩美黄海大规模军演的“硝烟”刚刚散尽，日美联合军事演习的号角又在冲绳东部海域等地吹响。12月3日，在韩美军演结束两天后，日本自卫队与驻日美军开始了规模达4.5万人的海陆空大演习，这创下了日美联合军演的历史之最。

——2010年12月3日 《新京报》

该导语第一句话呈现了现场画面和音效，使事件变得形象可感。这种富有表现力的新闻语言值得称道。美国一位新闻人对报纸记者的忠告是：让读者看到，让读者在乎。就是说，新闻语言应营造视觉画面，唤起读者对报道的关注和喜欢，达到传播效果的最优化。

新闻《女儿要上大学总统老爸伤神》的导语是：

【美联社华盛顿7月28日电】一想到女儿马莉娅就要上大学了，美国总统奥巴马就禁不住黯然伤神。

——2014年7月30日 《参考消息》

一句话设置了悬念，也将身为总统的奥巴马的“怜子如何不丈夫”的慈父情怀表现出来了。

2007年1月18日《参考消息》特稿《关颖珊代表美国担任新职务》的导语是：

【《今日美国报》网站1月16日报道】关颖珊不会参加下周在华盛顿州斯波坎举办的美国花样滑冰锦标赛，而是在另一个光滑的平面上检验自己是否能摆出不可思议的姿势。这个光滑的平面就是美国外交。

记者巧妙地应用了粘连的修辞手法，将美国华裔花样滑冰运动员关颖珊退役转行的特稿导语写得十分具有审美品位。

《参考消息》2007年3月9日新闻《飞越国际日期变更线时，“猛禽”折翼》的导语是：

【美国《防务新闻》网站3月5日报道】假如F22“猛禽”是一个时钟，而不是价值3.3亿美元的隐形战斗机，美国空军也许会考虑退货。

记者采用虚拟语气将F22战斗机价格昂贵但质量有瑕疵的矛盾揭示得入木三分。“也许”用得好，毕竟这只是记者的推理。

2011年11月29日香港《亚洲时报》新闻《中国寻找幸福》的导语显示了记者安托阿内塔·贝克尔对中国文学的熟稔：

周作人曾经写道，要体验中国的风情，应该坐在一艘小木船上，缓缓在河上漂流，将周围景物尽收眼底。但是乘坐中国最先进的高速列车抵达上海的经历无疑表明，慢悠悠的小船再也不是体会今天传奇中国的恰当方式了。

该导语体现了这名西方记者深厚的文化修养和精湛的笔力。

不管是采用硬新闻导语还是软新闻导语，其前提都是：力求简洁。美国匹兹堡一位年轻科学家因为制造出了几乎是最纯的真空而获得了一千美元奖金，一个记者写的软新闻导语是：“一位年轻的科学家因为造出什么也没有的东西于今天获得了一千美元。”这个导语仅用一句话就把该新闻有关科学发明的关键词“真空”用通俗的语言作了解释并营造了悬念，十分巧妙。新闻事实本身的新奇、场景令人意外、结果令人诧异、情节反常、时效性不强等是构建延缓性导语的前提。

综上所述，导语是新闻的开始部分，受众对一篇新闻的感觉和第一印象是从导语开始的。导语好，全篇新闻都会由此而生辉，精彩的导语带给受众的阅读体验是难以言喻的，它是新闻的点睛之笔，导语写作是对记者新闻写作水平的测试。

写好导语首先要对主题胸有成竹，导语服务于主题，抓住主题是构思好导语的前提。其次，要有受众本位意识，下笔前先想一想：从哪个角度、采用哪种方法写出来的导语会吸引受众？写作之前问问自己：新闻事实中最重要的、最难忘的、印象最深刻的要素是什么？新闻是关于人的事情，思考当事人中有谁可以作为新闻的亮点形象地诠释新闻的矛盾或问题？当事人说过什么话对你有所触动？

有人对新华社和美联社 2016 年的新闻报道进行了抽样比较，调查发现，两家媒体单段落式的导语都占了绝对比例，新华社为 97.3%，美联社为 78.8%。单段落导语开门见山，直奔要害，简洁明了。复合导语较为生动，可读性强。两家媒体的新闻报道单段落导语均占优势，说明它们都比较重视新闻的及时性和简洁性。而美联社复合导语的占比（21.2%）是新华社的（2.7%）近 8 倍，说明美联社在追求简洁性、时效性的同时，更注重新闻的生动性和可读性[①]。单段导语通常指硬新闻导语，复合导语通常就是软新闻导语。可见，从新闻写作实践看，美联社比新华社更注重软新闻导语。

研究还对“导语中的句子数量”进行了量化比较，研究发现，两家媒体 1 个句子的导语也都占绝对比例，美联社为 74.19%，新华社为 61.33%，说明他们都重视导语的简洁性。但新华社 2 个句子以上的导语占 38.67%，高出美联社 12.86 个百分点，说明新华社追求导语的大信息量。虽然美联社 2 个以上句子的导语占比达 5.81%，但多数是复合导语，一个段落基本上一句话，简洁、易读。而新华社 2 个句子以上的导语基本是单段落导语，导语中的句子数多，导语长。

---

① 李建波. 新华社新闻报道量化文本分析：基于与美联社新闻报道的对比研究［J］. 中国出版，2018（18）：32.

06

第六章

新闻导语与新闻要素

新闻要素是建构新闻的基本素材。对于传播信息的硬新闻，其导语写作以 What（何事）要素为核心，在简洁的一句话或两句话中常辅之以 Who（何人）、Where（何地）、When（何时）等新闻要素，有时为了提高叙事效率，也会将“When（何时）”要素置于第二自然段。软新闻导语会在虚写（铺陈）之后转入实写（概括新闻主要事实）。无论硬新闻（消息）还是软新闻（特稿），都要清晰准确地告知新闻要素（5W1H），否则新闻就无法传播事实真相，出现令受众困惑的“迷雾”，违反新闻写作的规范。新闻导语作为一篇新闻最重要的起点，要精心选择最吸引人、最有新闻价值的新闻要素。

一、What（何事）要素

“何事”要素是消息的核心要素，是建构硬新闻的焦点。如 1975 年 4 月 28 日，南越西贡市（今胡志明市）被北越攻下的前夕，美国侵越军队撤离越南，美联社的硬新闻导语是：

今天，最后一个美国兵离开了越南。

美联社的新闻导语写作向来就是这样简洁明了，突出 What 要素，这种简明风格代表着硬导语写作的高度。

新华社 2024 年 3 月 24 日消息《俄侦查委员会：莫斯科近郊恐袭事件死亡人数升至 137 人》的导语也展现了以传播信息见长的硬新闻（纯新闻）简明扼要的特点：

俄罗斯侦查委员会 24 日说，莫斯科近郊音乐厅恐怖袭击事件死亡人数已上升至 137 人。

该导语用一句话概括了新闻最重要的事实 What（发生了何事？结果？），

表现了突发事件报道注重时效性和新闻价值的特点，直奔主题，要言不烦。

通过这个案例我们可以得出结论，硬导语建构的中心就是 What 要素。

硬导语是由 What 要素为核心建构的，应用时要注意三点：其一，要简洁、具体，不能抽象、含糊；其二，不能带有细节，细节会拉长导语，显得臃肿；其三，突发事件报道一定要在“何事”要素中告知最新的“结果”，如人员伤亡数字。

需要注意的是，“何事”要素通常包含了“结果”，即硬新闻导语的关键句：发生了何事产生了何结果。以“何事”要素为中心建构的硬新闻导语要突出一事一报、客观平衡的准则，避免表露记者个人的观点，用最精炼最简短的句式，陈述最鲜活最有新闻价值的事实，第一时间向受众报道第一现场刚刚发生、正在发生或即将发生的重要事实信息。

二、When（何时）要素

对于重大新闻，如突发事件、动态事件，常常会以最新鲜的新闻要素（最近时间点）开头。在新闻实践中，导语中如何用好“何时”要素存在技巧。一般的硬新闻可以不在导语中交代琐碎的时间要素，提供“几月几日”即可，具体时间可以在随后的主体段落中补充交代。重大的事件可精确到“分”甚至“秒”。如美联社新闻《德国无条件投降》的导语对时间要素的交代：

【美联社法国兰斯 1945 年 5 月 8 日电】德国于法国时间今天上午 2 时 41 分（即美国星期日东部时间下午 8 时 41 分）向西方盟国和苏联无条件投降。

该导语的写作提醒我们，写硬导语时要根据具体问题做具体分析，不一定非要把 When 要素摆在导语的最前面突出强调，哪个要素最重要就把哪个要素置于导语开头。动辄把 When 要素放在导语起头的位置是一种惰性思维。

爱用“近日”“日前”“前不久”“不久前”“连日来”“一段时间以来”“今年上半年以来”的记者注意了，这种模糊表达不符合新闻时新性价值要求“最近时间点”的规范，是新闻素养不佳的表现。当然，When 要素在硬新闻导语中并非必不可少。如果 What 要素本身就很吸引人，受众看一眼就知道它与当下有关，When 要素可以在主体中出现，如：新闻《抖音无限期回收包括“秀才”在内的 29 万个账号》的导语：

包括网红主播“秀才”在内的 29 万个账号，已被抖音无限期回收。

——2024 年 1 月 16 日 联合早报网

该新闻不是动态事件，When 要素并非重要，所以该一句话导语中仅有一个表达模糊时间的副词“已”，在主体部分，也就是该导语之后的第二自然段里，交代了准确的时间要素：据中新网报道，抖音直播星期二（1 月 16 日）发布 2023 年度平台治理盘点。这样做可以在导语里聚焦 What 要素，凸显主题，也让导语变得简洁明晰，信息传播效率更高。有的消息为了让导语简短凝练，会将消息头中的新鲜时间同时代替导语的 When（时间要素），是为匠心。

在软新闻导语中，When 要素不重要，如新华社 2024 年 3 月 23 日特稿《人“懒”地不懒——山东聊城“吨半粮”春耕记》的导语中就没有 When 的影子：

在山东省聊城市阳谷县石佛镇廉庄新村，出水桩喷出的渠水在麦田上划出的抛物线，“架”起一道道彩虹。正值春日好时光，麦子忙着“喝个水饱”，工作人员在一旁用手机 App 查看浇灌进程、调整出水量。

“现在不用人下地浇水了，机器 20 分钟就能浇完一亩，浇得均匀，还比人工浇省一半的水。我们都管这叫丰收水。”阳谷县农业农村局种植业管理科负责人朱喜宁说，石佛镇的 2 万亩高标准农田是“吨半粮”产能区，这里一年两季粮食总亩产达到 1500 公斤。

当然，软新闻导语中可以有 When 要素，但通常软新闻借助文学手法讲述人情味的故事，它的叙事模式与注重信息传播模式的硬新闻不同，它注重的是导语的铺陈是否富有文采，是否与其后的事实结果相映成趣。

当日用“今天”，昨日用“昨天”，但前日呢？最好用“周几”这样的表达法巧妙掩饰时间的不新鲜，日期随后在主体中交代。后天呢？须用具体的日期。为避免编辑弄混记者发稿时间，最好在导语中的“今天”或“昨天”后加括号注明“某月某日”。一般的事只用“几月几日”即可。重大事件的新闻导语一般要把“何时”要素精确到“日、时”，比如 2008 年中国首次举办的夏季奥运会开幕式当天，时间要素具有历史意义，报道应精确：第29届夏季奥林匹克运动会于2008年8月8日晚上8时整在中国首都北京开幕。有的重要事件，比如代表一个国家取得重大科技突破的首次太空发射活动、重大的突发事件，对其时间要素甚至要精确到“日、时、分、秒”，如2008年5月12日（星期一）14时28分04秒，四川汶川发生里氏8.0级地震，共造成69 227人死亡，374 643人受伤，17 923人失踪，它是中华人民共和国成立以来破坏力最大的地震，也是唐山大地震之后伤亡最严重的一次地震。

经常收听收看广播电视新闻或者阅读网络新闻的话，可以感受到媒体在报道事件消息的时候喜欢把最新鲜的“何时”要素（最近时间点）放在导语的开头，这可能会给初学者留下刻板印象，似乎新闻都是这样的模式。其实，这是一种误读。在报道新闻时，应根据事实语境、具体的场景、受众的兴趣点来确立将哪个新闻要素作为导语的起点，动辄就以时间要素作为硬导语的开头不免机械刻板了。比如美联社报道日本宣布投降的著名新闻就没有在导语中交代时间，仅仅用最简练的一句话作导语：日本投降了。

消息写作注重信息传播效率，虽然其被倒金字塔这种程式化的套路所局限，但写作者是有灵魂和思想的人，有主动权去建构创新的表达方式，所谓“运用之妙，存乎一心”。对于舞技高超的舞者，戴着镣铐也能发挥自己独特的优势，写作也是这样。凡事都要尊重客观规律，所谓实践出真知，简单呆板不可取，新闻写作也是这样，具体问题具体分析，具体情况具体对待，不落窠臼，推陈出新才是上策。

三、Where（何地）要素

Where要素是部分要素式导语（第二代导语）中经常出现的成分，它常与When要素搭配，支撑导语中最核心的What要素进行支持。“何地”要素在动态新闻总是与What要素进行组合建构简明扼要的标题，突出信息的传播效率。

在具体的运用中，用好Where要素有讲究。如果Where要素比较烦琐，如将省市（县）乡（镇）村（组）或者交通事故发生的精确地点全写出来，字数比较多，最好只交代大地点（省市、县），在主体中补充交代小地点（乡、镇、村、组）。如果面向本地受众传播的消息，可以用本地人都熟悉的地名先在导语中笼统交代，如某城市人人皆知的“大十字”，再在主体中精确补充；如果事发地是有显著性新闻价值的地方，则直接用它代替精细的、具体的地理名称，如天安门、颐和园、故宫、北京大学、清华大学。

在硬新闻导语写作中，为了简洁，可以用电头中标明的发稿地点代替导语中的 Where 要素，如新闻《男篮亚洲杯：中国男篮晋级八强 1/4 决赛迎战黎巴嫩队》的导语：

一场 50 分的大胜，助中国男篮挺进 2022 年男篮亚洲杯赛八强。

——2022 年 7 月 19 日　中国新闻网

该导语共 83 个字，它以一句话围绕 What 要素概括了全篇最重要的事实，这句话仅有两个新闻要素：What 与 Who。它没有交代比赛发生的地点——Where 要素，对于关心中国篮球的体育迷而言，最重要的事实就是中国队的输赢，第一时间传播这个事实就能够最大程度地满足受众对信息的需求。因此，该新闻导语把 Where 要素和 When 要素以及中国男篮的对手等信息都放在了第二自然段中：2022 年男篮亚洲杯赛 18 日在印度尼西亚雅加达开始附加赛，在率先进行的一场较量中，中国男篮以 108 ：58 淘汰东道主印尼队，成为第五支跻身本届亚洲杯八强的队伍。这样建构硬新闻导语证明记者用心构思了，体现了新闻人的工匠精神。

下面这篇硬导语在地点要素的交代上就不够巧妙，其时效性也不佳：

1 月 1 日晚上 8 点多，在绍兴市越城区（高新区）皋埠镇大湖沿村新桥路发生一起意外，一辆丰田轿车不慎开入河中，因门窗紧闭车内人员无法逃生，吊机将整车拖出水面后，驾驶员已死亡，酿成了惨剧。

——《夜间一辆轿车翻到皋埠镇大湖沿村河里　驾驶员不幸遇难》(2018 年 1 月 3 日　《绍兴晚报》)

该导语 90 个字，冗长！其 Where 要素应简化，When 要素也要简化，精确的相关要素可以在主体中交代。其 How 要素应放到主体中去。不出名的人、不出名的地点、不出名的河流……没有新闻价值，不宜作为导语中的事实。该导语应改为 27 字：

1 月 1 日晚，一男子驾驶轿车落入绍兴市越城区的河中死亡。

阅读思考，下面这篇软导语为何要交代清楚的地点？

星期五晚，成千上万的曼哈顿的上流社会的时髦人们突然间置身于黑暗之中，因为联合爱迪生公司的工业园发生了煤气大爆炸，当场炸死 1 人伤 29 人，引发的大火烧毁了大量的供电设施。

——2018 年 12 月 27 日　美联社

因为“联合爱迪生公司的工业园”很有名，具有新闻显著性新闻价值，所以它出现在了导语中。

四、Who（何人）要素

在消息写作中，What 要素是导语的核心，而在特稿写作中，Who 要素是焦点。

当然，人是万物之灵，无论报道事件还是人物，新闻中都离不开 Who 要素。只不过，不同体裁的报道重心不一样罢了。

如何在新闻写作中交代 Who 要素呢？如果涉及名人或新闻人物，不管硬导语还是软导语都要以名人的姓名吸引受众，突出新闻的显著性价值。例如消息《2024 胡润全球富豪榜：钟睒睒连续第四次成为中国首富》的导语：

【上海讯】胡润 2024 年全球富豪榜出炉，中国企业农夫山泉董事长兼总经理钟睒睒连续第四次成为中国首富。

——2024 年 3 月 25 日　联合早报网

如硬新闻《美国一黑人少年遭警察枪杀》的导语：

据美国媒体 11 日报道，密西西比州一名非洲裔少年在一家商店外遭警察枪击致死，亲属质疑警方行为有滥用暴力和种族歧视嫌疑。

——2022 年 10 月 11 日　新华网

软新闻导语往往从小人物的故事说起，如消息《嫁给自己》的导语：

对珍妮弗·赫斯这位荷兰女子来说，5 月 28 日是一个大喜临门的好日子。这一天，她将年满 30，成为羞涩的新娘，而且还将成为自己的“新娘”。珍妮弗将于在荷兰哈勒姆市政大厅举行的婚礼上嫁给自己。

——2003 年 3 月 12 日　合众国际社

在当下的“后新闻业时代”，记者在写新闻时，对 Who 要素的交代存在失范现象：其一是通篇新闻中只有人称代词却没有展示一个人的姓名；其二是用生活中的口头称呼交代 Who 要素，如小伙、姑娘、大妈、大叔、老汉、老李、王大爷等；其三是用网络用语，如美女、小哥等。这种不规范的称谓听上去亲切，但带有情感色彩，不符合新闻客观、准确的规范。Who 要素作为新闻主体时，其可以是人、动物、植物、机构、物体等。当 Who 要素为人时，要介绍其身份、性别、职业，有时也需要介绍年龄等基本信息，这有助于受众感受到新闻的真实、客观和准确。

五、Why（为何）要素

Why 要素在动态新闻中不是报道的重点，它是深度报道（新闻背后的新闻）关注的核心。Why 要素很少出现在消息导语里。除非因果关系荒诞离奇，应当突出地出现在导语里，引起受众的兴趣。

如《美一警长失业后被要求立即交还制服　穿衬衫在暴雪中回家》的导语：

【海外网 2 月 21 日电】近日，美国新罕布什尔州一个小镇的一人警察部门被取消，在该小镇工作了 20 年的警察局长落魄失业，而且立即交出了制服和相关物品。他随后穿着单薄的衣服在暴风雪中徒步往家走。

——2020 年 2 月 21 日　海外网

该导语采用了硬新闻导语的写作方法，它一开始就交代了事件的 Why 要素“近日，美国新罕布什尔州一个小镇的一人警察部门被取消”，这导致一名老警察失业。读完整篇新闻你会发现，其实用软新闻导语凸显其人情味更为合适，你想，一名临近退休、头发花白的警长没有过失竟然就突然失去了工作，还被要求立即上交制服，他不得不穿着自己单薄的衣服冒着雪回家，这一幕场景多么凄凉！记者要有人文关怀精神，要关心人，有同理心，对他人的不幸有悲悯之心。该导语宜改为：

警察局长理查德·李（Richard Lee）还有一年半就将退休。他是美国新罕布什尔州克罗伊登镇唯一的警察。

突然有一天，他被要求“立即”交出他巡逻车的钥匙、配枪和警服。他犯法了吗？不，只因这个小镇的一人警察部门被取消了。

被解职当天恰逢暴风雪，他只穿着内衣、T恤、衬衫并戴着一顶棒球帽，顶风冒雪往家走。他走了将近一英里后，他的妻子闻讯赶来将他接回了家。

对于社会新闻适合于用软导语展现记者的人文关怀精神，记者应善用镜头语言描写场景，令受众仿佛看到了画面，产生沉浸感。

在写作消息时，可以把权威部门已公布的、不可思议的 Why 要素写入导语。

在新媒体时代，消息写作的速度越快越好，采取分布式报道紧跟事件动态已成为常态。对于重大的、复杂的事件，等权威部门查明原因时可跟进报道。

在当下 PGC（专业生产内容）、UGC（用户生成内容）和正在兴起的 AGC（机器人生产内容）新闻传播环境下，新闻慢半拍的话传播价值就衰弱了。如今，新闻报道追求与事件的进程同步，以碎片化累积的方式，最终建构事实的全貌。

六、How（如何）要素

新闻发生后，人们首先想知道：出什么事了？在哪里？何时发生的？这是人们面对意外事件本能的反应。How 要素关注事件“发生—发展—高潮—尾声”的全过程，它通常需要大量的文字和篇幅。

一般情况下，在消息导语里难得看到 How 要素，因为它不是新闻中受众最关心的。按照人们对信息的接受习惯，在第一时间获知“何事（结果）”

发生之后，才会接着想知道事件是怎么发生的。因此，How 要素一般出现在导语之后的主体部分，它是新闻导语最重要事实信息的补充和延伸。主体部分有充分的篇幅叙述完整、全面的过程，在篇幅较长的特稿和深度报道中，主体部分以“如何”为框架叙事，还能容纳细腻生动的情节与细节。

当下我们经常在网站和手机上看到冗长的新闻导语，其中一个原因是写作者没有抓住叙事的主题，眉毛胡子一把抓，把 How 要素罗列在了导语之中。例如：

10 月 29 日晚，6 名嫌犯因袁某将其中一人电话“拉黑”等琐事，在阜寨镇将袁某殴打致昏迷，后用车将其拉至城区一宾馆。10 月 30 日上午，6 名嫌犯发现袁某已死亡，于当晚将其尸体运至一处农田掩埋。

——2020 年 11 月 11 日　新浪陕西

该导语共 89 字，概括了这件事的 How 要素。将过程作为导语不妥当，其令受众看了觉得突兀。根据受众接收信息的心理，What 要素才是他们首先迫切需要知晓的，该消息合适的导语应该是：今天（11 月 10 日），陕西兴平警方将霸凌并致死一人的 6 名犯罪嫌疑人抓捕归案。

总之，新闻导语是新闻叙事的起点，它优先选择最重要、最精彩、最吸引眼球的新闻要素进行建构。“一条好的导语，除了能抓住新闻的主题、突出中心外，还要使读者产生非往下读不可的愿望。所以有利于突出全篇中心和有利于吸引读者的注意力是导语写作的一般准则。”① 具体而言，一条好导语的标准是什么呢？参与编写《美联社写作手册》的成员霍华德·海恩列举了 10 个标准：“提供消息（新闻来源）、简短、明晰、准确、简单、直截了当、生动、客观、富于色彩、格调高尚。”② 当然，要想做到这样，必须付出心血。美国新闻记者亨利·费厄利曾说：“每个研究过导语的新闻记者都懂得，为什么导语必须经过这么多努力才能写成……同时，记者写作导语时，就能最终确定消息的其余部分是什么样子。”③ 写好一条导语是值得的，因为它决定了一篇新闻的成败。正如一句谚语所说：良好的开端是成功的一半。

---

① 郑一卉. 5 个 W 与新闻导语写作［J］. 写作，2001（7）：29.
② 刘金凤. 新闻导语的创作初探［J］. 新闻三昧，2009（11）：15.
③ 彭秀坤. 精雕细镂出佳作，简论写好新闻导语的几个要点［J］. 新闻爱好者，2011（7）：97.

07

第七章

新闻导语与新闻价值

"新闻选择是按照新闻价值大小程度依次递减的，是典型的倒金字塔思维方式支配下的选择。具体一点说，新闻价值标准主要体现为几个具体的新闻价值要素或事实的新闻价值属性，这就是新闻价值要素学说通常所做的概括：时新性、重要性、显著性、接近性和趣味性。"① 新闻价值是记者衡量新近发生的事实是否值得采访报道的评价标准，这个评价标准是编辑记者普遍认可的新闻规律，它代表着新闻的特性和特征。"早在 1690 年，德国人托比亚斯·朴瑟在其撰写的关于报纸的论文中就已提出，选择新闻的标准是异常性和重要性两条，这也是世界新闻史上最早提出的新闻价值观念。"② 硬新闻导语突出新闻价值的时新性、重要性；软新闻导语看重新闻价值的趣味性，其包含人情味、戏剧性、冲突性等特质。而显著性和接近性是硬新闻和软新闻都看重的新闻价值。总之，新闻导语的写作是围绕新闻价值建构的，突出了新闻价值也就突出了新闻主题。

一、时新性

新闻要"新"。时新性（时效性）是新闻的本质特点，它首先指的是时间新鲜。所谓"新闻是易碎品"指的就是新闻的时新性，即让受众在第一时间获得新鲜的信息，这是新闻记者的天职，是新闻媒介的责任，是媒体赢得公信力和影响力的前提。对于事件新闻，尤其是突发事件，记者一定要力求用最新鲜的时间、最快的速度抢先报道，争占舆论制高点，获得媒介竞争的话语权。过去，电子媒体（广播、电视）在时新性方面优势突出，而今，移动互联网成为新闻报道时新性的利器，只要有信号，记者在任何地方、任何时候都能利用媒体的线上平台发布视频、图片、文字和声音，制作融合新闻，或者以在线直播的方式做现场报道。于是，以往不同媒介因介质的差异而在

① 杨保军. 倒金字塔：新闻思维的规律性结构［J］. 新闻战线，2008（6）：44.
② 王庆起. 关于新闻价值各要素划分的再思考［J］. 编辑之友，2014（1）：54.

新闻时新性上的各有不同消失了，当下所有的媒体在互联网上拥有了同样的传播渠道和平台，新闻的生产和传播从未像现在这样如此迅捷。而公民也可借助微博、微信等自媒体随时随地参与新闻生产。在媒介市场竞争中，快就意味着先声夺人，快就是媒体的竞争力。当重大新闻，如天灾人祸发生的时候，以一句话即时跟踪报道，贴近现场，滚动式碎片化传播信息已经成为当前媒介常用的报道形式。

新闻的时新性的第二层含义指的是新闻的内容新鲜，虽然事实发生在过去，时间不新鲜了，但内容是新发现的，是受众欲知而未知的新鲜信息，报道出来人们仍会感兴趣，所以仍有传播价值。难点是如何找个新鲜由头（一般是新鲜的时间），巧妙地以新由头带出旧内容。在硬新闻写作中，对不新鲜的时间要素采用“以新带旧”或“由近及远”的技巧给受众以新鲜感是记者新闻素养的表现。硬新闻导语要突出时新性，要求体现“最近时间点”（即报道中距离事件发生最新鲜的时间，要具体、精确、清晰）。在前互联网传播时代，“最近时间点”是电子媒体常用的“今天”“本台刚刚收到的消息”；报纸只能用“昨天”。例如 1969 年 7 月 21 日，美国阿波罗 11 号宇宙飞船上的两名宇航员登月成功。合众国际社为此发的消息导语是：

人类今天登上月球。

在互联网时代，报道的“最近时间点”可以做到与事件同步。当下，网络新闻生产的时新性受到了空前的重视。在阿根廷最大、最具影响力的媒介集团号角集团中，负责生产突发性和发展性新闻的 Ultimo Momento 网站里的大多数新闻记者需要在半小时内完成一篇稿件：每位记者需要在每天 8 小时的工作时间内生产出 6—7 条新闻报道，如果出现了相关报道的新信息，需要马上对新闻报道进行更新。“这种高效的工作要求与硬新闻时新性强、网络媒体更新速度快、目标公众期望高有关。记者们认为硬新闻‘在网站上出现 2 小时后，新闻价值就开始减弱；4 个小时后，就完全不具备新闻价值了’。”①“在判定一篇新闻报道是否具备新闻价值时，即时性（immediacy）是重要指

① 博奇科夫斯基. 工作中的新闻：信息充裕时代的模仿［M］. 周亭，译. 北京：北京大学出版社，2020：48－49.

标。”① “对于新闻网站来说，必须不停地发布新闻。一旦有新闻事件发生，必须尽快发布。”②

一些报道的导语开头的常见时间要素是“近日”，更甚者通篇没有一个清晰的时间。这种硬新闻导语削弱了新闻价值。对于时间不新鲜但仍值得报道的事，可以采取“以新带旧”的方式，如新闻《超越日本！中国成最大汽车出口国》的导语是：

日本汽车工业协会1月31日公布的数据显示，日本2023年汽车出口量为442万辆，而中国工业和信息化部早前公布，中国2023年出口491万辆汽车。日本7年来首次从最大汽车出口国宝座上跌落。

——2024年1月31日　联合早报网

对于不新鲜的硬新闻，还可以采用弱化时间紧迫性的软导语。如2020年5月5日“平安沈阳”发布的消息《4名网友预谋绑架一公司董事长，从各地汇合后被一网打尽》导语是：

近日，辽宁沈阳市公安局经济技术开发区分局成功破获一起绑架未遂案件，井某某（男，28岁）、刘某某（男，31岁）、杨某某（男，28岁）、邹某（男，32岁）等四名犯罪嫌疑人被警方抓捕归案。

其报道的事件是20多天前发生的，其时新性陈旧，开头仍然采用硬导语直截了当叙事就不合适了。硬导语最为突出的标志是导语的时间由头要新鲜，最好是正在发生或刚刚发生的事。对于不新鲜的事件，记者在报道时可以巧妙地改用软导语，突出事件的不可思议之处，让受众感到有趣、好奇，欲一睹为快，这样就能达到传播的效果，实现传播者的意图。笔者将其修改为：

四名来自沈阳、山东、南京和天津的网友为了一个共同的目标走到了一起。但他们相聚在沈阳的第二天，警察就找上门来。（铺陈——虚写，设

---

① 博奇科夫斯基．工作中的新闻：信息充裕时代的模仿［M］．周亭，译．北京：北京大学出版社，2020：48－49．

② 博奇科夫斯基．工作中的新闻：信息充裕时代的模仿［M］．周亭，译．北京：北京大学出版社，2020：48－49．

置悬念）

原来，这四个青年男子预谋绑架沈阳某公司的董事长。（过渡——实写，引出事实结果）

4月14日，犯罪嫌疑人井某某、刘某某、杨某某、邹某因涉嫌绑架罪已被沈阳市公安局经济技术开发区分局依法予以刑事拘留。（交底——实写，透露结果，揭开悬念）

这个软导语用了三个自然段，由虚到实，需要提醒的是，铺陈要贴近主题，不可离题万里、绕来绕去，铺陈与过渡段落和交底段落之间要有内在的逻辑关联。同时，不要把交底迟滞到第三段或者第五段，甚至置于结尾段落。

二、接近性

人们一般对自己近距离空间发生的事感兴趣，也会对异地发生但在心理上与自己有共同经验的事感兴趣。新闻价值的接近性指新闻报道涉及的地理位置、利益关系、兴趣爱好等与受众有“共同经验范围”，这类新闻更容易引发共鸣。地方媒体的新闻在当地的传播效果好、影响大，其中一个重要因素就是新闻报道的是人们熟悉的环境、熟悉的人，受众在心理上因时空距离更容易产生共鸣。

新浪、腾讯等新闻门户网站设置了地方专版，网站的此种做法都是为了体现新闻的接近性，目的就在于吸引当地受众。如2015年3月《北京、河北取消手机长途漫游》新闻更受北京、河北两地的受众关心，因为这事与他们的利益有直接关联。

接近性的另一个含义是受众在情感、心理上对新闻事实的亲近感。国外或外地发生的灾难事故，本地报道时应关心有无本地人或本国人伤亡。所谓“月是故乡明”，正是这种情感、心理的接近性而产生的“晕轮效应”。在传媒业高度发达的美国，大部分报纸为地方报纸，美国仅有两家全国性报纸，一家是《今日美国》，另一家是《金融时报》。驰名世界的《纽约时报》是经济中心纽约出版的报纸，《华尔街日报》是政治中心华盛顿出版的报纸。对于人口稠密的中心城市受众而言，地方新闻的接近性是全国性报纸所不具备的。

新闻价值的接近性是一个值得重视的问题，我们在写导语的时候，要考虑受众的接受心理，不妨读出声来，自己感受一番，对导语的预期传播效果心里有数。1995 年底，新华社一记者从徐州考古出土一批汉代文物的材料中发现了有价值的新闻，他写了一篇中文消息《中国发现世界上最完美的金缕玉衣》和英文消息《考古学家发现 2000 年前的一件用金丝和玉片制作的寿衣》。路透社转发这条消息时将标题改为《2000 年前的中国王子埋葬在玉中》①。对比会发现，路透社的标题拉近了该新闻与受众的距离，它简洁而有神秘感，突出了事实的不可思议，令人感觉其中有故事，恨不能一睹为快。由此可见，我们在构思新闻导语时，要有新闻敏感，同时要换位思考，问自己：我如果是读者，会对该新闻的哪个焦点感兴趣？要善于根据事实本身的特性来考虑如何写导语才能突出其新闻价值。若想让你的新闻导语吸引读者，就要把受众的喜好与你的导语写作角度相结合，用人们喜爱的语言叙事，让人们喜闻乐见。

软新闻导语要虚实结合，由铺陈到告知事实，可以用多个段落组合，因为软新闻本身就是离奇、反常、有人情味的故事，事件中的人物打动人的情感，它不如硬新闻那么重大，但人性相通，人们对这样的故事天生具有好奇心，所以它要用制造悬念等叙述手法体现故事的迷人之处，引发公众兴趣。比如法新社 1982 年的一条经典导语：

如果把联合国去年在纽约和日内瓦印刷的全部文件首尾相连排列起来，总长度将达到 27 万公里。

已卸任的一位联合国高级官员说，照此计算，联合国的文件逐页铺起来两年内可达到月球。

该导语可以用硬新闻导语开门见山，但难以让受众产生阅读兴趣。法新社记者采用软新闻导语突出了这件事的离奇，他以虚拟语气建构了一个条件状语从句，用一个大数字来渲染这件事，一下子就抓住了受众的眼球，这是虚写；然后，记者又用了第二句话让一位与之关联的内部权威人士来评价第一句话的假设，对第一句话中惊人的数字进行形象化解读，这是实写。由此，两个简短的段落将这件事的新闻价值表现得十分形象、生动。这种让遥不可及的事实与受众的兴趣点链接起来是突出新闻导语接近性的好办法。

① 李希光. 中国新闻导语批判［J］. 青年记者，2001（4）：21.

用软新闻导语中的“你”开头建构疑问句方式也是拉近新闻与受众的好方法。如美联社 1982 年 1 月 20 日发的一篇电讯稿的导语也值得玩味：

你对巴哈马厌倦了吗？佛罗里达是否使人发腻？到欧洲滑雪是否也使你感到索然寡味呢？要是果真如此的话，你可以换换口味，到“月亮”上去旅行。

越是令受众难以理解的、枯燥乏味的事实，记者在写新闻导语时越是要从受众的接受心理来思考写作角度。比如科技报道，须尽量使导语变得轻松易懂，不要用专业术语吓跑受众。如美联社 1998 年 11 月 15 日对狮子座流星雨的预告性科技报道，其导语就写得十分有情趣：

泡上一杯咖啡，打开草坪上的椅子。天文学家预言，将于本月 18 日破晓前出现的狮子座流星雨将会令你眼花缭乱，完全值得牺牲一点点睡眠。

总之，信息模式的硬新闻和故事模式的软新闻都是为了服务受众，如果新闻的内容、角度、主题、语言从地域特点切入，从新闻与人的关联切入，就会凸显新闻与受众期待心理的接近性，受众自然会在意。

三、重要性

关乎国计民生，影响面广、影响力大、影响人多的事件具有重要的新闻价值。在国内媒体上，凡是具有重要新闻价值的报道总是占据报纸版面的头版、广播电视的头条和网络新闻媒体的显要位置。

新闻的价值体现在如党的全国代表大会召开、全国两会、国家领导人的换届等大事要事上。同时，新闻价值也体现在与老百姓日常生活息息相关的民生事务上，如物价、粮油副食品供应、住房、健康、医疗、保健、教育、安全、金融、环境等。

伤亡大的灾难性事故上也具有新闻价值 ，如 2001 年美国“9·11”恐怖袭击事件、2019 年底暴发的新冠肺炎疫情等。突发事件具有时效性强、令人震惊、影响面广等特点。“新闻报道中那些灾难的规模、本质与逼真性，能够强烈吸引人们的注意力，从而盘踞大家的心思，导致每十分钟就想知道最新的进展（新闻报道应该善于顺应这样的要求），而掩蔽了内心必须面对的那些较为静默却也更加重要的担忧。”① 按照世界报业新闻文化的传统，报纸新闻排版的惯例是：将重大灾难新闻事件及大尺寸现场图片放在头版位置。在互联网时代，视频直播突发事件报道成为记者和“草根记者”的首选，它图文并茂、绘声绘色、形象直观。同时，利用高新智能技术如无人机拍摄、机器人写作也是报道突发事件的选项，它能突显信息的新鲜和重要。重要性是硬新闻写作的素材，因为它关系到公众的利益，所以，第一时间、第一现场，以新、短、快、活的几十字或百余字迅速传播，向受众传播信息是硬新闻的特色。对具有重要新闻价值的事件的报道导语一定要时间新鲜、简洁明快，最好用一句话告知受众“发生了什么事”，有无人员伤亡。

路透社巴格达 2003 年 3 月 11 日消息《驻伊使馆人去楼空》的导语堪称经典精致：

国旗降下来了，机密文件销毁了，沙袋堆起来了。大部分留守巴格达的外国使馆工作人员准备在美国发起进攻前撤离。

该导语用短句、动词建构，其名词也是具体的事物，无修饰词，显得客观、中立。其语言准确而简洁，通俗而易懂。对重要的新闻，采用硬导语写作宜简明扼要。在写软新闻时，如果人情味故事与重大事件关联，记者也要善于将导语与之联结，以新闻背景突出其新闻价值的重要性。

四、显著性

闻名遐迩的公众人物、不平凡的小人物、网络红人、知名景点、不同寻常的日期、著名商业企业、著名品牌等总是吸引着人们的注意力，具有显著的新闻价值。与显著的新闻价值相关的事件能够提升新闻的阅读率和点击率，传播效果好。因此，在新闻标题和导语中，一般会把包含公众人物、新闻人物、知名地点、知名单位、著名品牌等具有吸睛效果的显著的新闻价值刻意

① 狄波顿．新闻的骚动：狄波顿的深入报道与慰藉［M］．陈信宏，译．台北：台北先觉出版股份有限公司，2014：230—231.

标示出来。例如新闻《60 岁格莱美评奖标准不清不楚　颁奖礼成“派对演出”》的导语：

第 60 届美国格莱美音乐奖颁奖典礼 28 日晚在纽约麦迪逊广场花园举行，绰号“火星哥”的美国歌手布鲁诺·马尔斯狂揽 7 项大奖，成为最大赢家。

当天同时获奖的还有美国说唱歌手肯德里克·拉马尔、美国歌手克里斯·斯特普尔顿、英国歌手艾德·希兰、加拿大女歌手阿莱西娅·卡拉，但是记者只在导语中提到了布鲁诺·马尔斯，因为他“狂揽 7 项大奖，成为最大赢家”，这就是对新闻显著性的诠释：在群星闪烁时，突出最亮的那颗“星”。新闻价值的显著性包含以下内容：

1. 各国政要、名人明星等公众人物。如 1981 年戴安娜与英国王储查尔斯的婚礼及两人后来离婚、2004 年 82 岁的美国华裔科学家杨振宁与 28 岁的广东籍女研究生翁帆的结合、2003 年 10 月 15 日杨利伟成为我国第一个进入太空的航天员等。

2. 平凡人不平凡。如《昔日深圳打工妹或成中国新任女首富》《四川老人为南宋丞相守墓 65 年 13 代人坚守 800 余年》《270 斤男子求爱屡遭嫌弃 11 个月减肥 110 斤》等新闻中非凡的普通人、因为“颜值”高而成为网络红人的帅男美女。此外，含有“首次”“第一”等字眼的新闻都会引发受众的好奇和关注，如《今年浙江招 9524 名公务员 首次为残疾人设专职岗位》《柳芳成 ICAO（国际民航组织）首位女秘书长》。

3. 著名的地点、景点、建筑物。如天安门广场、北京王府井、长城、故宫、北京八宝山、清华大学、北京大学、上海南京路等人人皆知的地点出现的新鲜事，无论大小都会引人关注。

4. 濒危、珍稀的动植物，价值不菲的宠物等。如《世界上最后一只幸存的雄性白犀牛被 24 小时保护》，这只白犀牛属于肯尼亚，2009 年被送到捷克保护，现在世界上仅存 5 只白犀牛，其中仅有一只为雄性。此外，藏獒等名犬经常成为新闻报道的对象。

5. 众人皆知的特殊日期或节日。如九一八事变、抗战胜利纪念日、五一劳动节、六一儿童节、七一建党节、八一建军节、十一国庆节等通常会有配合节日的报道，如升旗仪式、纪念活动、文艺表演、大型商业促销活动等。西方一些媒体会在 4 月 1 日愚人节这一天编“假新闻”，以政治人物、娱乐明星等开涮，或者制造荒诞离奇的事件，搞恶作剧。

6. 著名品牌知名企业等。价值不菲或有标志意义的名牌商品等，如《佛山法拉利撞大树后断成两截　车主安然无恙》《苹果推出智能手表系列　可支持微信　最高端一万美元》。

7. 有特殊政治地位和影响力的期刊。《南方周末》2014 年 5 月 8 日特稿《〈求是〉杂志如何刊发领导人的文章　向总书记约稿》，因为《求是》杂志较少出现在公众视野，自创刊以来，它一直是中共中央的重要思想理论阵地：45% 的文章为党和国家领导人、省部级以上领导干部所撰写。

8. 在网络上广受网民关注的人或事。如 2022 年江苏徐州丰县“生育 8 孩女子事件”就是因自媒体人拍摄的短视频被大量转发而成为热点新闻；2023 年底东方甄选的主播董宇辉“小作文事件”也是因为网民围观而成为热点。

9. 受到名人关注的事物经媒体报道而具有了显著的新闻价值。2024 年 4 月 21 日，周杰伦在杭州演唱会上邀请了常在西湖边唱其歌曲《东风破》《稻香》的两位普通市民上台合唱这两首歌，一位是 73 岁的邵先生，另一位是 67 岁的周超先生。这两位杭州市民几天之内就火出了圈。

平凡人做了不平凡的事才是新闻，而名人做了平凡的事就是新闻，假如名人做了不平凡的事就是大新闻。同理，不知名的地点发生了大事才会引人关注，而知名地点发生的反常小事件就是新闻，如果知名的地点发生了大事那肯定是大新闻。名牌商品、知名的物品等也都是这样的。正因为受众的心理如此，所以才会有新闻将早已离开央视很多年的知名主持人犯了“丁点事儿”都冠以“前央视主持人”等前缀放在新闻标题和导语里，如此，阅读量立刻就上去了。

五、趣味性

受众对有趣、离奇、反常、稀罕，具有冲突性、人情味的事有着本能的好奇心和兴趣，这样的新闻事件或令人愉悦、或令人发笑、或令人同情、或使人感动、或让人怜悯，如《亚洲第一高人：身高超过两米五穿 75 号特制鞋》《江苏：渔民捕获 1 条 9 两重长江刀鱼 1.5 万元卖出》《陕西：喜鹊在杨树上搭起 8 层鸟巢约 2 米高》《103 岁老人向 91 岁女友求婚　成最老新婚夫妇》《永不抵达的列车》《吹哨子的人》等。具有趣味性新闻价值的报道被称为软新闻，其写作风格属于新闻的故事模式，它的导语叫软新闻导语、软导语、间接导语、延缓性新闻。它与硬新闻（也叫“消息”或“纯新闻”）最明显的区别是：硬新闻的写作风格属于新闻的信息模式，时效要快，报道的时间具有紧迫性；而软新闻也叫“特稿”或“特写”，它的报道时间不具有紧迫性。

有的初学者误以为趣味性就是人物或事件本身有趣、幽默、搞笑，其实这是对这个概念的狭隘理解。新闻价值的趣味性主要是从受众角度出发的，即受众对满足他们好奇心或打动他们情感的故事会情不自禁地关注。这始于人类童年时代爱听故事的兴趣。人们听故事不喜欢硬新闻导语信息模式的直来直去、简单直白，喜欢人物经历曲折坎坷、故事情节一波三折，渴望从具有冲突性、人情味的情节和细节中获得精神的激励或情感的抚慰。软新闻导语的节奏和叙事的方式更适合这样的报道。软新闻导语主要围绕新闻价值的趣味性来建构，它的写作风格要突出事件的故事特色，要借鉴文学笔法，对于有文采的人而言，这种导语的写作有创新的余地，能展示自己个性化的写作才能，它不像硬新闻导语那样直截了当、开门见山，也不像硬新闻导语那样千篇一律、没有个性。

“叙事报道采访中，注意寻找感性化的细节，尽量采用那些能引发读者视觉、听觉、嗅觉、触觉和味觉的细节，让读者在你的叙述中有一种感官的刺激或经历。”① 美国剧作理论家罗伯特·麦基说，人类对故事的胃口是不可餍足的。设想一下，我们每个普通的一天，有多少故事在以各种形式讲述着：报纸、戏剧、电视剧、电影、孩子的睡前故事、酒池内的胡吹海侃、网上的闲聊等等②。从新闻价值判断，这些故事就是具有趣味性的新闻，软新闻导语就是讲故事的导语。2001 年 1 月 30 日《纽约时报》记者采写的一篇报道印度大地震的软新闻导语就凸显了现场感和人情味，建构了一个故事发生的场景：

【印度普杰电（记者赛利尔·杜格）】在一个临时搭起来的棚子内——这是为地震受害者建立的露天医院，一个军队的外科医生刚刚给一个五岁的女孩的后脑勺上缝好伤口，另外两个医生朝他跑过来。

---

① 李希光．畸变的媒体［M］．上海：复旦大学出版社，2003：452．
② 陈柯．你其实是个演员［J］．新民周刊，2011（30）：96．

“我们需要做一个截肢手术，”整形外科医生拉杰西·马豪特拉急迫地说。“请帮助我们。”

一个老奶奶被困在废墟中已经52个小时了。周五地震时，她家房屋倒塌时，一根沉重的房梁札在她的大腿上。马豪特拉医生说，她快要死了。

唯一可以救出来她的办法是把她的两条大腿截掉。

战士们递给马豪特拉医生几卷纱布、棉球和一把铿亮的锯，上次做的截肢手术的血迹还残留在锯齿上。

用还原现场的细腻描写，以镜头语言把受众“带到”事件的现场去，突显出新闻的人文关怀。软新闻从导语开始就要精心营造故事的奇特与不可思议，寥寥几句就须勾住读者的眼神，令读者着迷，不忍弃去。

08

第八章

新闻导语的语言

美国新闻学者艾尔伯特·赫斯特等人合著的《第三世界新闻记者手册》的第六章有这样一段话：“作为一个当代新闻记者，你的笔应当首先要写出能够吸引读者的主题并给读者提供一种最易理解的方法，与此同时也要使他们得到美的熏陶，从而产生‘共享’。”①

我们先看一篇学生的短消息习作《荣成看天鹅又增新通道，威海过夜航班零突破》，你能否产生“共享”的心理？

国内外“鹅粉”又要欣喜若狂啦！

威海大水泊国际机场在10月27日如期执行调整冬春季航班计划的同时，还在威海市政府、省机场管理集团和东方航空的大力支持下，首次引进东航驻场过夜飞机，树立起机场航线网络建设新的里程碑。

威海国际机场过夜的零突破，对于众多“鹅粉”而言更是喜大普奔：空中交通将更加便捷，完全可以根据冬春航班时间，灵活安排来荣成观赏天鹅的时间。

该消息篇幅短小，仅168字，但读完你会纳闷：它的主题是什么？该消息的写作从标题开始就有失误，“零突破”意为“没有突破”，该词语在标题和新闻中多次出现，实属不当。改为“零的突破”才符合该消息的主题。其导语没有提炼出最新鲜、最重要的新闻事实，新闻主题不明晰，语言空虚，整篇新闻结构混乱。作为信息服务的新闻，它没有清晰地告知公众有关威海大水泊国际机场首次引进东航驻场过夜飞机的完整、全面的事实，也没有说明白该航班与到荣成观赏天鹅的关联，令人一头雾水。“喜大普奔”是小众化的网络词语，并非人人都懂，不如用人人耳熟能详且平实的词汇“好消息”。

消息的功能是传播信息。该消息应该以新鲜事实“新航班”为主题，把航班开通的时间、班次、持续时间、往返的地点、票价行情、观看天鹅栖息地的相关路线、餐饮、居住、交通、相关费用等对游客有用有益的事实信息

---

① 车英编译. 关于美国新闻写作中“短”“精”与“可读性”[J]. 新闻知识，1990（3）：44.

准确、清晰、完整地告知公众，提供相关新闻背景。为体现该新闻的客观真实，记者还应提供权威、准确的新闻来源。这样，受众才能获悉威海首次引进东航驻场过夜飞机这一新鲜事件的意义和价值，知晓这一事实信息的来龙去脉。该消息写作的失败警示我们，要写好一篇消息，必须先熟悉消息写作的原理和规律，掌握写作的方法，在采访之前先明确报道目的，在采访前和写作时明确报道主题，理清思路，搞清楚“写什么”，然后考虑“怎么写”，才能做到胸有成竹。“倘若读者看不懂你所写的是什么意思，那么，任何形式的、再好的作品也是无用的。新闻写作则更是如此，它应是读者能看懂的一种写作，或是迅速提供给读者中的他或她原先不得而知的信息的一种写作。”① 新闻叙事语言应注重效率，即高效、快速地告知受众信息。法国作家司汤达说，写作只有一个规则：“思路清晰、文字简练。”导语作为新闻叙事最重要的开端，为全篇新闻写作定调，确定材料安排的脉络，必须要遵循新闻语言的叙事风格：准确、简洁、通俗。

一、准确清晰

准确与新闻真实密切关联，它要求记者第一时间抵达现场，顺藤摸瓜，通过观察、提问，获得第一手信息，调查清楚完整的、全面的事实和具体的、详尽的信息。对第二手、第三手信息不要偏听偏信，应带着质疑的眼光去追根溯源，多信源交叉求证，核实事件的细节，挖掘事实真相。美国作家赫尔曼·麦尔维尔告诫人们：“朋友，一切眼睛所能见到的东西，都不过是硬纸板做的面具。但是，在每一件事中——在人的行动中，在无可置疑的事实中——却有若干未被发现然而却是有根有据的事物，在无根无据的面具底下表现出它的面型来。如果人类会戳穿那面具就好啦!”②

赫尔曼·麦尔维尔《白鲸》中的这段话就像在叮咛采访中的记者。记者追踪新闻事件、准确报道事实的第一道关口就是采访，从发现新闻线索直到完成采访，记者始终要提醒自己要搞清楚事实真相，直到心中没有任何疑惑，这样才能在写作时胸有成竹，字字句句都源自事实，没有自己的推测和想象，避免语言空洞、

① 车英编译. 关于美国新闻写作中“短”“精”与“可读性”［J］. 新闻知识，1990（3）：44.
② 麦尔维尔. 白鲸［M］. 曹庸，译. 广州：花城出版社，2015：228.

枯燥、干瘪、乏味，做到言之有物，言之有据，令人信服。新闻写作采用形象思维报道事实时，必须还原事实、再现事实，让受众仿佛置身于现场。

（一）导语要准确清晰地报道事实

当下的法治新闻对凶杀案的报道常用“重大刑事案件”这样抽象的法律术语代替准确、易懂的“杀人案”，令受众不明所以。例如新闻《保定清苑区发生一起重大刑事案件！见此人速报警!》的导语：

4 月 24 日上午，保定市清苑区发生一起重大刑事案件。4 月 24 日晚间，清苑区警方发布通告，悬赏 5 万元缉拿犯罪嫌疑人王会强。

——2020 年 4 月 25 日　长城网

该导语中的“重大刑事案件”模糊不清。其实，准确易懂的表达应该是“一家四口被杀”。

在新闻写作中，最忌讳的就是对事实交代不清楚，新闻要素缺失，导致受众如同雾里看花，无法知悉事实真相。如以下 3 个案例：

①几天前，浙大的学生小林发了这么一条朋友圈，她发现浙大紫金港校区青溪女生宿舍的宿管阿姨居然是一位深藏不露的“扫地僧”。

——《浙大有位“宝藏”宿管阿姨　会英文、阿拉伯文，做过翻译》(2019 年 10 月 22 日　《钱江晚报》)

②34 岁时，他就已经是副局长和公司老总，风华正茂的年纪，抛弃妻子女儿，选择携巨款逃离。25 年后，即使民警确定了他的身份，也依然无法相信，眼前的流浪汉就是当年的副局长。

——《副局长抛弃妻女，卷巨款携女同事潜逃！25 年后这一幕惊呆了……》(2019 年 9 月 16 日　《北方晨报》)

③老吴的精神状况好一些，还能跟记者对话。他妻子手臂上全是密密麻麻的红点，全身上下被蜇了四五十下，病情更加危重。

——《杭州一对夫妻打山核桃捅到马蜂窝　目前仍未脱离危险》(2019 年 9 月 9 日　浙江在线)

第一个案例时间、人物、事件等要素均模糊不清；第二个案例人物要素不清晰；第三个案例人物、事件等要素均不清楚。

（二） 导语要准确清晰地再现事实

路透社报道1940年6月14日德军入侵法国巴黎的新闻导语是：

德军的坦克穿过协和广场，德军装甲车从爱丽舍宫的绿树浓荫下隆隆驶过。

这个软导语只用了一句话，它是记者抵近现场耳闻目睹的事实信息，用镜头语言再现了电影画面一般的场景，令人印象深刻。

（三） 导语要准确清晰地告知事实

没有事实和结果的导语不符合硬导语的基本要求，是不合格的导语，对受众没有吸引力。例如新闻《江苏启东市一小学三名六年级女生坠楼　公安：情况属实，仍在调查中》的导语：

2021年11月15日晚，天目新闻记者接到爆料称江苏省启东市一小学有三名女生从五楼坠楼，原因不明。

——2021年11月16日　天目新闻

突发事件是硬新闻选题，其导语宜简明简短，应围绕“何事”要素建构导语，突出事件造成的结果。该导语虽短，但忽略了对结果的具体交代：三名学生的生死情况如何？这才是受众关心的内容。该案例提示我们：要让导语简明扼要，应突出焦点事实，把无关紧要的信息放到主体或结尾中交代。修改为：江苏省启东市一小学三名女生11月15日晚从五楼坠落受伤送医。

（四） 导语要准确清晰地概括事实

新闻《马丁·雅克：中国对全世界来说太重要了》的导语是：

中国经济，每一个阶段，都会有新的问题和风险出现。这次疫情只是中国经济发展的一次波折，而中国政府和全体中国人民有力而及时地处理此次危机，为世界所称道。

——2020 年 3 月 18 日　中国日报网

这段话没有准确概括该新闻中最重要、最新鲜的事实，与该新闻的主题没有关联，表达空洞。如果记者具备判断新闻价值的能力，应该发现其结尾才是本篇新闻中最有新闻价值的事实，用其作导语才更符合主题的事实：英国剑桥大学政治学与国际关系高级研究员马丁·雅克称，中国发展的减缓或增长对世界其他地区的经济发展非常重要。

（五）导语要贴近受众的需要

下面这则西方记者撰写的软新闻导语就颇具人情味：

她的祖父想开茶话会，但两岁半的亚历山德拉·乔西茨坚持说，他只有苹果汁。

她伸出一只塑料茶杯，咯咯地笑，等着看祖父是否接受这种替代品。

他们相距千里之遥，每周在各自家中通过电脑屏幕相见一次，这种方式没有令其中任何一方感到不适应。与其他许多天各一方的祖孙一样，亚历山德拉和 69 岁的乔·乔西茨对视频聊天方式驾轻就熟。

——《网络摄像头使天各一方的亲人感觉近在咫尺》(2008 年 11 月 27 日《国际先驱论坛报》)

读完这则软新闻导语，你是不是感觉内心里很温馨？记者如同一个邻家暖男，真诚而友好地关心你。有没有觉得这篇新闻充满了人文关怀？记者从受众本位的视角写新闻导语，心里装着受众，就会想受众所想，从思想上、情感上贴近受众，写出来的导语就具有接近性，能够获得受众的共鸣和认同。

（六）导语要尊重科学常识

新闻《温州女商人脑子里“涨大水”，医生紧急“排污”疏通血管》的导语为了通俗易懂，采用了比喻的修辞手法：

如果下水道被淤泥堵塞，污水无法排出，那就会逆流或外溢；如果大脑被血栓堵牢，血流不畅通，那生命就会亮起红灯。

此时，医生就像一个“清淤工人”，要及时清除血栓，守卫病人生命。

最近，浙江大学医学院附属第四医院神经内科的医生就充当了一回“清淤工人”，成功救治一名颅内静脉窦血栓患者。

——2019 年 3 月 26 日 《钱江晚报》

看到该新闻的标题，笔者好奇又疑惑：一个人脑子里怎么会“涨大水”？原来这是记者对颅内静脉窦血栓病症的一种不恰当的比喻。使用如此煽情的语言违反了医学术语的严谨、规范，令人难以理解。专业领域报道要尊重科学，语言力求严谨规范，用“涨大水”来代指脑血栓是违背科学的，会误导受众。列夫·托尔斯泰说：“质朴是美的必要条件。”① 新闻的语言应当质朴美，避免华而不实的修辞手法。

二、简洁明了

“根据法国著名心理学家亚复的研究，受众在阅读文字时，眼球跳动时看不见文字符号。只有眼球停下来时，才能看清字。一般人每次眼球悬停的时间为 1/3 秒，能感知到的字为 6—7 个，因而在受众的匆匆一瞥中，只有简明的导语才能被清晰地感知而成为注意的对象。”② 可见，文风简洁有利于新闻有效传播。斯特伦克和怀特在《文风的要素》一书中说：“清新的文风应当是简洁精炼的。正像一幅画没有多余的线条、一架机器没有不需要的零件一样，一个句子应当没有废字，一段文章应当没有废句。”③ 莎士比亚曾言：“简洁是智慧的灵魂。”④ 受众在接收信息的时候，常常是利用碎片化的时间匆匆浏览，在传统媒体时代，新闻传播注重用简洁的文字、简洁的文本、简洁的文风来获得受众的好感。

在当下移动互联网传播时代，人们的时间越来越宝贵，利用等车的时间、乘车的时间、等人的时间、排队等候的时间刷手机，匆匆瞥一眼新闻信息成

① 帕乌斯托夫斯基. 金蔷薇［M］. 戴骢，译. 上海：上海译文出版社，2010：137.

② 甘璐. 论新闻导语的优化［D］. 长春：长春理工大学，2008.

③ 王泰玄编译. 新闻写作的语言问题［J］. 国际新闻界，1983（8）：51－53.

④ 王泰玄编译. 新闻写作的语言问题［J］. 国际新闻界，1983（8）：51－53.

为一种生活的常态。我们经常会看到人们边吃饭边浏览手机屏幕，边喝茶边阅读手机新闻等伴随性的新闻阅读方式。手机屏幕小，网上有海量的信息资源，要想抓住受众的注意力，就得想方设法让新闻报道简洁易读，让人们喜闻乐见，否则人们很容易就动动手指划到其他内容上了。清代戏剧理论家李渔说："洁净者，简省之别名也。洁则意多，减始能净。"我们在新闻写作中要善于做减法，尤其是在写作新闻导语的时候，要把不必要的字词句删除，尽量用短句、用动词、用具象的语言、用含有信息的叙事语言。

导语写作作为新闻的金字招牌，要叫得响、要吸引人，则必须要用简洁的文风为全篇开好头、起好步。清代浙江人唐彪在《读书作文谱》中指出："通篇之纲领，在首一段，首段得势，则通篇皆佳。"南朝梁代的文学理论家、文学批评家刘勰在《文心雕龙·章句》中亦说："启行之辞，逆萌中篇之意。"这些箴言都说明写好开头对于通篇文章的重要性。"导语是新闻正文中最先进入读者眼帘的部分，写得好坏对全文关系很大。导语最常见的毛病之一是对次要内容叙述过细……导语的另一种毛病是叙述过于笼统。"[①] 硬导语要简洁洗练，最好用一句简单句作导语，最多两句；软导语虚实结合，先铺陈再交代事实结果，可以用3—5个段落建构。但不管是写硬导语还是软导语，文风简洁是新闻报道的共同规范。例如同主题的两个不同的导语：

硬导语　据目击者说，最高法院的一位法官昨天在米尼奥拉法院审判一宗离婚案件时昏昏睡去，鼾声大作。

——《纽约时报》[②]

软导语　有人认为法律说到底是盲目的。然而，在长岛，有人却责怪法律简直就睁不开眼睛。

——《每日新闻》

这件事发生在米尼奥拉法院审判一宗离婚案件的过程中。目击者说，最高法院法官克劳斯竟然昏昏睡去，鼾声大作。

——《每日新闻》

① 斯坦德灵．专栏写作的艺术［M］．熊锡源，译．广州：南方日报出版社，2014：41.
② 周立方．新闻写作研究［M］．北京：新华出版社，1994：99－100.

这两个导语都比较简洁，硬导语 43 字，软导语 88 字。该案例启示我们：话不在多在于精，言简义丰才是优质的文本。

（一）按新闻价值区分硬新闻和软新闻

“对于记者来说，硬新闻不讲故事，不涉及任何叙事技巧。相比之下，软新闻会使用各种叙事技巧生产戏剧性的悲惨故事、道德教训和引人入胜的情节。”①

硬导语开头直奔主题，直接用最新鲜、最重要、最有新闻价值的事实朴实无华地叙事，要点是“发生了什么事、什么结果”。“在新闻导语这个寸土寸金的地界里，信息的组织及呈现方式显得格外重要。作为新闻的‘橱窗’，导语要精炼、准确、触及最重要的新闻点，为了吸引读者，可以寻求多样的写作手法，但这并非表示任何内容都可以随意填满导语。”② 硬新闻导语要直接叙事，告知最重要的事实，呈现新闻价值的时新性、重要性，展示新闻主题，不需要铺陈，文字要简短。偏离这个叙事策略导语就会冗长。例如：

日常生活中，麻雀很常见，但非法捕捉麻雀也涉嫌违法犯罪。2001 年，麻雀被列入国家林业和草原局制定的《国家保护的有益的或者有重要经济、科学研究价值的陆生野生动物名录》。2019 年 10 月 12 日晚 22 时许，四川省西昌市警方破获了一起非法狩猎的案件，4 名男子被依法刑事拘留。

——《麻雀虽小但也随便捉不得！4 男子弹弓打落 20 多只麻雀被刑拘》（2019 年 10 月 15 日　文汇网）

该导语第一句与新闻主题没有直接关联，属于废话；第二句是新闻背景，不宜置于导语的显著位置；只有第三句才是该新闻的核心事实——新闻主题。记者多写了 80 字左右的冗言。应改为：10 月 12 日，4 名男子因打死 24 只麻雀和 1 只点水雀被四川省西昌市警方依法刑事拘留。

常见的硬新闻导语的失误之一是，记者交代“何事”要素不完整，缺失了“结果”。如《上海宝山一物流公司发生火灾：救出 7 人 3 人送医》的导语是：

① 泽利泽．想象未来的新闻业［M］．赵如涵，译．北京：中国人民大学出版社，2022：20.
② 薛国林，葛俊易．新闻导语写作的三大乱象［J］．新闻与写作，2014（8）：74.

9 日 17 时许，上海宝山区蕴川路发生火灾，据上海消防部门表示，18 时 27 分火灾已扑灭。

——2019 年 11 月 9 日　中国新闻网

硬新闻导语应采用权威的新闻来源，凸显新闻的可靠性和可信度；同时，硬新闻导语应突出“最近时间点”，即最新鲜的、具体的时间，火灾发生的时间距离报道发出的时间差距大，而火灾被扑灭的时间距离报道该新闻的时间近，所以应该选择最新鲜的时间，即火灾被扑灭的时间。报道突发事件等硬新闻，导语应突出其新闻价值，即把最重要、最关键的事实提炼出来，人员的伤亡才是最值得关注的，这也是新闻以人为本思想的体现。该新闻导语宜改写为：据上海消防官方微博发布消息称，当天 18 时 27 分消防部门扑灭一起发生在宝山区蕴川路的火灾，有 3 人送医。其标题也应相应变化为《上海宝山一物流公司发生火灾 3 人送医》。

硬新闻导语叙事的关键要素是“何事（结果）”，而非“如何（过程）”，不少人写作硬导语时过于冗长与偏离了叙事的重心有关。如：

据《纽约时报》消息，美国官员周三（26 日）表示，美军本周在叙利亚东北部与俄罗斯军队发生摩擦，有少数美国士兵受伤。两位不愿透露姓名的美国官员表示，双方军队并未交火，只是车辆发生了碰撞。目前，四名美国士兵出现了轻微的脑震荡症状，正在叙利亚的基地接受治疗。

——《美俄军车叙北发生碰撞　4 名美国大兵被撞成脑震荡》(2020 年 8 月 27 日　海外网)

该消息的导语冗长，有 124 字。它是事件过程的叙述，对其进行提炼，以概括的方法叙事，用一个要素“何事（What）”作为导语即可。美俄均为世界军事强国，这两个国家发生军事上的任何小摩擦都是吸引人的大新闻，而“叙利亚”又是热点新闻的高频词，这两个元素叠加就具有重要性和显著性，因此，只需突出“何事（What）”要素来写一句话导语即可：美俄军车在叙利亚发生碰撞导致 4 名美国士兵脑震荡入院治疗。硬导语应用一句话，最多两句话锐化焦点。只用部分新闻要素建构导语，导语自然就短小精悍了。

硬导语不要写空话、套话，字字句句都应该是凸显最重要事实的大实话。如《报告：微软亚马逊等巨企开发 AI 武器　令全球陷致命风险》的导语是：

人工智能（AI）科技发展日新月异，但有关技术在军事武器上的应用却引发道德争议。荷兰一个非政府组织针对全球科技巨企进行研究，调查企业在开发致命AI武器的投入度，并指出微软、亚马逊等巨企的AI发展令人担忧。有学者呼吁，国际应全面禁止AI杀人机器。

——2019年8月23日　中国新闻网

该导语115字，第一句话与该新闻的主体微软和亚马逊无关，第二句话中也有与该新闻主体无关的话，删除之后，导语就简洁了。

荷兰一个非政府组织称，微软、亚马逊等企业开发AI武器令人担忧。有学者呼吁国际社会应全面禁止AI杀人机器。

经过修改，该导语只有50字了。硬新闻导语应简洁明了，记者下笔时必须惜字如金。上述导语的修改提示我们：要使硬新闻导语简短有力，应该直奔主题，直截了当地概括新闻主体发生了什么事、导致了何种结果。不要绕弯子、兜圈子，任何与新闻主题和新闻主体无关的话都应从导语中删除。

“语言具象是新闻传播中不可取代的主要手段。新闻报道中实现语言具象的主要方法有：（1）类比具象，对于一些抽象程度较高的概念或比较专业化的术语，通过类比‘换个说法’或其他通俗化的方法，把抽象的概念或者主题与人们熟知的具象或者经验联系起来，从而实现抽象问题的通俗化表达；（2）举例具象，通过人们熟知的具体例子来揭示抽象主题；（3）造型具象，在报道中用具体、生动的语词复现事件的状况和人物风貌，用语言造型，以突出概念的感性特征。”[①] 导语中的新闻语言要用最简洁的文字叙事，让新闻事件变得形象可感。

在写作时，软新闻导语不像硬新闻导语那样直来直去，它需要先铺陈，再交代事实。因此，它在虚写部分会借鉴文学叙事手法，注重文采。与硬新闻导语通常为一句话、最多两句话相比较，软新闻导语先虚后实，可以用多个段落建构。在建构软导语时，在“虚写”部分，常见的失误是离题太远，冗言堆砌。例如新闻《小伙炼成“夹娃娃神技”　半年夹走3000多只娃娃》的导语：

---

① 杨保军，周世林. 新闻文本生产中的思维特征分析［J］. 中国地质大学学报（社会科学版），2013（3）：52.

总有些让人啼笑皆非的事儿，实实在在地发生了。

比如，电商买家秀。本来是卖家为了鼓励买家展示所购衣服等商品。请买家秀出来。慢慢地，也有卖家拿钱求买家别秀了，“感觉衣服都被糟践了”。又比如，各大商场里的夹娃娃游戏机。在厦门，很多这类游戏机的老板都在思考同一个问题：怎么阻止那位大个子下手？仅仅半年，他夹走3000多只娃娃，老板表示：受不了啦！

——2016年2月22日《法制晚报》

该软导语前两个自然段88字与该新闻的主题无关，第三自然段至少有50余字属于记者的想象，仍然游离于主题之外。其实紧扣主题关键词“夹娃娃游戏机”，突出新闻主人公的不寻常经历就能简洁叙事：一般人在商场玩夹娃娃游戏机的成功概率都不会太高。你好不容易夹住了娃娃，眼看就要成功了，但那夹子松软无力，最终功败垂成。厦门有一个名叫陈志通的男子被人戏称“夹娃娃大神”，仅仅半年，他就夹走了3000多只娃娃。

这样写，总字数不过99字，比原导语少了66个字，可读性更好。总之，不管硬新闻导语还是软新闻导语，都应追求新闻的文化属性，围绕主题叙事，追求简洁之美。

（二）以“何事”要素为中心建构导语

记者要在吃透采访获得的所有材料的基础上，按照新闻传播的规律，对新闻的主要事实和次要事实作出界定，不能眉毛胡子一把抓，主次不分，甚至把次要事实当成了主要事实，这势必会导致导语出现冗余信息。例如：消息《德国一汽车冲撞行人已致30人受伤　其中7人重伤》的导语是：

据央视新闻消息，据德国警方介绍，24日的汽车冲撞行人案中，共有30人受伤，其中7人重伤。目前警察封锁了通往现场的多条道路。肇事司机已经被捕。据警方此前介绍，该案件由嫌疑人“故意为之”，但动机仍不明确。

——2020年2月25日《新京报》

该硬新闻导语98字，过长。突发性新闻导语应聚焦于关键事实：发生了什么事、造成了什么结果。一句话即可，越简洁，重点才越突出。如果导语聚焦于“何事”，将非核心事实剥离，该导语就变得简明扼要了，只需42字：

据央视新闻消息，据德国警方介绍，24 日的汽车冲撞行人案中，共有 30 人受伤，其中 7 人重伤。

硬新闻导语写作难在写作者要善于用简明直白的语言不带情感和观点，从众多事实中拎出最吸引人、最重要的核心信息，用具体、凝练、平实的简单句概括最新鲜最有新闻价值的事实，一语中的。

（三）选择最佳报道角度

新闻角度是记者报道新闻的切入点，角度“新、奇、特”有助于表现新闻主题，突出新闻价值，使导语言简意赅，让文字以少胜多，从而提高新闻的可读性，提升传播效果。例如《中国留美博士遇害细节：坐车里等女友被枪杀　弹壳掉在驾驶座》的导语是：

当地时间 1 月 9 日，30 岁的中国留美博士范轶然（音译）遭遇枪击，不幸身亡。据美国《世界日报》11 日报道，听闻噩耗后，芝加哥大学经济学教授、诺贝尔经济学奖得主拉尔斯·彼得·汉森惋惜不已，哀叹失去了最好的学生。此外，芝加哥警方还披露了案发时的细节。

——2021 年 1 月 12 日　海外网

该新闻导语 119 字，冗长且没有突出新闻价值。原因在于记者没有突出最有新闻价值的事实：诺贝尔经济学奖得主拉尔斯·彼得·汉森痛惜中国留美博士遇害。根据新闻价值，宜改为 49 字：诺贝尔经济学奖得主拉尔斯·彼得·汉森对中国留美博士范轶然（音译）遭枪击身亡哀叹：失去了最好的学生。

拉尔斯·彼得·汉森是名人，具有显著性，以他为中心建构新闻更能突出该新闻的时新性、显著性和接近性。导语是消息的灵魂，它决定着标题和全文的脉络。其标题也应根据导语改为《诺贝尔经济学奖得主拉尔斯·彼得·汉森痛惜中国留美博士遭枪杀》。

（四）避免信息琐碎冗余

新闻话语讲究叙事的效率，导语不宜出现琐碎、冗余的信息。如：

趁着杨梅季的尾巴，老汪准备再赚上一笔。忙活了一整天，新鲜摘下的杨梅装了满满当当的一车，老汪也没顾着吃口饭就从宁波象山出发，准备将这车杨梅装到仙居，为自己这一年的辛劳划上个圆满的句号。

——《象山杨梅拉仙居　漂移过弯撒匝道》（2019 年 6 月 26 日　新浪网）

该导语写了 148 字，却没有概括该事件最重要的事实结果；称呼主人公为“老汪”太随意，与新闻客观性的要求冲突；“划上个圆满的句号”应为“画上一个圆满的句号”。实际上，该导语改用一句话即可：一辆货车在 G15 宁海进口上高速不到 100 米处因超载导致杨梅散落，货主损失过万。

（五）用短句建构导语

导语语言要简洁，应摈弃主语从句、定语从句、状语从句、插入语等形式的“欧化语言”风格，采用汉语以短句成文、简洁明快的语言风格。比如一条导语中包含这样的句子：“当破门而入的办案人员出现在割腕自杀的职务犯罪嫌疑人、天长市粮油（集团）总公司乔田粮站原站长钱劲床前时，他做梦都没想到，自认为设计得天衣无缝的逃亡生活终于在 7 年后终结。”这一句话有 83 字，念一遍就会感觉到长了。改成这样就易读了：办案人员破门而入，钱劲正躺在床上企图割腕自杀。这位天长市粮油（集团）总公司乔田粮站原站长也许做梦都没想到，他逃亡了 7 年之后还是落网了。此前，他一直认为自己利用职务犯罪后把逃亡计划设计得天衣无缝。

将一句话改为三句话，每一句话长度在 23—44 字之间，意思不变，却更容易理解了。如何写出简洁的语言？美国专栏作家弗莉·贝克汉姆举例说，高中时她写过这样一句话：“大地在黎明时分壮丽辉煌，光耀明亮，树叶闪着光芒，随着微风陶醉的节奏左右摇曳。”现在她意识到，应该写成：“微风吹拂，树叶闪闪发光。”① 她的感悟是：“写作就像是把木头削成想要的形状。你必须不停地修整、砍削，最后留下你需要的东西。要写得简单易懂。”②

综上所述，硬导语要简洁，可以用“12345”来概括其写作特点：“1”指一个主题、一句话、一个段落；“2”指强调“时新”和“重要”两个新闻价值，最多两句话；“3”指突出三个“最”，即时间最新鲜，事件最重要，段落最简短；“4”指常用四个要素（When、Where、Who、What）来建构导

① 斯坦德灵. 专栏写作的艺术［M］. 熊锡源，译. 广州：南方日报出版社，2014：66－67.
② 斯坦德灵. 专栏写作的艺术［M］. 熊锡源，译. 广州：南方日报出版社，2014：66－67.

语；“5”指最好控制在50个字内。软导语对字数的限定不像硬导语那么严格，但仍应奉新闻文化崇尚的简洁为圭臬，方法是“两部曲”，即铺垫+何事（结果），均围绕主题，彼此逻辑紧密衔接，突出软新闻故事化的模式特点：趣味性。

三、具象可读

丹尼尔·笛福以小说《鲁滨孙漂流记》而闻名，其实，他最早扬名英国是因为他在自己创办的《评论》杂志上发表了数篇引发轰动政论文章，他的写作原则是：“假设对500个不同职业的群众说话，要使每个人都听得懂。”① 新闻是文化快餐，时效性是它的本质属性。它属于大众传播，覆盖的人群越多越好，这就决定了新闻写作不可能像文学作品那样精雕细琢，写作者要倚马可待，尽可能在新闻发生后最短的时间内将信息传播出去，同时要考虑到受众的文化层次参差不齐，要想获得最大的传播影响力，引发最多的人关注报道，就应该以公众平均的教育程度为准绳，以简洁、好懂的文字传播信息。

（一）始终聚焦主题开展叙事

新闻写作应锐化焦点，即一事（人）一报，如果一个新闻导语中罗列了两件事，那就会影响受众对新闻主题的理解和把握，不明白记者的意图和新闻传播的中心思想。例如：

昨日，2022年第19届亚运会举办时间和竞赛项目设置发布。杭州亚运会将于2022年9月10日至25日举行，目前已经确定竞赛大项增至37个，包括28个奥运项目和9个非奥项目。

——《杭州亚运会时间定了！2022年9月10日至25日》（2019年4月9日 《杭州日报》）

该消息的导语包含了两个主题：①杭州亚运会2022年9月10日至25日举行；②杭州亚运会已确定37个项目。这两个主题的新闻都是预测性报道。

① 吴伟. 格拉布街：英国新闻业往事［M］. 北京：北京大学出版社，2010：112.

将两个主题的材料分开写，一事一报，新闻的主题就集中了，传播效果更好，可读性也更好。以第一个主题为例，亚运会召开的时间是受众比较关心的，简洁明了、直奔主题更容易让受众记住，与其他信息混杂在一起反而削弱了报道的传播效果。

（二）从传播信息的角度建构导语

下面两个导语关注的是同一件事，但传播效果却不一样：

【新华社】中国辽宁省东沟县气象站不仅能够基本上准确地做出短期、中期和长期预报，而且还能做出超长期天气预报。

【法新社】绝大多数气象站可以告诉你今天、明天甚至两个星期内是否下雨，然而中国一个县的气象站不仅可以做到这一切，还能相当有把握地对今后十年内的气象变化作出预报。

通过比较阅读，我们会发现，第一个导语是从工作宣传的角度建构的，简短的导语中包含了4个气象专业术语，如“短期”“中期”“长期预报”和“超长期天气预报”，非专业的受众看了会感觉与自己的生活无关，提不起兴趣；第二个导语拉近了与公众的心理距离，感觉它是在告知公众一个新鲜的、关系到普通人日常生活的信息，这样，其传播效果就好了。

（三）从满足受众需求知识的角度建构导语

专业领域的报道要遵循科学精神，还要通俗易懂，记者若是从普及专业知识、满足受众知情权的角度建构导语，就会考虑用什么样的语言、如何叙事才能让一般人都看得懂且感兴趣。例如：

去年启动至今的上海“前列腺癌精准筛查”项目已有初步结果。复旦大学附属肿瘤医院叶定伟团队日前宣布，针对上海及周边地区超2500例高危人群进行血清PSA水平筛查后，证实受筛居民高危人群中前列腺癌检出率超1%。

——《沪上高危人群中前列腺癌检出率超1%》（2018年12月6日 《解放日报》）

该科技新闻本来关乎百姓的切身利益——健康知识传播，理应受到欢迎，但该新闻导语却让人费解，它是从专业的角度来建构的，语言学术化，术语难懂，数据抽象。记者应想方设法从受众接收信息的角度出发提炼主题，使之贴近受众需求，实现传播效果最大化。可以改成：专家认为，对高危人群进行筛查、早期诊断和治疗是提高我国前列腺癌患者总体生存率最有效手段。该导语提醒我们，对涉及专业领域的报道，从标题、导语开始就要注重拉近与受众的距离，既要准确，又要通俗易懂。比如近年来，有媒体在报道人身伤害案件时，喜欢用“重大刑事案件”这个法律术语代替人人都懂的“杀人”，就显得不够通俗。

（四）报道具体的事件而非提供总结材料

新闻导语通常是针对一件有新闻价值的具体的事件进行报道，让受众感兴趣，而非年终总结式的枯燥乏味的汇报材料，没有鲜活的事实信息，令受众避而远之，例如：

昨日，记者从江西省公安厅获悉，去年，江西公安机关在打击犯罪、服务群众等方面收获满满、成效显著，提升了人民群众的获得感、幸福感和安全感。全年新立黑社会性质组织案件59起，共刑拘涉黑涉恶犯罪嫌疑人12 792人；全省共破获电信网络诈骗案件6895起，止付资金32.9亿元，群众满意度创新高达96.19%。

——《江西：去年刑拘涉黑涉恶犯罪嫌疑人12 792人》(2020年1月17日 《南昌晚报》)

这种空泛的叙事与受众缺乏共鸣，不符合新闻导语应含有新鲜、有效信息的特点。它不符合新闻传播具象事实的规范。“新闻的根据只能是事实，而不是其他任何东西，它关注的是特别的事实，并非一般的事实。新闻报道要有由头，有节点性的事实或事件。新闻不是现实世界平铺直叙的镜子，而是关注那些非常态的变动。”①

① 杨保军. 摇摆不定的李普曼：读《公众舆论》眉批录［J］. 新闻记者，2017（5）：88.

（五）叙事节奏紧凑，过渡流畅

《钱江晚报》软新闻《“你女儿30岁还不结婚，丢不丢人！”杭州爸爸被单位同事骂，女儿去理论气到住院》（2019年8月24日）有1691字，其软导语就有17段、855字。其导语是：

在如今的中国大地，奔三的单身人士可谓数不胜数。但数量增多了，可不意味着话语权上也占优势，“你怎么还不结婚”这个灵魂拷问，可是经常从家人亲戚朋友的嘴中，直戳不少单身男女的心脏。

虽然很想回一句“单身吃你家大米了”，但一想对方的身份，指不定自己还真吃了，也就默默忍了。

然而杭州萧山的小王姑娘，不久前却被一位和她并不熟悉的男子，指着鼻子嘲讽：不结婚，还不丢人吗？

这就让小王姑娘觉得太过分了，气得小王姑娘到了凌晨内心怎么都无法平静，她连夜发帖向网友诉苦。

8月1日晚，姑娘小王（化名）在电影院电影看到一半接到母亲的电话，爸爸在单位跟人吵架，气得身体都不好了。

匆忙赶到爸爸工作的厂里，得知事情的经过后，小王姑娘彻底被激怒了。

“你女儿都三十了，还不嫁人，丢不丢人？”这句话深深刺激了小王父女。

看完帖子，网友纷纷表达了自己的看法，有支持同情姑娘的，也有网友结合自己经历发表感慨。第二天，心里始终有个疙瘩的小王和亲属们再次到父亲单位，要求对方必须当面道歉。

与父亲老王争执的男同事小陈（化名）只比姑娘大几岁，脾气也很倔，始终认为自己没错，说什么也不肯承认错误。

其实，要说起来，这小陈虽和小王姑娘并不熟悉，但和她父亲老王十分熟悉。小陈是公司里的一名中层，老王也算是他管的，对老王家庭情况，小陈自然清楚。

不过，因为工作上的理念分歧，比如小陈讲究效率，老王注重慢工出细活等等，小陈和老王一直关系不算太和睦。

8月1日那天，本来因为工作事情两人起了争执，这人在气头上，也是什么能骂的话都拿出来了，这才有了开头这一幕。

然而第二天，双方都是余怒未消，言语往来几句，再次爆发冲突。

这一次双方甚至开始互相推搡。在这个过程中，小王情绪激动竟当场瘫倒，几乎昏厥过去，被家人紧急送医治疗，父亲老王则报了警。

后来，医生说，姑娘是诱发了过度通气症，得在医院住一阵。

接到报警后，萧山瓜沥派出所民警徐洋前往现场处置，将已经火药味十足的冲突双方拉开。

了解前因后果后，徐洋认为如果这个矛盾不及时化解，很可能引发打架斗殴等一系列严重的问题，于是主动作为，承担起调解工作。

该软导语写得冗长，其第一、二段均为记者的主观想象，其后的15个段落叙事琐碎。虽然同硬导语惜字如金、开门见山相比较，软导语需要铺陈、营造旨趣，比硬导语要长，但新闻的特色是简洁，软导语也应珍惜笔墨，不宜铺垫奢靡、极尽渲染以至于喧宾夺主。导语是为报道主题服务的，导语过长势必会影响受众对新闻的阅读兴趣，让他们的阅读体验变得艰涩而放弃了对全文的阅读。该导语应简化为：

杭州萧山两男子为工作上的事发生了争执，陈某嘲讽王某："你女儿都三十了，还不嫁人，丢不丢人？"

王某的女儿听说后第二天去父亲的工厂讨说法，陈某依然态度强硬，这一次双方从争吵发展到互相推搡。

王女士一气之下当场瘫倒，王某报了警。

医生说，王女士因"过度通气症"，得在医院住一阵。

萧山区瓜沥镇派出所民警徐洋赶到现场将冲突双方拉开。他认为如果这件事不及时化解，很可能会激化双方的矛盾。

这样写，该软导语就变成了183字，比原导语简洁了，节奏感也加快了，提高了信息传播的效率。软导语不同于硬导语的直白直接，而是曲径通幽、柳暗花明，但它需要在第三自然段或最迟第五自然段揭开悬念的谜底，满足受众想知道结果的心理。

综上所述，写好导语的语言需用活动词、用短句、用简洁的语言、用具体的而不是模糊的语言清晰地表达、慎用修饰词。此外，记者要有受众思维。亨利·福勒在他的名著《现代英语用法字典》中曾建议："宁可使用熟悉的字而不用冷僻的字；宁可使用具体的字而不用抽象的字；宁可使用意思单纯的字而不用含义宽泛的字……"① 这些忠告对我们写好导语是有益的参考。

法国作家菲利普·迪昂认为，写作一定要用心构思好开头："开场白被压缩得像一个柠檬似的，它释放出饱含汁液的秘密，而且我们开始看清前面的道路。在这个过程中，我们必须不断地重复当初写开场白时所做的一切，仔细地阅读和检查，系统地研究所有的资料和它们的用途。"② 他的这段富有文采的语言其实也适合于记者构思导语时借鉴。

新闻导语的语言应该融准确、简洁与通俗为一体，令人喜闻乐见。1937年5月20日，乔治·奥威尔在西班牙参加支持共和国的战斗中被狙击手射出的一颗子弹打中喉部，一名叫乔治·柯普的战地指挥官——他也是当时奥威尔的好朋友，向奥威尔的妻子爱琳的兄长劳伦斯·奥肖内西转告伤情，其对伤口的描述堪称范例：

子弹刚好在喉部下方进入，距垂轴稍偏左，从脖根背部右侧出。口径是常见的7毫米镀铜西班牙毛瑟枪子弹，从175码以外射出。相距如此远，但仍有每秒600英尺左右的速度，

而且温度灼热。在其冲力下，埃里克（奥威尔本名）仰面跌倒。出血不严重……未触及关键器官；子弹从气管与颈动脉之间径直穿过。③

这段描写简洁、传神，值得玩味。我们在软新闻如特稿导语的写作中尤其要注意借鉴这样的文风。"新闻是变动着的事实的报道，但并不是任何新闻都能首先恰到好处地把变动的事实的状态反映出来。有些本来是动态的，却写成静态；有些本来是有生命的，却写成无生命的；有些本来是有声的，却写成无声的；有些本来是立体的，却写成平面的。这样新闻就生动不了。用好动词，有助于解决这些问题。"④ 美国作家威廉·潘说："说话要得体，要尽可能地简洁，但是也要明白晓畅；这是因为，讲话的目的不是为了卖弄，而是为了让别人理解。"⑤ 这句话提醒我们，导语写作既要准确，又要简洁，也要通俗易懂。"读者阅读新闻是为了获得信息和消遣，而不是进行句子分析和上语法课，因

① 王泰玄编译. 新闻写作的语言问题［J］. 国际新闻界，1983（8）：51－53.
② 迪昂. 三十七度二［M］. 胥戈，译. 上海：上海译文出版社，2016：506－507.
③ 迈耶斯. 奥威尔传：冷峻的良心［M］. 孙仲旭，译. 北京：新星出版社，2016：203.
④ 甘璐. 论新闻导语的优化［D］. 长春：长春理工大学，2008.
⑤ 斯坦德灵. 专栏写作的艺术［M］. 熊锡源，译. 广州：南方日报出版社，2014：35.

此，新闻记者也一定要在新闻句法的‘短’字上下大功夫。”①

我们要想写好新闻导语，就必须练就高超的新闻语言叙事能力，能够在新闻事件发生的现场，用流畅而鲜活的语言做口头和笔头新闻报道，用传神而凝练的语言吸引住受众的目光，传播新闻事实。如今，网络语言对新闻写作的影响非常大，不少网络流行语或热词受到新闻传播者的青睐，有的词语很有创意，丰富了汉语表达，颇受欢迎，但要避免盲目跟风使用网络词语写新闻的倾向。比如动辄就用“吃瓜群众”“隔壁老王”“美女”“帅哥”“某某哥”“某某弟”“逆行”“甩锅”“背锅侠”“基建狂魔”“C 位”“合体”“同框”等词汇，用多了用烂了，不也令人叹息汉语言词汇之贫乏吗？有的网络词语本来是小众化或亚文化的审美，如“回忆杀”“撒狗粮”，新闻中用这样的词语可能不适合大众传播。对于一些词义不为大众所知的网络词语宜慎用。需要注意的是，网络语言中也存在着低俗的瑕疵，粗陋、猥琐的词语对汉语言纯洁性有不良的损害，应谨慎辨识，不能跟着感觉走。

在人人都是传播者的当下，没有门槛的新闻写作尤其需要每一个新闻发布者具备媒介素养，具备专业的新闻素养，每一篇新闻的语言都应力求准确、简洁、通俗，以清晰的叙事传播事实真相。好的新闻写作要反对冗长、空洞、乏味，以提高新闻传播效果。“在我们的实地观察中，甚少发现有读者在阅读他们感兴趣的新闻作品时能超过 5、6 段。在每百个读者中若能找到有一个人把新闻面面俱到地从头读到尾，那已是万幸了。人的时间是宝贵的，这就给我们的新闻写作提出了一个一定要短而精的要求。”② 我们在电脑键盘上敲下每一个字之前，我们都要自问：我为谁写作？我的读者是谁？“一般而论，世界上各个国家的新闻大都以受过中低等教育的人为基本读者标准而从事写作的。”③ 法新社记者莱尔 1970 年写的一篇消息《日内瓦湖的污染》堪称融准确、简洁和通俗为一体的新闻范文：

日内瓦湖的污染

【法新社日内瓦（1970 年）8 月 25 日电】（记者　莱尔） 如果一名大夫把日内瓦湖当作病人，那他下的诊断是：“严重的慢性消化不良和呼吸道感染。”

---

① 车英编译. 关于美国新闻写作中“短”“精”与“可读性”[J]. 新闻知识，1990（3）：44-46.
② 车英编译. 关于美国新闻写作中“短”“精”与“可读性”[J]. 新闻知识，1990（3）：44-46.
③ 车英编译. 关于美国新闻写作中“短”“精”与“可读性”[J]. 新闻知识，1990（3）：44-46.

据生态学专家说，日内瓦湖仍可以从“因污染导致的死亡中”拯救过来，不过要立即采取措施。日内瓦湖周长176公里，是西欧最大的湖泊。

日内瓦湖的污染物主要是含磷物，此外还有汞、硝酸盐、钠氯化物、铅和锡等，但在数量和危险性上就小得多了。

磷污染主要在三个方面——农场的化肥、家庭用的清洁剂、工厂的废物。

这篇新闻仅仅185字。它将硬新闻导语写成了更为易读的软新闻导语，以拟人的修辞手法为全篇新闻预设了一个精致、有趣的伏笔。这是一篇环境保护的新闻，属于专业领域的科技报道，一般人很容易被专家学者充满术语的、冗长的调查报告所迷惑，写出一篇洋洋洒洒的、可能连自己也不想读的数千字新闻，其充斥着大量的术语和数字，令受众望而却步，丧失阅读的兴趣。莱尔的写作，用拟人化的导语取代了专业术语和数字，全文仅仅用了一个容易理解的、必不可少的数字，没有一个术语，也没有一句陈词滥调。但它传播出的信息却是振聋发聩的：日内瓦湖污染治理刻不容缓。虽然时光荏苒，经过30年的治理，如今的日内瓦湖早已恢复了原有的生态，但这篇新闻对于唤醒人们的环保意识起到的警示作用不可忽视。其新闻语言与新闻结构之精巧值得我们学习和模仿。

法国19世纪文学大师、名作家莫泊桑的老师福楼拜对写作语言有极为严格的要求，他要求自己写的文字要展现“诗歌的韵律和科学语言的精确性”。他甚至认为同义词就不存在，作家在创作时必须找到“唯一合适的词”①。福楼拜这种对写作一丝不苟、精益求精的态度值得我们学习和仿效。

① 马尔尚. 麦克卢汉传：媒介及信使［M］. 何道宽，译. 北京：中国人民大学出版社，2015：169.

09

第九章

新闻导语与报道的结构

新闻结构分为3个部分：导语（硬新闻开头第一句话或第一自然段，软新闻导语可以由第一自然段或多个自然段建构）；主体（导语之后到结束的所有段落，也称正文或躯干）；结尾。常见的新闻结构有：倒金字塔结构、时间顺序结构、沙漏结构、悬念式结构、并列式结构、华尔街日报体等。西方新闻学对报道体裁的分类是，硬新闻属于新闻报道，即新闻；软新闻属于特稿或特写（深度报道属于报道形式）。

广义的“新闻”包含所有的新闻体裁，如消息和特稿。狭义“新闻”概念专指消息，即我们熟悉的、在每日新闻传播中占据大多数的新闻报道。消息也叫纯新闻或硬新闻。

学习新闻导语的写作，首先需要我们了解和掌握新闻稿件的结构。因为不同的新闻结构就决定了新闻导语的类型和写作的方式。

塔奇曼认为，硬新闻要求“传播的紧迫性”，而“软新闻并不需要及时传播”①。美国学者帕布鲁·博奇科夫斯基（Pablo J. Boezkowski）在对阿根廷《民族报》和《号角报》网站的田野调查中获知：“消费者期待阅读硬新闻的两个主要原因是时效性和全面性。如果消费者不能从某个网站中获取最新的报道，他们可能会停止访问这个网站。”② 进入网络传播时代，新闻的时间因素变得比以往任何时候都更加重要了，抢速度发布新闻已经成了媒体与媒体、职业记者与“草根记者”竞争影响力的百米短跑赛场，谁最先发表新闻谁就赢得了公信力。“即时性”已经成为网络时代新闻的常态，每个新闻客户端、微信公众号和微博都会不断发布新闻、更新新闻。不管在传统媒体时代还是新媒体时代，硬新闻是新闻生产的主打产品。硬新闻和软新闻在生产上形成了两种不同的逻辑，在报道呈现上，硬新闻的文本元素因各媒体之间的竞争、监看和模仿而变得同质化。不仅如此，硬新闻和软新闻的生产者在工作经验上也形成了差异。硬新闻记者在他们的日常工作中传递了一种“被事件推动”

① 博奇科夫斯基. 工作中的新闻：信息充裕时代的模仿［M］. 周亭，译. 北京：北京大学出版社，2020：46.

② 博奇科夫斯基. 工作中的新闻：信息充裕时代的模仿［M］. 周亭，译. 北京：北京大学出版社，2020：85.

的感觉，这在网络新闻记者中尤其普遍。

一位阿根廷硬新闻网站的员工对硬新闻和软新闻给两个不同部门带来的新闻文化差异作此评价："他们看到的我们是一群紧张不安的人，成天操心新闻的时效性；我们看到的他们非常懒散，想什么时候写就什么时候写。这种感觉虽然有点儿夸大其词，但的确存在。"①

写作要遵循章法，即记者根据主题的需要谋篇布局，起承转合，有秩序地组织安排材料，使段落之间衔接流畅，过渡逻辑严密，使之成为一篇完整的作品。结构一旦形成并为人们所接受，就成为写作者遵守的作文规范。"结构在拉丁语中是struere，直接来自structura，最初只具有建筑学的意义。结构指的是'一种建筑样式'（Dictionaire de Trevour，ed. de 1771）。在17和18世纪，'结构'一词的意义被更改和拓宽了，有人以之类比活的生灵。丰特内勒把人体视为建筑，沃拉热和贝尔诺把语言视为建构。渐渐地，这个术语开始用来描述具体物体的各个部分构成一个整体所采取的方式，因而也能够用来描述形形色色的结构了，包括解剖学、心理学、地质学、数学的结构。在此之后，结构方法才被应用于社会科学。对于斯宾塞、摩根和马克思而言，这个术语描述的是把整体之部分连接成整体的持久现象（phenomenedurable）。"②

用何种结构能够最好地表达主题、实现传播效果最大化，记者首先需要根据新闻价值对事实进行准确判断，其次要经过严谨、扎实的采访，搜集完整、准确、全面的事实材料。在吃透采访材料的基础上，思考并确立报道主题，并根据主题的需要明确报道的结构。新闻报道的结构服务于内容。

一、硬新闻的结构

倒金字塔结构是新闻写作中最常用的文体结构。它突出了新闻文化的特点：及时、简明、高效地传播信息。在某种程度上，它是新闻报道（新闻）的代表结构，也是纯新闻的标志性结构。它最适合报道动态事件，简明扼要，

① 博奇科夫斯基. 工作中的新闻：信息充裕时代的模仿［M］. 周亭，译. 北京：北京大学出版社，2020：90.

② 多斯. 从结构到解构：法国20世纪思想主潮［M］. 季广茂，译. 北京：中央编译出版社，2004：7.

直截了当。“据美国学者统计，用倒金字塔结构写成的新闻约占美国新闻总量的80%。”①

倒金字塔结构的特点是，用最简洁的语言将一篇新闻最新鲜、最重要、最吸引人的事实呈现在导语中，作为全篇的起点，其构成要素通常是“何时+何地+何事+结果”，其中“何事”要素是核心，遭遇重大突发事件可以在导语中只突出这一个要素，如二战时期的经典导语“日本投降了”。还有一种导语表达是，“何人+何事+结果”，如快讯的经典导语“肯迪尼总统遇刺身亡”。导语之后是主体和结尾部分，它们是围绕导语展开的，是对导语的补充和延伸。倒金字塔结构的段落按照材料重要性递减的顺序来安排，即从导语到结尾，材料的排列逻辑是：最重要—次重要—不重要，也称倒三角结构。

倒金字塔结构的优点是：便于受众花最少的时间获知最重要的信息，只需看完导语就对报道的重点一目了然，传播效率高；便于记者对事件作出快速及时的报道；便于编辑根据版面空间或播出时间的限制，高效迅速地从新闻的尾部开始进行删减，有的新闻只需保留导语即可，如广播电视新闻编辑在从报纸或网站选编新闻时就是这样做的。

倒金字塔结构最合适报道刚发生、正在发生或马上要发生的事件。倒金字塔结构新闻的导语要简短，清华大学李希光教授认为，事件新闻导语宜控制在50个汉字之内。导语短，记者就须用凝练的文笔，准确、清晰、具体地概括事实。主体到结尾则围绕导语补充、扩展、延伸相关事实，支撑导语。从主体到结尾，还需要使用新闻背景或增强新闻表现力的直接引语。我们在使用倒金字塔结构时需要考虑：“哪些信息会对读者造成最大影响？导语提出了什么问题需要得到立刻回答？哪个支持性引语是最强有力的？”② 以下为笔者当记者时采写的一篇倒金字塔结构消息：

新疆生产建设兵团农三师医院出生一名心脏长在体外的新生儿

2001年2月28日　新疆台《新闻60分》

新疆生产建设兵团农三师医院妇产科主任熊建文昨天（27日）告诉记者，该院第一例体外心脏的婴儿目前情况正常。

熊建文说，这是他工作30多年见到的第一例体外心脏的婴儿。婴儿从出

① 李希光. 新闻稿如何结构［J］. 新闻与写作，2012（6）：74.
② 里奇. 新闻写作与报道训练教程［M］. 钟新，主译. 北京：中国人民大学出版社，2004：209.

生后至今，吸奶、呼吸、排泄功能、肤色基本正常，反应灵敏，哭声很响亮，四肢的活动能力都正常。

2 月 23 号晚上 8 点 50 分，喀什农三师医院降生了一名心脏长在体外的汉族男婴。这名自然分娩的婴儿出生时体重 3550 克，身长 55 厘米，生命体征与正常婴儿相似。

熊建文主任告诉记者，现在他们担心的是：如果不尽快动手术将婴儿的心脏放回体内，会引起诸如心内膜炎、心脏功能受限、心肌炎等一系列并发症，另外，如果产生循环系统的并发症也会影响婴儿肌体的代谢和呼吸功能。目前，他们正打算将孩子的资料尽快寄往石河子医学院请胸外科专家会诊。

据了解，这名婴儿的父亲是边防军人，母亲是家属。他们表示，只要有一线希望，决不放弃孩子。

倒金字塔结构的优点非常突出：传播效率高，文风简洁明了。倒金字塔结构非常适合信息碎片化传播的移动互联网时代。当然，多数新闻写作都采用倒金字塔结构也会给人造成模式化的感觉。另外，在倒金字塔结构中，导语呈现了新闻最重要的事实，受众不用看其他段落也获悉了核心信息。但在当下新媒体时代，我们会发现倒金字塔结构正在被消解，可能媒体人会觉得采用倒金字塔结构叙事限制了写作的个性化，对其单调的风格、呆板的形式产生了“审美疲劳”。

倒金字塔结构之所以被世界新闻业普遍接受，成为消息写作中最常用的模式，主要原因就在于其传播信息快捷高效。它有助于记者练就快速构思，倚马可待的写作模式；它便于受众花很少的时间接收大量的信息。传统观点认为，倒金字塔结构是战争和电报电话业务的普及催生的，美联社出于市场因素考虑大力提倡而成形的“事实与观点分离”的纯新闻是倒金字塔结构的缘起。也有观点认为，倒金字塔结构缘起于林肯总统时期的美国陆军部部长埃德温·M. 斯坦顿，体现了他对美国新闻界的控制，“事实上，倒金字塔结构还直接与新闻控制、崇尚权威性等因素相关，以至于今天我们对许多重大新闻仍习惯于用倒金字塔结构来报道，仍习惯于依赖官方的权威性材料来构筑倒金字塔新闻”①。

① 单波编译. 关于倒金字塔结构源起的再考察与再评价［J］. 写作，1994（9）：34.

二、软新闻的结构

（一）时间顺序结构

依照新闻事件自身发生的先后顺序，从发生、发展到结束来安排材料和段落的一种新闻结构形式，又称编年体式结构，也称金字塔结构。时间顺序结构符合人们的思维习惯，从前到后，自始至终。

该结构一般用于线索单一的事件，适合题材重大、情节离奇的新闻，也适合具有人情味的新闻。现场目击新闻、广播电视现场直播报道常采用时间顺序结构。重要新闻的背景说明或新闻分析等也可采用时间顺序结构。另外，在新闻期刊中，非虚构写作常采用时间顺序结构，以对事件曲曲折折、千回百转的情节进行生动、细腻地描述。因其叙事节奏慢、效率性不高，为吸引受众目光，通常需要取一个有吸引力的标题。

幸亏没有砸着人

2001 年 8 月 1 日　新疆新闻联播

昨天下午 7 点 20 分，位于乌鲁木齐市胜利路边的一幢楼 6 楼外墙上的瓷砖连同混凝土块突然砸落到人行道上，所幸现场无人经过。

这幢楼是新疆青少年出版社的办公楼。坠落的外墙装饰层有近 7 平方米。当时记者恰巧经过附近，只见一位离现场几米远的女孩被溅起的一块指甲般大小的水泥块击中了头部，出了点血。

新疆青少年出版社管理科科长马子芳闻讯立即带人将危险地段用绳子围了起来，又派人将 6 楼外墙上残存的危险瓷砖全部击落。新疆青少年出版社社长韩全学心有余悸地说，幸亏当时楼下没有人。他告诉记者，这栋楼是 1993 年底由自治区五建施工建设的。外墙的瓷砖是冬季贴上去的。韩社长表示，他们将把楼房的外墙彻底检查一遍，把有险情的瓷砖全都撬掉。

四川建筑民工吴开贵在现场捡了一块坠落物后对记者说：装修墙面时，水泥少了，沙子多了，没粘牢，瓷砖与墙面留有空隙。再加上这两天下雨浸泡，出现了脱落。

闻讯赶来的天山区市容检查队胜利路中队队长白合提立即安排专人看守现场。他还要求把警示牌做好，四天之内要把所有险情彻底排除。

特稿写作常常采用时间顺序结构叙事，其重心在临近结尾处。由于特稿篇幅长，在写人情故事时要用心经营结构，防止叙事单调乏味。时间顺序结构新闻要想吸引受众记者必须用心建构写作的结构：预设的伏笔，核心事实段落，曲折紧张的情节，生动的现场细节描写，悬念，神秘感，事件从发生、发展到结尾的高潮，一环接着一环，波澜起伏，扣人心弦。如果记者叙事能力不足，文笔枯燥，故事平铺直叙、缺乏戏剧性会给受众带来拖沓、沉闷的阅读体验，导致报道乏味，受众难以保持阅读兴趣。

如果你喜欢读人物传记就会发现，多数传记是使用时间顺序结构的，主人公从出生到死亡，按照其人生的历程讲故事，这样安排材料的优点是脉络清晰，易懂易读。使用这种结构需要注意的是，如果没有精彩的细节和曲折的情节，节奏拖沓，故事平淡，受众就会失去阅读的耐心。

（二）沙漏结构

沙漏结构是倒金字塔结构与时间顺序结构的结合。即新闻的导语采用倒金字塔结构，概括最重要的事实，主体到结尾按照时间顺序结构安排材料和段落。

沙漏是古代计时的工具，像阿拉伯数字“8”，用它来比喻这种特殊的新闻结构十分形象。其特点是，导语概述最重要事实，主体按照事件发生先后顺序展开，结尾展示新闻的高潮。

在法治新闻或突发事件报道中，这种结构比较实用。其新闻开头拥有倒金字塔结构的优点，在导语中概括最重要事实，开门见山，传播信息效率高；它也拥有金字塔结构的优点，在主体到结尾中以讲故事的形式吸引受众。例如：

美国农民保罗·狄金森种植的20多吨洋水果俏销喀什、和田

2003年12月29日　新疆台《新闻60分》

12月27号，美国农民保罗·狄金森踏着皑皑白雪，来到了自己在洛甫县那佤乡承包的400亩果园。望着自己培育的果树，他欣喜地告诉记者：今年收获的20多吨油光桃、法国洋梨和黄桃已经全都批发给了喀什，和田的经销商，与美国同类产品的批发价相比较，每公斤要高出0.5美元。

16年前，保罗·狄金森从美国加利福尼亚州来到新疆学习维吾尔语和汉语。从那时起，他就深深地爱上了中国新疆这块神奇的土地。他告诉记者：

“我来到新疆的时候，22 岁吧。我在新疆交了不少朋友。在新疆也跟我爱人认识了，（笑）现在回美国，怎么说呢？感觉不太习惯了。”

1997 年，美国太平洋农业发展有限公司看中了中国新疆的南部地区，因为这里的土壤气候与盛产水果的美国加利福尼亚州相像。于是，太平洋公司在新疆成立了分公司，聘请了曾经在新疆生活多年的美国人保罗·狄金森、白浩天和麦金森在洛甫县和英吉沙县分别承包了 400 亩和 640 亩的土地，开始种植美国加州的 80 多个品种的高档水果并培育高级苗木。

保罗·狄金森告诉记者：“到现在没有人干我们准备干的事情。这两个地方的人民政府也支持我们的项目，支持我们的发展。我们比较满意。我们从来没有不舒服的感觉。”

和田农民阿不利孜·艾合买提告诉记者，他帮美国人干了一年活，学到了很多东西。“我们的果园每亩地只种 100 棵果树，而美国人采取滴灌，一亩地种 200 多棵树苗。另外，美国人种树前改良土壤的时候，土里配比多少石膏，用秤称，然后拌匀了才让你回填。”

今年，美国农民保罗·狄金森和同伴在洛甫县种植的果树除已经挂果的之外，其余长势良好，在英吉沙县开发的土地已经改良成熟。他说：“你看，从去年开始，外国公司投资越来越多，而且你看这个新疆人民的生活越来越好。如果你在新疆不发展的话，你在什么地方可以发展?！美国西部大开发的时候，我们美国人民用了差不多 100 年。你看中国，两三年以内发展到了什么程度呢？我个人觉得，新疆很有前途，南疆更有前途。”

现在，不仅包罗·狄金森喜欢新疆，他远在美国的父母也喜欢新疆。“今年我的老父母，来到新疆看我们的生活，他们说，哎哟，新疆好，中国好。我们都喜欢新疆。”（大笑）

沙漏结构常用于报道人物新闻和法治新闻。它有利于记者把最重要的、最有新闻价值的主题事实呈现在导语中引起公众的注意，同时又便于在主体和结尾中将情节复杂、时间跨度大的新闻材料以线性叙事安排，井井有条。

（三）悬念式结构

这种结构通常在新闻的导语里设置悬念，而后总体上按照新闻事件发生的时间顺序展开叙事，在结尾解开悬疑，呈现最精彩的事实，形成高潮，让受众豁然开朗，恍然大悟。简言之，它是一种按照“设置悬念—剖解悬念”来组合材料与段落的结构形式。

咬伤蟒蛇遭逮捕

2011 年 9 月 4 日《参考消息》

【美联社加利福尼亚州萨克拉门托 9 月 2 日电】在萨克拉门托北部社区发生的一桩人蛇撕咬案让受害者身受重伤，但受伤一方并非如你所想。(设置悬念，让人好奇究竟哪一方受伤了?)

警方说，在一男子被控咬了一条蟒蛇两次后，该蛇接受了紧急手术。(透露戏剧性事实，人咬伤了蟒蛇。同时设置悬念，哪一方先发起攻击的？人是否受伤?)

安德鲁·佩蒂特警官说，警方在接到电话后于昨晚六点半赶到德尔帕索海茨社区。之前曾有名过路人报告说，看到一男子躺在地上，也许遭到了袭击。当警察到达现场时，他们发现 54 岁的戴维·申克仍躺在那儿。但警方说，他不是遭到袭击的一方。(按照事件发生的时间顺序，交代更为详尽的戏剧性新闻发生的过程，依然设置了悬念：男子躺在地上，有人报告他也许遭到袭击，随后释疑)

佩蒂特说，另一男子迎向警察，指控申克咬了其宠物蟒蛇两口。(解开悬念，是人发动的袭击。同时也设置了悬念，此人会受到法律追究吗?)

申克涉嫌非法令蛇致残或外形受损而被捕，其保释金为 1 万美元。(解开悬念，男子咬伤蛇承担法律责任)

这篇新闻用凝练的文字讲述了一个有趣的故事。它从标题开始就设置了悬念，其导语仅仅告诉我们在某地发生了一件人蛇撕咬的事，有一方受了重伤。妙的是，记者有意卖关子，并没有和盘托出谁咬伤了谁，吊足了读者的胃口，令其欲罢不能，想知道结果就必须读下去。这种不把地点、时间交代精确的写法，目的就是使导语更简洁更凝练。第二段是主体部分的第一自然段，它用一句话补充了导语中留下的悬念，原来是人咬了蛇，蛇得到了救治。其新闻来源具有权威性和可信度，是“警方”提供的。第三自然段补充了导语和第二自然段中不够详尽或没有交代的新闻要素“精确的时间”“精确的地点”“警官的全名”“警方如何知晓的”“袭击者的姓名和年龄”，并提供了现场的情景。第四自然段一句话补充了前面没有提供的新的信息，即该蟒蛇的主人向警察指控“施暴者”，值得注意的是，为了简练，这一句的人名都不是全称。还有一点，它精确地补充了第二自然段的信息：蟒蛇被咬“两次”为“两口”。结尾也是一句话，告诉人们袭击者要承担何种法律责任。整篇新闻故事布局巧妙、张弛有度、悬念迭生、趣味盎然，看似简单，实则蕴含了作者精心构思的匠心，堪称“螺蛳壳里做道场”。该微型特稿总字数不过230多字。受众在作者有意设置的悬念驱动下，兴趣渐浓，直至读完整篇新闻之后解开所有悬念，获得有趣的阅读体验。悬念式结构适合用讲故事的叙述方式呈现前后反差大的新闻题材，也适合于本身就有戏剧性的新闻题材。

（四）并列式结构

并列式结构适合用于报道某一社会问题和现象。它在导语中概括新闻中最重要的事实，在主体到结尾部分通常安排三个相互独立又有内在联系的材料和段落，为同一个主题服务。并列式结构主体部分的各段落为并列关系，每个段落会用一个主导句作提要，每一个提要前可以用特殊的符号如“——”或数字符号如“一、二、三”标明，也可以采用字数均等、句式整齐的小标题明示要点。有的教材称其为并蒂结构，也叫提要式结构。下面是笔者采写的一篇特稿，其主体结构材料以并列方式呈现：

快乐的节日

2001年1月28日　新疆台《每日关注》

过大年放长假，你会如何安排假期？这两天，记者在街头巷尾采访人们过春节的方式时，很多人都认为，平时想吃什么就有什么，过春节实在没有必要再大吃大喝了，和家人团聚就是最大的快乐。也有人认为，过年不能只满足于团聚吃喝，得有精神追求。

家住乌鲁木齐二道弯的岳英告诉记者，过节简简单单地买点东西就行了。平时工作挺忙的，春节期间想好好陪陪上小学的儿子玩一玩。她说：“简单地割上两公斤肉，过个年就行了。（笑）买上一只鸡，买上两条鱼。农村有句俗话：大鸡（吉）大利，年年有鱼（余）嘛。（笑）”

新疆工程建设监理公司会计杨女士说，平时没机会把亲戚聚到一块乐和乐和，春节可是个好机会，不能错过。“反正现在，随着经济发展，人的生活水平也提高了。以前都是待在家里，现在有能力了就出去玩一玩。在一块消费一下嘛，到外面去滑滑冰、滑滑雪。到歌厅唱唱歌，去跳跳迪斯科。（笑）

我们家姊妹多嘛，在一块玩起来挺热闹的。”

来自南疆阿克苏的某商场营业员宋平静说，一个人第一次远离父母在工作和休闲中度过春节，感觉也挺好。“因为商场不一样的，毕竟过年也算一个高峰期吧。所以我们是轮班倒，有休息天的话到别的地方逛一逛，比如我想去的地方，像烈士陵园呀，或者好多我没有去过的新鲜的地方吧。然后看书。然后找朋友玩。”

乌鲁木齐第50中学的教师刘蓉与同事一块在春节期间自己掏钱学习电脑。“因为这个时代就这样吧，放松自己了可能随时被淘汰。考虑的最多的还是自己的工作，今后一年的打算。”

在乌鲁木齐工作的黄辉和她的好朋友陆丽计划在大年初四下午三点多飞往广州。她们要和同机的40多人组成的旅游团队一起，前往中国香港、中国澳门和新加坡、马来西亚和泰国欢度新春佳节。自治区旅游局的陆贻告诉记者，今年春节期间有1500多人去海外旅游。另外还有更多的人去云南、海南、广西和四川旅游度假。

有一句老话说，年年岁岁花相似，岁岁年年人不同。的确，时代在变，生活也在变。过去，新疆人过春节的方式比较单调，无非是大碗喝酒、大块吃肉。今天你到我家，明天我到你家，喝得天翻地覆。闲下来的时候，不是聚在一块神侃海聊，就是凑在一起打扑克、玩麻将。真可以说是：过年的日子很无聊，过年的日子很无奈。

而今，人们过年的方式变的多姿多彩。去歌舞厅娱乐、休闲购物、读书充电、出门旅游……各种新的习俗已经成为人们度过新春佳节的新选择。这种个性化的过年方式带给人们的是身心的放松、精神的愉悦。用一句话来概括这种过年方式的变化，那就是：人们越来越重视生活的质量了。

该特稿中主体部分列举了五种过年的方式，它们并列平行，没有主次之分。由此可见，并列式结构使新闻的结构呈现稳定、整齐的形态，适用于报道时间跨度大、内容范围广的经验新闻、综合新闻。

（五）华尔街日报体

“一个好（新闻）故事往往具备了优秀小说的一些价值特征，比如主角与对手的矛盾冲突，许多戏剧性的情节、神秘色彩和人性化等等。”① 由《华尔街日报》历史上著名的发行人、普利策新闻奖得主彼得·肯恩（Peter R. Kann）在实践中推动成型的“华尔街日报体”叙事方法就是一种讲述新闻故事的结构，该结构又称“DEE”写作法：“D”（description）代表“描写”；第一个“E”代表解释（explanation），第二个“E”代表评价（evaluation）。“DEE”写作法的基本特征是：“从描写某个具体的个人或事实入手，通过对事件进行一些解释和恰如其分的背景交代，进而点出报道主题，最后再引述当事人或权威人士的话，对所报道的新闻事件作出评价，指出其意义所在，并尽可能预测其发展方向。”②

有人称华尔街日报体结构为“菱形结构”，这是对它安排事实材料的特点的形象化解读。

中国消费者花钱不手软

2004 年 8 月 10 日 《华尔街日报》网络中文版

在丽江这座中国西南部历史名城的郊区新建起了一排排联栋别墅（townhouses），这表明中国新近出现的繁荣景象已经从南部的大都市渗透到丽江这种较为边远的城市地区……

那些认为中国经济增长过快，有增长过热危险的人士认为，这种经济繁荣意味着对资源的浪费。因为，房地产热不仅占用了水泥、玻璃、钢铁等大量的原材料，还吸引了巨额的资金，而中国正急需这些资金兴建道路和炼油厂。

但仔细研究经济数据后可以发现，房地产行业虽然可能发展过热，但中国经济的其他领域却未必如此。

上述对中国经济的悲观预期主要反映在金融业的经济数据方面，这些数据不禁让人想起 10 年前的那次经济增长低迷阶段。国际经济研究所（Institute for International Eonomics）的中国问题专家尼古拉斯·拉迪（Nicholas Lardy）说，以 1993 年的那次经济增速放缓为例，当时银行信贷占国内生产总值（GDP）的比例最高时达到 19%。如此庞大的贷款规模导致通货膨胀率达到两

① 刘冰. 新闻报道写作理论、方法与技术［M］. 广州：南方日报出版社，2011：138.

② 陈作平. 新闻报道新思路：新闻报道认识论原理及应用［M］. 北京：中国广播电视出版社，2000：154.

位数，房地产业转入大萧条，大量坏账涌现，这进一步加重了银行业的负担。

拉迪指出，这次的银行放贷规模比1993年有过之而无不及。去年，经过6个季度的增长之后，银行信贷占GDP的比例升至26%。悲观人士认为，去年以及今年早些时候如此无节制地放贷为许多工厂提供了资金，导致他们生产过剩。

随着银行信贷占GDP比例的快速上升，坏账占GDP的比例也在急剧升高。中国银行业去年的不良贷款余额从2002年的人民币1.9万亿元增至2.9万亿元（合3504亿美元）。拉迪说，贷款的飞速增长也意味着越来越多信贷资质不合格的企业也能从银行获得贷款，这可能导致新一波坏账风潮的出现。

但由于只关注经济的供给和生产面，分析师们可能忽视了需求和消费面的变化，对这两方面经济数据的变化缺乏足够的了解。例如，中国的消费数据并没有把轿车和住宅的消费包括进去。

传统的观点认为中国人过于节俭，愿意把钱存在银行而不愿消费。但从生活中的实例和经济数据中可以发现这种失衡现象并不像看起来那样严重，而且情形还在转变之中。

瑞士银行（UBS AG）驻香港的亚洲问题经济学家乔纳森·安德森（Jonathan Anderson）在最近的一份报告中称："消费者托起了中国经济。强劲的消费势头正是我们认为中国经济不会出现硬着陆现象的原因所在。"

例如，中国今年前5个月的零售额比上年同期增长了12.5%，这要部分归因于豪华用品消费的增长。这种增长还反映出中国中产阶级队伍和需求的不断壮大。

生活中的例子也有，就拿丽江的导游贺江（音）来说，他用斥资约25 000美元购买的丰田（Toyota）小型客车来接送游客。他还在丽江郊区购买了一栋联栋别墅。他的游客来自中国各地，这些人从互联网上下载关于旅游方面的信息，知道如何讨价还价，把宾馆的住宿价格从700元砍至200元。

在距离成都不远的一家木制品工厂担任总经理助理的Joe Li是另一个活生生的例子。工作日期间他住在公司的宿舍，到了周末他就驾车到他在成都新买的公寓去住，他已经偿还完了住房贷款。

如今，许多企业家和他们的出资方都认为中国不断壮大的中产阶级将效仿西方国家中产阶级的做法，兴起一股旅游、购房和购物热。当当网（DangDang.com）的创始人俞渝（Peggy Yu）说，她就从这股热潮受益匪浅，当当网是一家类似于亚马逊（Amazon.com）的网上零售商，面向全国销售30万种唱片、DVD和书籍。拥有纽约大学（New York University）MBA学位的俞渝在对客户群做过一次调查后发现，她的客户平均月收入为5000元，年龄大多在25—38岁之间。

高盛（Goldman Sachs &Co.）的全球资深经济学家多米尼克·威尔森（Dominic Wilson）也对中国经济感到比较乐观。他指出，中国年零售额的增速现在达到了16%左右。目前为止，虽然固定资产投资领域有放缓的迹象，但国内消费需求却没有普遍出现增速减缓迹象。

当然，这并不意味着没有让人担心之处，尤其是在房地产等明显出现过热迹象的领域。但中国经济现在抵抗衰退的能力已然今非昔比。

华尔街日报体适合深度报道之一——解释性报道的写作，其优势是使枯燥乏味的财经新闻变得有趣可读。以上文为例，如果把开头删除，该报道会索然寡味。它的开头从中国偏远、知名的旅游小城丽江郊区新建起了一排排联栋别墅这个具体的小角度切入叙事，在第二自然段提出了问题：中国的房地产业也许过热。紧接着作者由此转向中国经济的其他领域，认为对中国经济的增长不该过于悲观。从这两个过渡段落，记者引用经济学家尼古拉斯·拉迪的分析，用三个段落解释了10年前中国经济增长的低迷阶段，庞大的贷款规模导致通货膨胀，从而致使房地产业大萧条，大量坏账涌现，进而加重了银行业的负担。报道之时，中国面临的与10年前类似的问题可能导致新一波坏账风潮出现。从第七自然段开始，记者话锋一转，提醒人们不能只关注经济的供给和生产面，还要看到中国人在需求和消费面的变化，中国人爱存钱不爱消费的习惯正在发生转变。在第九和第十自然段，记者引用亚洲问题经济学家乔纳森·安德森的分析报告，认为消费热会拉动中国的经济增长，记者用当年前5个月的零售额比上年同期大幅增长来为这一乐观判断提供证明。在随后的3个段落里，记者例举三个中国消费者：导游、普通公司总经理助理的消费情况和知名互联网公司高管对市场的乐观判断，进一步证实经济学家的观点。之后，记者引用全球资深经济学家多米尼克·威尔森对中国经济作出的乐观研判。结尾，记者在直面客观现实的同时，表达了积极的预期。

华尔街日报体采用讲故事的方法使得这篇经济报道生动、易读。

综上所述，新闻导语的类型和格调决定了新闻结构的差异，有什么样的导语就有什么样的叙事逻辑和秩序，就会有什么样的传播效果，就会带给受众什么的感受和体验，这足以证明导语在新闻写作中的重要地位。美国新闻学者帕布鲁·博奇科夫斯基对阿根廷新闻网站 Clarin. com 硬新闻和软新闻生产差异程度量化分析后发现，生产硬新闻的部门 85% 的新闻报道写作时间在 30 分钟以内；而生产软新闻的部门 79% 的新闻报道需要一个工作日以上。两者对消息来源的使用也有明显差异，硬新闻交代消息来源的比例不到软新闻网站的 1/6；此外，90% 的硬新闻报道会把时间花费在呈现主页元素上，而超过 30% 的软新闻会将工夫花在标题、导语和开头上，两者相差 57 个百分点[①]。简言之，记者写作软新闻时投入在标题、导语和开头上的精力和心血多于硬新闻。帕布鲁·博奇科夫斯基从新闻网站的从业者口中得知，“硬新闻的消费者希望得到最新、全面的报道以满足基本的信息需求——类似于汽车需要加油。而软新闻的消费者希望在满足前一基本需求的前提下，获得某种原创性的附加值——类似于检查汽车胎压或者在加油站的商店购买汽水。在加油站隐喻的建构中，硬新闻是一种通用商品，而软新闻成为差异化内容的载体。不过对于新闻生产者来说，硬新闻的商品化并不意味着它相对软新闻处于次要地位。硬新闻是吸引消费者去浏览新闻网站的内容类型，就像汽油吸引人们来到加油站一样。一旦消费者去了加油站，就可能购买其他产品和服务。此外，新闻机构的一项关键工作是设置议程，硬新闻在此项工作上发挥的作用大于软新闻”[②]。可见，硬新闻导语是职业化写作，它塑造着新闻议程的主题，同质化特征明显，对公众的影响面大，传播面广；而软新闻导语是个性化写作，它以差异性吸引受众。

新闻导语是对全文谋篇布局的起点，它是记者对新闻价值和新闻规律的感性认识，是记者对报道角度、报道主题、报道结构的理性判断，是记者新闻素养和新闻写作技能的展示，要学好新闻写作就必须重视导语的写作。

---

① 博奇科夫斯基. 工作中的新闻：信息充裕时代的模仿［M］. 周亭，译. 北京：北京大学出版社，2020：60－86.

② 博奇科夫斯基. 工作中的新闻：信息充裕时代的模仿［M］. 周亭，译. 北京：北京大学出版社，2020：60－86.

10

第十章

新闻导语与稿件的标题

从新闻生产流程来看，行动者常常是先构思导语，完成整篇报道之后才拟定标题的。毕竟新闻导语是记者对文本主题的确立和对报道角度的选择，它是一篇新闻叙事的起点。

美国西北大学传播学系教授帕布鲁·博奇科夫斯基（Pablo J. Boczkowski）在阿根廷调研发现，人们首次访问网站时通常会浏览整个页面，要么从上往下看，要么从下往上看，要么按照非常特殊的顺序浏览。之后会点击一些他们感兴趣的新闻。25 岁的律师马丁说自己看某个主页时会“一直往下拉，只看大标题和导语”。33 岁的广告从业者马塞拉称她会浏览整个网页，“遇到我感兴趣的新闻，就会点开看看”。33 岁的电影制作人伊格纳西奥也说：“我会先看页面上的大标题，然后选想看的报道点进去。”受访者普遍表示，他们首次访问网站时很少完整阅读新闻报道。36 岁的营销专员劳拉说：“我一般读一两段，如果我发现它了无新意，就不再看下去了。”①

可见，在互联网移动端或 PC 端阅读新闻，选择优先点击哪一篇新闻阅读首先取决于新闻标题，其次就是导语。因此，在网络传播时代，新闻标题可能就决定了一篇报道的流量和传播效果。所以我们会发现，国内网络媒体上的新闻编辑转发传统媒体生产的新闻时，往往会从标题下手，把心思用在了对标题的“二度创新”上。

记者只有经过了缜密的思考，才能够高屋建瓴，成竹在胸，将零散的事实材料根据主题的需要组织成文本。可见，新闻导语写作的过程就是记者对新闻主题思考的明确结果。因此，对新闻导语的思考有助于记者建构新闻标题。按照传统的新闻生产模式，新闻标题最终是由编辑拍板决定的，一般在阅读完记者新闻作品的导语之后做出定夺。硬新闻标题就是对导语中核心句子的浓缩。“标题的拟就，本质上是对新闻要素的取舍、概括和合理组构。而导语受时间的制约非常大，两者是一个系统工程的开头部分。它们共同突出事实的核心价值，激发受众的接受兴趣，是新闻文本优化的关键元素。那种把两者分开进行的研究都脱离了实践而成为真空里的游戏。”②

---

① 博奇科夫斯基. 工作中的新闻：信息充裕时代的模仿［M］. 周亭，译. 北京：北京大学出版社，2020：140.

② 周盛平. 硬新闻发展趋势研究［D］. 北京：清华大学，2005.

在网络新闻传播终端上，“标题和导语是传达独特的新闻信息、与竞争对手形成区别并保证首页报道新鲜且完整的主要工具。这种看法与员工们的某种生产理念有关，他们认为互联网上的硬新闻消费者只想在几分钟或更短的时间内浏览大量新闻报道的标题和导语，基本没有时间来阅读整篇新闻报道。”①

一、硬新闻导语与标题

硬新闻导语重视新闻价值的时新性、重要性，它是对一篇新闻稿件最重要事实的概括。它也是最吸引人的新闻事件的核心事实，是全篇的主题。如果你阅读新闻时多留点心就会发现，如今一些硬新闻标题概括事实不准确或不全面的根源出在导语上。例如下面这篇发表于 2020 年 7 月 10 日的硬新闻导语：

澎湃新闻 7 月 10 日从绍兴市中级人民法院获悉，日前，该院二审改判了这起亲生母亲遗弃婴儿的案件：

依法撤销对原审被告人马某的缓刑，决定对其进行收监执行。

此前，被告人马某被一审法院以故意杀人罪（未遂）判处有期徒刑 3 年，缓刑 4 年半。

该硬新闻导语 110 字，有三个自然段。它不仅冗长，而且叙事不清晰、重点不突出。其第二句是“依法撤销对原审被告人马某的缓刑，决定对其进行收监执行”，究竟她被收监几年？记者没有交代。该导语写作最大的问题是记者塞入了过多的新闻背景，冗长且不清晰。我们知道，硬新闻导语的特点可以概括为三个“最”：最新鲜的时间、最重要的事实、最简洁的叙事。通常硬新闻导语用一个简单句（最多两个简单句）概括一篇新闻的核心事实，包含事件结果。一般硬新闻的导语宜限制在几十个字，李希光教授的建议是 50 个字，再多就会淹没了新闻价值。如果记者写不好硬新闻的导语，可以说明

① 博奇科夫斯基. 工作中的新闻：信息充裕时代的模仿［M］. 周亭，译. 北京：北京大学出版社，2020：50.

他没有吃透材料、抓住重点，对新闻主题不清楚。以上述导语为例，记者没有突出新闻主题，彰显新闻价值，所以才导致了标题也有瑕疵《女子将刚出生的儿子丢垃圾堆用红砖掩埋　涉故意杀人获刑3年》。

该标题与导语相似，不够简洁，有27个字。如果我把导语改成：

记者7月10日从绍兴市中级人民法院获悉，一女子遗弃婴儿二审被判处有期徒刑3年。

这样，该硬新闻导语缩减至38个字。它简明扼要，直截了当，一目了然，其传播信息的效率和效果显著增强。在此基础上，拟定新闻标题也会变得轻松：《女子遗弃婴儿二审获刑3年》。

如此，该标题只有12个字。按照传统的经验，硬新闻的标题宜控制在20字左右。简洁的标题和导语有助于提高叙事效率，增强新闻的可读性。

通过这个案例的剖析，我们可以得出一个结论：硬新闻导语是围绕What（何事）要素建构的，其标题亦如此。因此，构思好硬新闻的导语就抓住了新闻的灵魂，新闻标题也就好制作了。简言之，硬新闻的导语是对新闻最重要事实的概括，其标题是在导语基础上的再次提炼。从表现形态上看，硬新闻的标题与其导语的主要事实一致。明白了这个道理，就能理解硬新闻导语写作的价值，也就会在写好硬新闻导语的基础上快速拟定出一个合适的新闻标题。来看下面的案例：

知名主持人被拖车撞翻当场身亡　现场画面曝光

2020年5月6日　圈内

5月4日著名节目主持人去世，享年63岁，据警方公布的原因是车祸身亡。同电视台主持人在社交平台对他进行哀悼，表示会以特别节目来纪念他。

有新闻经验的人一眼就可以看出来，这个自媒体发布的硬新闻导语和标题都有明显的失误：没有突出新闻价值、没有交代清楚基本事实。比如按照新闻价值判断，名人具有显著性，会自然而然地引发受众的好奇心和关注度，因此，记者在写新闻导语时一定要把名人的名字呈现出来，借以提升新闻的传播效果。而该导语中偏偏忽略了这个新闻价值。此外，它甚至连主人公的身份都没有交代清楚，比如他是哪个国家的？是电台还是电视台的主持人？

还有，其最后一句话显然不是该新闻最重要的事实，置于导语部分使得该导语变得冗长。正是该新闻的作者不懂得新闻写作原理，没有写好导语，结果导致其标题也接连失误，犯了同样的毛病。我们不妨先修改其导语：美国著名节目主持人马修·卡诺维5月4日因车祸身亡，享年63岁。

经过修改，该新闻导语从65字减少到了30字，主题集中了，重点突出了，新闻的标题也就顺势而出了：《美国著名节目主持人马修·卡诺维死于车祸》。

硬新闻拥有告知受众信息的功能，这也是它最突出的优势，其须文风清晰简洁，叙事要言不烦，一字一句紧扣主题，用事实说话，无冗言无空话，准确平衡，叙事完整，事实具体，直接清楚，平实简短，主题集中，一事一报，无记者个人情感和观点。硬新闻写作看上去容易，其实很难掌握。写作者非得经过多年的新闻实践和严格的训练方可运用自如。

进行以下练习，可以检测是否掌握了上述原理：请将该103字的导语简化到50字并根据导语重新拟定一个标题。

印度工人返家途中因疲惫睡在铁轨上　16人惨遭火车轧死

2020年5月9日　环球网

为防止新冠肺炎疫情扩散，印度政府自3月25日开始实施全国封锁，进城务工者出现“返乡潮”。不幸的是，一群外地工人8日在徒步回家的路上因过于疲惫睡在铁轨上，结果被一辆货运列车碾过，导致至少16人死亡，多人受伤送医。

笔者还碰到过一种硬新闻写作的失误，即标题是准确无误的，但导语偏离了主题，如：

全国1300名左右罪犯春节期间将回家过年

2018年2月12日　央广网（中国广播网）

司法部近日发出通知，决定在今年春节前集中开展一次罪犯离监探亲工作。据司法部监狱管理局相关负责人介绍，春节期间，全国将有300所左右监狱的大约1300名罪犯获准离监，回家与亲人团聚。

该消息的导语偏离了标题，删除时间要素模糊的第一句才符合题文一致的准则，也显得简明扼要，主题突出。

我们知道，硬新闻也叫纯新闻、消息、新闻报道、事件报道、动态报道等，甚至人们提取新闻的狭义称之为“新闻”。它常用倒金字塔结构，简短高效传播信息。对于重大事件，如突发性事件，倒金字塔结构具有十分明显的优势。我们顺便来复习一下“倒金字塔结构的写作要义：①导语——最重要的事实（何时、何地、何人、发生了何事、结果）；②主体——用次重要的事实支撑导语，使之清晰、具体、饱满：次重要的事实（对导语中提到的但未能展开的新闻要素进行补充）+次次重要的事实（对导语中未来得及提到的新闻要素进行补充）；③结尾——最不重要的事实，使一篇消息圆满落幕（完善从导语到主体的事实信息，拾遗补阙，使一件事的来龙去脉完整呈现）”①。

现在，公布本节内容中的练习题答案以供参考：

印度16名打工者返家途中遭火车轧死

印度一批打工者8日徒步返家途中在铁轨上睡觉，至少16人被一辆货运列车碾死，多人受伤送医。

原导语的第一句并非最新鲜的事实，而是交代事件经过的相关新闻背景，可以移植到主体中。原新闻标题对信息的交代有点琐碎，其中的“惨”是记者的情感表达，宜删除。

总而言之，硬新闻须讲清楚五个要素，即何时、何地、何人、何事、如何，在这五个要素中，“何事”要素是核心，导语要围绕它来建构，当然，我们在概括“何事”要素时，别忘记了交代结果，如新闻《山东金乡县一农资存储点发生燃爆事故　已致2人死亡 多人受伤》的导语是：

8月15日上午，山东济宁市金乡县一农资仓库发生爆炸，两人死亡，多人受伤。伤员已送医救治，均无生命危险。”

——2020年8月15日　东南网

如果这两句话里少了“两人死亡，多人受伤”，那么该导语就有缺憾了，它是新闻价值之所系。现在常见于网络新闻中的硬导语失误是：①未概括最

① 武斌．消息写作原理［M］．广州：南方日报出版社，2020：136．

重要的事实，导致导语中没有焦点，没有凸显新闻价值；②未交代结果，如人员伤亡数字缺失、误将财产损失置于人员伤亡之前；③导语冗长，融入了过多的信息，硬导语一般突出三到四个要素，即何时、何地、何事（结果）；④导语的时间不新鲜、不精确。

二、软新闻导语与标题

软导语也叫延缓性导语、延迟式导语、间接式导语、软新闻导语。软导语的特点是：①它不直截了当地告知受众最重要的事实；②它不注重新闻的时间要素，一般不会把“最近时间点”（新鲜而具体的时间要素）置于导语中突出的位置；③它以“铺陈 + 事实结果”建构，即虚写 + 实写，先设置悬念、点出趣味、描写场景等，突出故事的“不可思议之处”，令人着迷，引人入胜。

（一）简讯式软新闻

值得注意的是，软导语并非只能用于软新闻（特稿）开头的写作，对于非重大事件的报道，如文化、体育、旅游等属于信息告知的新闻，采用倒金字塔结构的硬新闻形式节奏快、效率高，但可以使用软导语体现这类新闻“柔性”的文化色彩，例如笔者 1999 年 4 月 17 日当记者时采写的硬新闻《〈拯救大兵瑞恩〉将在新疆上映》的导语是：

提起美国电影导演斯蒂文·斯皮尔伯格，你可能不会陌生。他导演的《辛德勒的名单》和《侏罗纪公园》等影片闻名世界。据新疆电影发行公司今天透露，从本月 21 日起，斯蒂文·斯皮尔伯格的最新力作《拯救大兵瑞恩》将在新疆上映。

该硬新闻导语从第三句开始也可以，但这样就会给不了解斯皮尔伯格的受众带来疑惑：这个人我没听说过，他的电影好看吗？我需要花钱花时间去看吗？如果采用了上述软导语的写作方式，第一句和第二句用新闻背景铺陈，就避免了不熟悉该好莱坞大导演的受众看到第三句话出现的突兀感。对于此类价值不重要的新闻，采用软导语可以软化受众对硬新闻导语直来直去、简洁简单的刻板印象，为硬新闻赋予文化的色彩。那么其标题如何制作呢？既然它是向受众传播信息的，标题就应与软导语中实写的部分，即第三句合拍：美国好莱坞大片《拯救大兵瑞恩》本月21日起将在新疆上映。这是我们需要注意的，采用软导语的信息模式的新闻，其标题仍旧以据实报告信息为上，即用直接、简洁的一句话告诉人们：有何事发生？对于信息模式的新闻，标题要体现传播效率。

我们知道，硬新闻与“动态”和“事件”这两个词关系紧密，但衡量它们差异化的界定原则是新闻价值，如果不是人人关心、事关人人利益的大事，不是突发事件如天灾人祸，而只是一般的、意外的小事，用软导语这种婉约的叙事方法能让新闻有亲和力，有趣、好奇、吃惊……这些元素是软导语带给受众的阅读体验。这提醒我们，硬新闻和软新闻的写作不应墨守成规，而要在运用成熟之后懂得其中的奥秘，能够以新闻价值为尺度，在新闻导语、标题的写作中灵活应用。

硬新闻写作采用软导语还有一种情况：对于时效性不强的硬新闻，可以采用软导语淡化其时间要素的不新鲜。但标题仍旧应采用硬新闻的模式，用简洁的语言概括最重要的事实，一般句式为：何地 + 何事 + 何结果。如下面这篇硬新闻《4名网友预谋绑架一公司董事长被一网打尽》，其导语是：

近日，辽宁沈阳市公安局经济技术开发区分局成功破获一起绑架未遂案件，井某某（男，28岁）、刘某某（男，31岁）、杨某某（男，28岁）、邹某（男，32岁）等四名犯罪嫌疑人被警方抓捕归案。

——2020年5月5日　平安沈阳

该硬新闻报道的事件是20多天前发生的，其时效性陈旧，仍然采用硬导语开头就不合适了。另外，对于没有新闻价值的非公众人物，硬导语中无需提其姓名。硬导语最为突出的标志是导语的时间要新鲜，最好是正在发生或刚刚发生的事。对于不新鲜的事件，记者在报道时可以巧妙地改用软导语，突出事件的不可思议之处，让受众感到有趣、想读，这样就能达到传播的效果，实现传播者的意图。因此，上面这个导语应改为软导语：

四名来自沈阳、山东、南京和天津的网友为了一个共同的目标走到了一起。但他们相聚在沈阳的第二天，警察就找上门来。

原来，这4名青年男子预谋绑架沈阳某公司的董事长。

4 月 14 日，犯罪嫌疑人井某某、刘某某、杨某某、邹某因涉嫌绑架罪已被沈阳市公安局经济技术开发区分局依法予以刑事拘留。

从一篇新闻的结构看，它的呈现顺序依次是：标题、提要（特稿或深度报道）、导语、主体、结尾。也许一般人会以为写新闻就是按照这样的顺序一一展开的。其实，就笔者个人的经验而言，新闻写作往往是先谋篇布局，然后花较多的时间构思导语，导语写好了，顺势而为，一气呵成，整篇新闻就完成了。最后，确定制作一个什么样的标题以契合新闻主题。现在笔者阅读新闻时，常常发现一个问题，就是题文不符，尤其是硬新闻的标题与导语不一致。如果一篇硬新闻的标题与导语发生了冲突，那就得仔细地通读一遍作品，特别要琢磨一下导语究竟有没有用最简洁的文字准确、具体地概括最重要的事实，突出新闻价值，展示新闻主题。如果确信导语没问题，就要推敲标题是否浓缩、提炼了导语的精华，突出了“何事”及结果。硬新闻突出的特点就是标题与导语在核心新闻要素“何事（结果）”上是高度一致的，标题就是新闻的焦点。如果是硬新闻采用了软导语，其标题同样要用最简洁的一句话（按照传统规范一般为 20 字左右）围绕“何事（结果）”构建，即实标题。一句话，硬新闻标题应高效地传播信息。

（二）特稿标题与导语

特稿属于软新闻，在传统媒体上，特稿的导语与标题不像硬新闻般严格对应，它通常会用虚标题，采用象征、隐喻、对比、反衬等耐人寻味、寓意深刻的短词、词组来构建，引人深思，发人深省。它还常用不完整的、破碎的短句做标题，对人情味故事的意义和价值进行升华，打动人们的情感，叩击人们的心灵，唤起人们的思考，追求文学艺术的审美价值。但在互联网上，题文分隔在两个物理空间，特稿标题如果太虚，美则美矣，奈何受众看不出其用意何在。再则，在网络空间上阅读文字较多的特稿考验受众耐心，信息的超链接、融合呈现以及随时会出现的弹窗等元素，诱惑性极强，极易分散受众的注意力，这与阅读内容集中的报纸的体验感不同。所以，我们看到在网络媒体上，特稿这种软新闻的标题更常用硬新闻式的标题，先提炼出有新闻价值、吸引人的事实，然后用通俗的、较长的句子直截了当地展示出来，或用一句陈述句提炼出“吸睛”事实，或有意隐藏结果或知名人物的姓氏，构建悬念。总之，在互联网传播时代，信息超载，注意力有限，新闻标题与导语比以往更加重要。有吸引力的标题才会引导受众去点击观看新闻，而有吸引力的导语才会引导着受众阅读新闻主体和结尾。

2017 年 3 月 23 日《南方周末》头版的特稿《刺死辱母者》成为轰动一时的现象级传播新闻，引发了全社会的高度关注。观察其传播过程中新闻标题的作用，对我们当下如何利用网络传播新闻有启发作用。这篇特稿刊登在报纸上的标题是《刺死辱母者》，这样的标题风格契合传统媒体的规律，即用语简约，省略了主语和具体的事实，以虚标题形式吸引受众关注新闻内容。其导语浓缩了整个事件的前因后果，应该说，标题《刺死辱母者》是对导语的高度浓缩提炼。在报纸版面上，特稿 3600 多字，简短的标题在有限的空间里简短有力，版面才美观。虽然标题太虚，受众看不明白具体的核心事实，但由于报纸题文集中于同一个平面空间，标题看不明白，扫一眼标题下方的提要和简短的导语即可明白新闻主题是什么。

同年 3 月 23 日 10 时 7 分，南方周末官网发布了此稿，但并未引发网友关注，官网上仅有 54 条评论。3 月 25 日周六 10 时 43 分，南方周末微信公号推送了这篇新闻，标题还是报纸的样子，但因为它适应了当下社会网民更多聚集于移动端接收信息的主流场景，阅读量突破 10 万。但至此，南方周末的《刺死辱母者》仍未引发全社会的广泛传播，原因在于其标题适合传统媒体的生态，但并不适应新媒体传播环境。在互联网上，信息如星辰大海，用传统媒体的范式制作的这个标题因为简单、抽象，又与文章分隔在两个物理空间，所以受众的注意力被那些一目了然、揭示内涵的标题吸引走了。24 日 14 时 51 分，凤凰网将原标题《刺死辱母者》改为《山东：11 名涉黑人员当儿子面侮辱其母　1 人被刺死》，改后的标题用一个简单句将新闻价值和新闻主题做了概括，采用了硬新闻的标题风格，受众扫一眼即可获悉最重要的事实。正是此修改的标题引起了大规模的媒体转发。但该标题也有不足，它不是一个简单句，读起来拗口，理解起来费劲。网易新闻编辑在凤凰网修改该特稿标题并转发 22 分钟后，将《南方周末》的特稿标题改为《女子借高利贷遭控制侮辱　儿子目睹刺死对方获无期》转发。这个标题与原稿标题《刺死辱母者》一样，也是虚标题，没有准确、清晰地呈现最重要的事实，但是它同原标题相比较概括核心事实更全面。同凤凰网新闻编辑修改的标题相比，它强化了该事件的冲突性，淡化了案件的地域性。当然，它也有不足，即“目睹”后缺少了宾语，其单独使用不符合语法。网易新闻 App 在同步转载此稿的同时，将标题做了二次修改，变成了《母亲欠债遭 11 人凌辱　儿子目睹后刺死 1 人被判无期》。该标题与网易网站第一次修改的标题相比，增加了两个数字，把"女子"改成了"母亲"，使得该事件的冲突性更加具体，该事件中涉及了"暴力、性、金钱"这三个"吸睛"事实，使得矛盾对立更为突出，对比更加鲜明。4 天之后，网易用户评论留言已过 237 万条，凤凰转载稿下的评论仅为 3600 条①。这说明网易第二次修改的标题是成功的，网易公司对该标题的编辑给予了奖励②。

通过这个案例可以总结出一个规律：在互联网时代，软新闻特稿的导语可以沿用过去软导语的写作风格，但其标题发生了巨大变化，不再以虚写、简短、抽象等为特点，已向着硬新闻标题的特点转化，即改变过于简短导致事实模糊、抽象的表达，用长句把核心要点提炼呈现出来，模糊地域，拉近距离，营造悬念、煽情、刺激，以此来提高点击率。在微信新闻客户端平台上，如今的新闻标题越来越倾向于与受众建立联系，用新、奇、特等各种创新的手法迎合受众的喜好，刺激人们转发和互动。如 2020 年春，《人民日报》在新冠肺炎疫情期间刊发了一篇关于中国援助世界多国医疗物的报道，标题是《You 滴答滴答 Me，I 哗啦哗啦 You》，这种娱乐化的标题迎合了微信朋友圈的生态。网络传播环境下注意力经济被消解，人们在信息超载的场景中目光无处安放，没人关注，没人转发，没人评论留言，再好的新闻也没有传播力，瞬间就被信息洪流淹没而无影无踪。

但作为文化传播的载体，新闻标题不能没规矩。2020 年 8 月 19 日《中国新闻周刊》特稿《上海副市长、公安局长龚道安落马，今年公安系统第三"虎"》的标题长达 27 字，它呈现出互联网标题的特点：把人们关心的事用长句说清楚。传统媒体的标题不是这样的，它要求更为简洁。它会只用前半句作标题，即"上海副市长、公安局局长龚道安落马背后"。《中国新闻周刊》的这篇特稿的导语是：

警界再有老虎落马。8 月 18 日中央纪委国家监委网站发布消息，上海市副市长、市公安局局长龚道安涉嫌严重违纪违法，目前正接受中央纪委国家监委纪律审查和监察调查。

---

① 解局：刺杀辱母者背后，你了解新媒体传播的规律吗？［EB/OL］.（2017－03－31）［2020－8－28］. https://www.sohu.com/a/131232819_676102.

② 网易：还原一场舆论风暴的始末《刺死辱母者》如何爆屏？［EB/OL］.（2017－04－01）［2020－8－28］. HTTP://news.163.com/17/0401/19/CGV83GQT0001899O.HTML.

这是今年公安系统落马的第三名警虎，也是迄今被查的第10名省部级高官，同时还是十九大以来，上海落马的首位省部级官员。

之前，公安部副部长孙力军与重庆市副市长、公安局局长邓恢林分别在今年4月、6月落马。两位上海官场人士告诉中国新闻周刊，龚道安到上海时间不长，之前看不出什么异样。

对于报道事件的特稿，它的主要功能是传播信息，其标题与导语的关系类似于硬新闻，即采用倒金字塔结构，导语概括最重要的事实，标题浓缩导语之精华。只是特稿篇幅长，可以容纳更多的信息，可以枝繁叶茂。在正文中它不像硬新闻那样一事一报，有更为丰富的容量，比如该特稿就分了三个小标题叙事：①超半月未见公开活动；②龚道鑫与龚道安什么关系？③清除害群之马。如果按照硬新闻的写作要求，它应该分为三篇消息，即一事一报。而同日，凤凰网对《中国新闻周刊》的这篇特稿修改的标题是《龚道安落马，他与湖北的龚道鑫什么关系?》该网站编辑可能觉得《中国新闻周刊》的标题不够吸引人，因为龚道安被查的新闻之前一天就广泛被报道了，在该特稿中只有第二个小标题涵盖的内容比较新鲜，是第一次被报道，于是就抽出这个小标题成为该特稿的标题。的确，凤凰网的新闻编辑这样处理凸显了该特稿新鲜的信息，但对比全文，这个小标题仅仅概括了该特稿中的一个部分，因此，它犯了以偏概全的逻辑错误。

以上两个特稿案例都是新闻事件报道，它在结构上清晰地呈现出了硬新闻的特点，语言风格也相对平实。若是写作人情味特稿，常采用时间顺序结构，其语言更偏向于借鉴、吸收文学语言的形象、生动，带有记者鲜明的情感色彩。给人物特稿制作标题时，应总览全文，尤其要注意其写作的重心在临近结尾的部分，而不是导语部分。传统媒体会从故事主人公的精神、命运、情怀上进行把握，运用比喻、象征等修辞以词或短语建构标题，有意不使用完整的句子，达到抽象而耐人寻味的效果，比硬新闻标题更为凝练简短。受众一时领会不了不要紧，可以扫一眼特稿提要和导语，感兴趣再接着看数千字的详细内容。在新媒体时代，海量信息如潮涌，如果标题隐晦、含蓄、费解，网民会懒得思考，把眼睛移向更简单、更有趣的信息流中，如是，则再好的新闻也会因无人点击阅读而失去价值。因此，现在人情味特稿的标题也应像事件性特稿标题般，从新闻中提炼出能打动人心、吸引人眼球的信息，用写实和悬念吊起网民的胃口，提升传播效果。

有一个现象值得思考，从 2014 年社交媒体兴起之后，国内部分媒体开始以煽情、刺激的方式制作新闻标题，起初是放大新闻中某一句可能引发受众感兴趣的事实，哪怕这句话仅仅是新闻人物或新闻事件中一个微不足道的部分。渐渐地，这种以偏概全模式的标题不流行了，近两年又泛起了一股新潮流，即标题中用感叹号渲染情感，如《突发！陕西志丹发生一起土畔坍塌灾害　四人不幸遇难》《爱心接力！从俄罗斯抢到口罩 6 万余只，“人肉”背回捐赠宁波》。其实，第一个标题改为《陕西志丹发生一起土畔坍塌灾害　4 人遇难》，第二个标题应改为《18 名晟翔商旅导游和游客将 6.6 万只医用外科口罩背回国》，这样才符合信息模式新闻须客观、准确告知人们事实信息的专业标准。

当下的新闻标题为了博眼球，网络编辑挖空了心思。其一，故弄玄虚。如《抖音母公司被商务部点名：禁止》《罕见！辽宁海域惊现成群大型海兽》。其二，语焉不详。如《破坏军婚，批捕!》《罕见曝光，中方回击!》《美国，第五次了》《倒数第二颗，成功!》《沉痛！已确认跳江，年仅 34 岁》《教育部明确：全面恢复!》《全国首例，判了！两人还是恋人关系》《又一东部“双一流”去大西北了》《明天安倍将成“日本史上第一人”!》《损失越来越大，又有 2 架军机被击落，民众群情激奋要求立即开战》。其三，渲染煽情。如《基建狂魔”又现身了！福建龙岩大桥完成世界首例二次转体》《谢冰莹：两度从军，三次入狱，四次逃婚，晚年漂泊，最后客死美国》《上海一空姐“掏空”亲友 900 万！穿奢侈品，住市中心豪宅，被抓时存款竟不足 200 元》《清朝最后一位格格，活到了 2014 年，离世前含泪说出了皇室丑闻》《16 岁卖母 18 岁卖妹，20 岁卖弟 30 岁卖子，一年杀害 77 人，33 岁被处决》《诸暨秘史：许文强故居，张爱玲伤心处，恶魔伏法地》《宁夏涉黑案主犯魔幻人生：校园抢劫能毕业、出狱进国企能提干》《重庆男子“公然调戏”洪水：坐木板江上漂流，还惬意喝茶》《三观尽毁！绍兴一失足女“卖”了不够还要卖……》《26 岁漂亮姑娘从没谈过恋爱，一个秘密藏了 12 年：每分每秒都是煎熬》。其四，刻意设置悬念。如《这所中学被国务院点名!》《台州男子 12 年未见儿子，以为在英国留学！原来是妻子……》《萧山一阿姨发帖吐槽两个女儿：都说家丑不可外扬　可我越想越气！网友看完心情很复杂……》。

制作标题是新闻生产中非常重要，同时又是难度最大的程序，它影响着新闻的传播效果。在新媒体时代，编辑在制作新闻标题时要考虑手机用户在移动场景下的心理和动机，硬新闻要在标题和导语的对应上下力气，软新闻要能够提炼出硬新闻式的导语，由此来构思能够击中网民兴趣点、兴奋点的标题，提升报道的阅读和传播效果。当然，做新闻得有底线思维：不管传播的环境如何变化，标题符合报道主题，客观、真实、准确、通俗的基本规范不能丢，必须远离为了点击率而不惜哗众取宠，甚至扭曲真相的“标题党”作风。标题《涨！涨！涨！涨！涨！涨！涨！涨！涨！涨!》，令人莫名惊诧，原来新闻内容为 8 月份第三周，全国牛肉平均价格 83.66 元/公斤，比前一周上涨 0.2%，同比上涨 14.4%。标题《1 例!》令人不明所以，原来新闻内容是海南省三亚又一新冠肺炎患者治愈出院了。

因为标题要力求准确、简洁、通俗（人情味特稿还要求生动），对制作者的文字功底是一个考验，因此，要想标题简洁、准确，符合新闻文化的规范，得学好古汉语。古汉语的特点就是文风简约。我们通过阅读 20 世纪 30 年代到 50 年代那一批作家的作品就会发现，有旧学功底的作家语言比较凝练、简洁。所以，我们得从古汉语中学习写作技巧。丰富的知识和深厚的文学修养能够极大地帮助我们写出精彩的导语，拟定传神的标题。

11

第十一章

新闻导语的信源应用

信源也叫新闻来源、消息来源、信息来源，在新闻采访写作中，记者要明确地、准确地、清晰地告知受众新闻事实信息的出处，便于受众追根溯源，核查新闻事实是否可靠，信源是新闻客观真实的凭证。交代新闻来源的目的在于，让受众信服报道是经过记者采访、核实、验证，编辑把关等一整套专业的新闻生产流程生产出来的，可以公开传播的事实信息，是社会效益和经济效益相统一的一种特殊的文化商品。信源是多样的，可以是人，可以是公开的资料，也可以是其他媒体的报道等。

一般来说，新闻报道应提供清晰、准确的新闻来源，包括信息提供者的身份、年龄、性别、姓名等，这是新闻的专业规范，它有助于保证新闻真实性，也有助于记者保护个人声誉，免遭恶意提供虚假信息者的法律诉讼。但出于保护当事人隐私和人身安全、遵守《中华人民共和国未成年人保护法》等因素的考虑，记者为维护职业道德和媒介的形象，理应在某些新闻报道中隐匿信源的真实姓名和个人信息，比如揭黑报道中向媒体提供线索或事实真相的线人、爆料人。需要注意的是，即便使用匿名信源，记者也应在采访中核实、核查匿名信源提供事实的可信度，进行交叉验证，多问几个人，获得完整可靠的证据链，不能偏听偏信。

信源在导语中如何应用呢？

一、导语中需要指明新闻来源的几种情形

在建构新闻导语时，有六种情形需要记者指明新闻来源：①记者从其他途径获得的二手信息；②执法部门对犯罪嫌疑人发布的指控声明通报；③当事方或主管方对舆论监督的回应；④权威部门公开发布的重要信息；⑤使用引语建构的导语；⑥对事件原因的推论。具体而言：

（一）记者从其他途径获得的二手信息

新闻《巴黎香榭丽舍大街发生枪击事件　一名警察殉职》的导语是：

> 法国媒体20日报道说，巴黎香榭丽舍大街当地时间当晚8时许发生枪击事件，造成一名警察死亡、一名警察重伤。枪手已被击毙。
>
> ——2017年4月21日　新华社新媒体专线

该新闻是新华社记者根据法国媒体的报道改写的，遵照新闻写作的规范，记者在导语的开头交代了新闻来源。但该新闻来源不够准确、清晰。该导语宜更简洁：法国媒体20日报道，当地时间当晚8时许，一名枪手在巴黎香榭丽舍大街枪杀一名警察、重伤一名警察后被击毙。

（二）执法部门对犯罪嫌疑人发布的指控声明通报

新闻《德国爆炸案真凶落网　动机或系做空股票套利》的导语是：

> 德国联邦检察院21日通报称，一名据信为4月11日多特蒙德球队大巴爆炸案嫌犯的男子当天已在蒂宾根地区被逮捕。检方披露的案情显示，嫌犯在作案前购买了大量看跌多特蒙德队股票的期权，据此推测其作案动机为通过爆炸引发股价下跌牟利。
>
> ——2017年4月22日　央广网

该导语在开头提供了权威的新闻来源，有助于提高该报道的可信度。但不符合硬导语简练的要求，其实只需要第一句即可，宜改为：德国联邦检察院21日通报称，一名据信为多特蒙德球队大巴爆炸案嫌犯的男子当天在蒂宾根地区被逮捕。

（三）当事方或主管方对舆论监督的回应

新闻《安徽高职考试作弊事件追踪：三考生被采取强制措施》的导语是：

> 针对网上反映安徽高职院校分类考试文化素质统一测试中存在的问题，安徽省教育招生考试院30日通报相关进展，通报称，通过技术手段，查明犯

罪嫌疑人包某某、张某某、孙某某均系包集中学高三学生，三人涉嫌组织考试作弊。

——2017 年 4 月 1 日　中国新闻网

该导语针对网络舆情提供了权威机构（新闻来源）的回应，有针对性和及时性，有助于平息事态，满足公众知情权。但该导语 100 字，节奏缓慢。宜改为：安徽省教育招生考试院 30 日通报回应网络举报称，三名包集中学高三学生被查明涉嫌组织考试作弊。

（四）权威部门公开发布的重要信息

新闻《北京教育考试院：今年高考将本科二、三批合并为本科二批》的导语是：

北京教育考试院 29 日对外表示，今年北京高考政策有所调整，将实施本科录取批次改革，并对志愿设置进行调整。具体为：将本科普通批录取由三个调整为两个，取消本科三本，将本科二、三批合并为本科二批。

——2017 年 3 月 29 日　中国新闻网

该新闻来源同样放在了导语的开头，彰显了信息的权威性。不足的是，该导语 93 字，可改为：北京教育考试院 29 日对外表示，今年北京将取消本科三本，并入本科二批录取。

（五）使用引语建构的导语

在文字新闻中使用引语有助于增加新闻的可信度，展现现场画面感，把记者的观察体验传递给受众，使受众仿佛“在场”看见了事件的发生，有代入感。富有个性的、生动鲜活的直接引语更是能够原汁原味地把第一现场的画面传达给受众，与记者的书面语形成呼应，以活泼的口语调适文字符号的单调，带给受众不同的阅读节奏体验。导语中使用引语是提升导语吸引力的常用技巧。

1. 直接引语

新闻《蚂蚁金服彭蕾：不是支付宝有多好　是剁手党的支持》的导语是：

北京时间4月22日上午，彭蕾在2017年哈佛中国论坛上表示："'无现金'社会正在进行时，未来可以只带一部手机走遍全中国。出国只需记住三句话，你好、谢谢、支付宝。"

——2017年4月22日 新浪财经

彭蕾是阿里巴巴蚂蚁金服高管，她对职责分内的事有话语权，该新闻在导语中引用她的这两句直接引语有说服力，也有人情味，该新闻变得鲜活起来。

该软新闻导语改一下效果更好："未来可以只带一部手机走遍全中国。出国只需记住三句话（英语），你好、谢谢、支付宝。"阿里巴巴蚂蚁金服董事长彭蕾4月22日上午在2017年哈佛中国论坛上表示。

2. 间接引语

新闻《"两弹一星"元勋：中国可在十年内实现载人登月》的导语是：

今年底，"嫦娥五号"将带月球样本返回，完成"探月"的最后一小步。中国人何时"登月"？22日，"两弹一星"元勋、中国科学院院士孙家栋在武汉接受记者专访时表示，只要国家立项，从科技发展趋势看，中国可在十年内实现载人登月梦想。

——2017年4月23日 新华网

该导语中使用了孙家栋院士的间接引语，即记者对他的话以概括要点的方式进行了转述。这样做的原因可能与孙院士在接受采访时表述语言比较专业、缺乏个性化、表述不够简洁有关。使用间接引语的优点是可在保留讲述人语言精华的前提下，提高其有效传播的可信度与权威性。不足之处是间接引语不如直接引语生动。

该导语的第一句是该报道主题之外的一个插曲，不是本新闻的主题，置于导语的起点不合适，宜放到该新闻的结尾，对该新闻起到延伸的作用，也不会干扰该新闻的主题，同时还可以使导语变得简洁，更为易读。

（六）对事件原因的推论

新闻《印度黑帮自制炸弹时爆炸8死4伤》的导语是：

印度东部西孟加拉邦22日发生炸弹爆炸事故，造成至少8死4伤。警方初步调查相信，此案与恐怖袭击无关，而是当地黑帮在制作土制炸弹时，意外引爆所致。

——2017年4月23日　新浪新闻

该新闻导语的第二句提供了权威新闻来源，有助于安抚当地民众，避免谣言滋生引发社会恐慌，但警方第一时间的表态比较慎重，也比较克制，避免话说过头反被舆情吞噬。遗憾的是，该导语的效率不高，宜改为：印度警方初步调查相信，东部西孟加拉邦22日发生的爆炸事件是当地黑帮制作土炸弹意外引爆所致。事故造成至少8死4伤。

二、导语中笼统交代新闻来源的几种情形

在阅读新闻时，你会发现有的新闻在导语中对新闻来源的交代并不具体，其规律是什么呢？这几种情形下，导语中的新闻来源可以笼统呈现如下：

（一）预计或推测将要发生的新闻

新闻《新的识别越位技术将首次亮相亚洲杯》的导语是：

据韩联社12月20日报道，亚洲足球联合会表示，一项去年在卡塔尔世界杯上首次亮相的新的识别越位技术下个月将在卡塔尔首次用于亚洲顶级男子足球锦标赛。

——2023年12月22日　参考消息网

在该硬新闻导语中，第二个新闻来源既不清晰也不具体，到了该新闻的结尾才补充了精确的新闻来源：“亚足联主席谢赫萨勒曼·本·易卜拉欣·阿勒哈利法在一份声明中说。”由此可见，该准确的新闻来源没有出现在导语中是因为声明人并非受众耳熟能详的名人，也可能与该新闻来源比较长有关系。

（二）涉及多个新闻来源

新闻《分析师：近期恐袭规模大不如前　显示伊国组织正走向衰亡》的导语是：

恐怖组织“伊斯兰国”宣称，近年欧洲多起恐袭都是其“圣战士”所为，本周四法国巴黎刚发生的枪杀警察事件也不例外，不免令人感觉这个极端组织的势力越来越壮大，但是不少恐怖主义专家却认为，事实正好相反。

——2021 年 8 月 31 日　上观新闻

按照新闻写作的经验，如果对新闻事实发表看法的新闻来源有两个或两个以上，为求导语简洁，宜延迟指明精确新闻来源，后置到主体部分补充交代。该新闻在主体部分对导语中提及的“不少恐怖主义专家却认为”作了具体的补充：巴黎政治学院研究员菲吕 21 日发表的博文、激进化专家胡斯罗卡瓦、伦敦国王学院研究激进与政治暴力国际中心的资深研究员温特、专门研究恐怖分子如何使用互联网的反恐机构 TAPSTRI 资深研究人员帕克等共四个新闻来源。该导语可修改为：恐怖组织“伊斯兰国”宣称，本周四法国巴黎刚发生的枪杀警察事件和近年欧洲多起恐袭都是其“圣战士”所为，但是不少恐怖主义的研究专家却认为，事实正好相反。

（三）对尚未证实的突发事件的报道

美国《圣保罗先驱报》一则消息的导语是：

威斯康星州圣克罗克斯县一名 38 岁的假释谋杀犯已经被逮捕，据称他上个月在明尼阿波利斯绑架和强奸了两名 16 岁女孩。

他被指控两次一级性犯罪和两次绑架。①

在该新闻导语中，该刑事案件的犯罪嫌疑人尚未判决，其犯罪事实还未得到证实的情况，导语中用了“据称”，是恰当的。

三、导语中不交代新闻来源的几种情形

有的新闻在导语中没有交代新闻来源，有哪些情形呢？（一）记者本人是

① 360 文库. 经典：新闻导语的写法大全［EB/OL］.（2019－01－11）［2024－04－09］. https://wenku. so. com/d/97074239c595c1049f9a3399561921bb.

事实的目击者；（二）记者依靠采访获得了第一手材料；（三）已经被指控犯罪的嫌疑人。具体叙述如下：

（一）记者本人是事实的目击者

一篇报道二战时盟军在法国诺曼底登陆的新闻的导语是：

登陆进攻开始时，600多艘战舰的大炮齐鸣，轰炸机怒击长空，战斗机出没云中，盟军猛攻德军防地。乌云和灰烟笼罩着法国东南的海滩。①

记者在现场目击了事实，是事件的亲历者。

（二）记者依靠采访获得了第一手材料

记者采访搜集的第一手材料可信度高，导语中可省略新闻来源，将其后置到主体部分详尽说明。新闻《奥地利将改扩建弗洛伊德博物馆》的导语是：

坐落于奥地利首都维也纳的弗洛伊德博物馆曾经是20世纪“精神分析之父”弗洛伊德生活和工作47年的地方。从今年开始，当地政府和弗洛伊德基金会将共同投资约400万欧元（约合2950万元人民币），对该博物馆进行改扩建，期待2020年以崭新面貌迎接参观者。

——2017年4月21日　新华社

记者在主体部分对新闻来源进行了交代：维也纳负责文化的市政委员毛伊拉特·波科尔尼20日在新闻发布会上强调。

（三）已经被指控犯罪的嫌疑人

新闻《云南一幼教组织人员考试作弊获刑1年》的导语是：

云南一自称幼教的女子为牟取利益，参与组织执业药师考试作弊坐上被告席。昆明市呈贡区人民法院11日走进云南民族大学开庭审理此案，并以组织考试作弊罪判处该女子有期徒刑1年。

——2017年4月11日　中国新闻网

① 范宗武. 新闻的典型化艺术［M］. 北京：新华出版社，2006：27.

在该导语中，出庭并受到指控的犯罪嫌疑人得到了宣判结果，导语中直接叙述事实。作为硬新闻导语，它可以叙事更为简洁：云南一女子为牟取利益，参与组织执业药师考试作弊被判处有期徒刑1年。

四、新闻来源在导语中的空间位置

新闻来源在导语中的空间位置并非固定不变，那么有哪些经验可循呢？

（一）新闻来源简洁、权威、重要，一般放在导语的最前面

新闻《“传递战略信息”俄战机4天4“探”美国》的导语是：

美国军方官员21日说，俄罗斯空军战机4天4次飞临美国阿拉斯加州附近公海空域，美方出动战机跟踪监视。

——2017年4月23日　新华网

该导语新闻来源简洁易读，将其放在导语最前面的突出位置既有助于增加该新闻的权威性和可信度，也不影响叙事的节奏和效率。

（二）新闻来源冗长、名称绕口，不如事件的结果重要，可置于导语的结尾

新闻《网络名人将实地走访浙江三地　探寻“一带一路”浙江印记》的导语是：

4月21日，由中央网信办网络社会工作局、浙江省委网信办共同主办的网络名人助力“一带一路”活动在浙江舟山启动。来自全国的十多位网络名人将走访舟山、新昌、义乌三地，重温古代海上丝绸之路交汇地的历史遗存，感受“丝绸之路经济带”沿线城市的蓬勃发展，并积极向社会公众传播“一带一路”上的好声音。

——2017年4月21日　中国网信网

该导语的新闻来源置于最前面不妥当，一是它比较长，二是它不如这项

活动的意义重要。换言之，无论哪个单位倡议发起这样的活动，其结果都比这个单位的名称更重要，活动本身的意义大于新闻来源。因此，应将“由中央网信办网络社会工作局、浙江省委网信办共同主办的”置于导语之后的主体中，这样叙事的节奏和效率会稍好。其实该导语适合写成软导语，用这十多位网络名人其中一人在活动现场的直接引语建构导语会更有趣，也可以采用描写活动现场场景的方式建构软导语。总之，导语应该精彩，而不是如此枯燥乏味，如同会议材料一样。该导语的素材适合软导语写作，因为活动安排丰富，记者只要到达现场观察、提问，总可以搜集到非常鲜活的材料。软导语应该是一个故事的叙事亮点，它用记者在现场捕捉到的真实、形象、生动、鲜活的场景、细节和人物发自内心的声音等让受众感同身受。

（三）直接引语撼人心魄，可将新闻来源置于其后

新闻《男子牵羊卖奶筹钱救尿毒症妻：再难也要让她活下去》的导语是：

“老婆，别哭，挺住！无论如何我都不会放弃对你的治疗……”在太原杨家峪乡淖马村，今年56岁的潘来福靠卖羊奶筹钱，给患尿毒症的妻子治病。

——2017年4月23日 环球网

我们可以尝试一下，如果将直接引语后面的何地+新闻来源+何事前置到最前面，该导语的表现力和吸引力都会下降，男主人公打动人心的话语的穿透力也会削弱。不仅如此，还必须加一句话才能将两句话衔接在一起，不如像现在这样，简洁的两句话感人肺腑，令人难忘。

12

第十二章

硬新闻导语写作

今天，移动互联网成为人们获取新闻最便捷的工具。报纸红红火火的时代已经结束了。19 世纪 80 年代，英国诗人约瑟夫·鲁德亚德·吉卜林曾为阿拉哈巴德的《先驱报》工作过，他在 1907 年获得了诺贝尔文学奖。在《当国王的人》中，吉卜林描写了在酷热的夜晚出版报纸的情况：“印刷车间比办公室凉快一点儿，所以我坐在那儿，铅字噼里啪啦地响，猫头鹰在窗边叫着，那些几乎全身赤裸的排字工人抹去额上的汗水。”①

在印刷媒体时代，报业形成的编辑部文化就是把关人对每一篇新闻稿件的写作质量按照一整套严格的流程进行审核。那时候，有责任的媒体产出的新闻在导语写作上注重规范的模式。如今，纸媒转型互联网重塑品牌和影响力，传统报业的编辑部文化不能丢弃，导语写作应遵循规范，用优质的文化品位影响公众。

一、硬新闻导语写作的技巧

（一）突出“最近时间点”

硬新闻导语中的时间要素应突出“最近时间点”，新鲜，准确，彰显新闻价值。国内媒体习惯用“近日”作为消息导语的开头。如新闻《伊朗舰艇与美军舰队在波斯湾“危险接触”相距不足 10 米》的第一自然段导语和第二自然段主体片段是：

近日美国海军舰队在波斯湾北部开展联合训练，伊朗则派出了多艘快艇，与美国军舰来了一次“危险接触”。

据美国海军研究学会网站 4 月 15 日报道，伊朗的攻击快艇近日在波斯湾“骚扰”了美国海军和海岸警卫队的舰船。

——2020 年 4 月 16 日　中国青年网

① 迈耶斯. 奥威尔传：冷峻的良心［M］. 孙仲旭，译. 北京：新星出版社，2016：223.

该消息第一自然段和第二自然段中有两个“近日”，显然没有体现硬新闻对时间紧迫性的要求。硬导语要快节奏、高效率地围绕“何事”要素进行建构，开门见山，直截了当，直奔主题，简明扼要。因此，该新闻的第一段作导语并不合适，它叙事含糊不清，没有体现硬新闻导语的特点。不如改为：据美国海军研究学会网站4月15日报道，伊朗的攻击快艇在波斯湾“骚扰”了美国海军和海岸警卫队的舰船。对比可知，以第二自然段作为新闻导语，删除其中的“近日”便是合适的硬导语。

突发事件消息属于硬新闻，应突出其特质：真实、新鲜。时间新鲜是硬新闻最为突出的特点，记者应在导语中以“最近时间点”为由头，尽力缩小事件发生与新闻报道之间的时间差，告知受众发生的事件与最新的结果。新闻《河北邯郸一钢铁厂车间皮带通廊起火致7人死亡》的导语和其后的两个自然段是：

据河北省应急管理厅官方消息，今日（10月24日）3时30分，邯郸武安河北兴华钢铁有限公司烧结车间皮带通廊着火造成7人死亡。

据天眼查信息显示，河北兴华钢铁有限公司法定代表人为陈茂春，成立于2002年，主要经营范围为生产生铁、钢坯、高炉煤气发电、轧钢、铁矿石、焦炭、铁精粉等。

15时53分许，邯郸市应急管理局一工作人员表示，事故现场已处理完毕，救援结束，消防已撤离现场，无更多人员伤亡信息。

——2019年10月24日　新京报网

该新闻的导语中的“今日（10月24日）3时30分”不是最新鲜的时间，其第三段中的时间才是“最近时间点”：“15时53分许，邯郸市应急管理局一工作人员表示，事故现场已处理完毕，救援结束，消防已撤离现场，无更多人员伤亡信息。”记者应将这句话中的最新时间作为导语的由头。改为：今天15时53分许，河北邯郸市应急管理局一工作人员表示，当地一家钢铁公司着火导致7人死亡的事故现场已救援处理完毕。

硬新闻导语写作中有一个常见的失误就是记者忽略了为报道寻找“最近时间点”，如新闻《浙江“父女遇害案”嫌疑人落网　警方曾悬赏20万元》的导语是：

中新网记者26日从江西省警方获悉，当日凌晨5时许，经浙赣两地省市县三级公安机关历时六天七夜的日夜奋战，浙江省淳安县“12·19”故意杀人案犯罪嫌疑人余修良在该省都昌县落网。

——2019年12月26日　中国新闻网

消息写作注重时新性，对导语中的事件要素要追求“时间最近点”，即将事件发生的时间与公开报道的时间之间的差距缩小到最小，且时间落点为一个精确的“时间点”。这个知识点常常被写作者所忽视。在消息写作实践中，违反这一规范的作品比比皆是。因此，有必要特意强调这个规律。以该消息为例，其导语中的时间要素是“26日凌晨5时许”，它是“最近时间点”吗？不是，因为它是嫌疑人被抓获的时间，它距离该消息被公开报道的时间2019年12月27日8点16分已经过去了至少27小时，在手机传播信息迅捷的当下，它已经是一个陈旧的新闻了。读完该新闻你会发现，该消息的“最近时间点”其实在结尾：“目前，余修良已被浙江警方依法刑事拘留。”如果记者采访时将“最新鲜的时间”问清楚，以之为开头的时间要素才是“最近时间点”。如果这位犯罪嫌疑人是12月26日凌晨5时许被逮捕，经过审讯，他在12月27日对犯罪事实供认不讳，警察据此在12月28日早晨8点正式宣布对其依法刑事拘留，这样的话，记者应该以最新鲜的“最近时间点”来作为导语中的时间要素：记者刚刚从警方获悉，杀害浙江父女的犯罪嫌疑人余修良已被浙江警方依法刑事拘留。

类似的消息导语是《南昌发生一起两人死亡杀人案　嫌犯39小时落网》（标题应改为《一男子杀害两人潜逃39小时落网》）：

7月21日凌晨，江西南昌市青云谱区发生一起杀人案，两人死亡，嫌犯39小时内落网。

——2019年7月26日　江西网络电视台

阅读该新闻会发现，其内容中最新鲜的“时间点”是“7月22日”，应以此时间来取代导语开头的“7月21日”。实际上，因该新闻是7月26日报道的，记者应想方设法找到更为新鲜的时间作为报道的由头，最好追踪这件事最新变动的事实信息，时间距离公开报道越近越好。对于该事件，记者应以犯罪嫌疑人吴某被移交南昌警方的时间作为导语的由头，这样时效性就更好，这个技巧叫“以新带旧”。

关于“时间最近点”的写作技巧，连一些新闻学专业的名校研究生也搞不清楚。如：2019年两篇国内著名高校研究生写的有关新闻传播学术会议的新闻导语篇幅便偏冗长，其导语在“时间最近点”上有明显失误。第一篇《山东大学第二届“马克思主义新闻观师资培训班”在威海校区举办》的导语是：

8月26日至27日，作为山东大学新闻传播学科共建共享工作的重要内容，第二届“马克思主义新闻观师资培训班”在威海校区举办。四位国内权威学者齐聚一堂，为新闻传播学院和文化传播学院（威海）的教师们奉献了为期两天的精彩讲学。

该导语写作有几个问题：①时间由头不佳。导语的时间应该是“最近时间点”，所谓“最近”即最新鲜，所谓“时间点”即精确到一个最具时新性的时间单位，通常是“某日”（重大新闻精确到“秒”）。②第一句话也有失误，对于接收信息的公众而言，显然是会议结束的时间最新鲜。③硬新闻导语要突出新闻价值，该导语没有突出这一点。“四位国内权威学者”是谁？他们才是该新闻的显著性新闻价值之所在。④该新闻导语结尾体现了作者的主观判断。会议是否“精彩”，不需要作者把自己的主观观点硬塞给受众，记者只需要提供有关“精彩”的事实，让受众自己总结即可，这是新闻客观性的法则。该导语应该修改为：第二届“马克思主义新闻观师资培训班”8月27日在山东大学威海校区落幕。张志安、隋岩、张昆等知名教授作了学术报告。

不知你是否注意到，这4位演讲嘉宾中，前三位的头衔比较多，所以修改的导语中只选择了知名教授的名字，这种简化处理是为了让导语变得简短有力、重点突出。有关几位教授的身份可以在导语之后的主体中交代。

第二篇学术会议新闻是《〈中国新闻传播学年鉴〉第四届编辑出版研讨会在南京师范大学举行》，该新闻写了两件事，分别是该标题关注的事和第七届（2018年度）全国新闻传播学优秀论文暨《中国新闻传播学年鉴》优秀论文奖（2019）颁奖。消息写作要一事一报，这篇新闻显然失误了。应该把这两件事分开写成两篇短新闻。其实，它的导语就没写好：

入秋的南京，细雨绵绵。

8 月 28 日，《中国新闻传播学年鉴》第四届编辑出版研讨会在南京师范大学举行，会上正式发布了《中国新闻传播学年鉴》2018 年卷，并讨论了 2019 卷年鉴的编撰工作。

该导语的第一句话是文学语言，它不是新闻事实，这样写迟滞了硬新闻导语的信息传播效率，也表达了作者个人的情感，这都不符合硬新闻导语的写作规范，应该删除。其次，该硬导语也没有突出新闻价值。名人、名单位具有新闻价值的显著性，放在导语里能提升传播效果。硬新闻导语不需要铺陈，应直截了当，直白简洁。该导语应修改为：《中国新闻传播学年鉴》第四届编辑出版研讨会 8 月 28 日在南京师范大学落幕。来自清华大学、北京大学、中国人民大学等高校的 50 余名代表出席会议。

不知你发现没有，两篇修改的导语均未把时间要素作为消息的由头，这是因为相对于动态事件新闻而言，会议新闻的时间要素不是很重要，会议的主题才是关键，应放在开头的位置作由头。

硬新闻的导语应新鲜，如果记者获知新闻线索晚了一步，导语的时间要素陈旧了怎么办？这时，可以技术性地处理，将其改写为软新闻导语，这样转化之后就能以新闻的故事性掩盖时间的不新鲜。如消息《微信群里卖珍稀陆龟　一男子顶风收购野生动物被抓获》：

近日，济南市森林警察支队接群众电话举报称：济南市槐荫区段店某小区有人通过微信、百度贴吧发布出售国家级保护动物辐纹、豹纹陆龟的信息。警方接警后立即展开工作。2 月 16 日上午 9 时许，办案民警在派出所的配合下，协同济南市园林和林业绿化局、济南市槐荫区自然资源局等多个部门的工作人员，共同对段店某小区涉案楼栋进行了入户执法检查。

——2020 年 3 月 13 日　央视网

该导语共 159 字，新闻事件发生在 2 月 16 日，但记者的报道时间是 3 月 13 日，它没有时新性而且冗长。记者心里明白，该新闻时效性过了，只好简单地用“近日”取而代之。殊不知，以这样模糊的时间使得强调时新性的硬新闻导语黯然失色。

如果采用技术性的处理方式，将其转换成软新闻导语，就能提高其可读性和传播效果：济南市的一名男子以为自己在网上贩卖国家级保护动物隐秘安全，妄想赚昧心钱。没想到聪明反被聪明误，这名男子被警察抓了个现行。

对时间不新鲜的硬新闻导语宜改写成软导语，这是新闻写作的一个技巧。

（二）要“重心前移”

硬新闻写作突出的特点是：重心前移，即记者要用最重要的新闻事实建构导语。硬新闻导语中最重要的新闻要素是“何事（结果）”。如新闻《在法留学生戴口罩遭假警察行骗　中国驻法使馆提醒警惕》的导语是：

中国驻法国大使馆7日通过官方微信公众号表示，个别在法中国籍留学生近日通过社交媒体反映，由于在公共场合佩戴口罩，被“警察”以违反《禁蒙面法》为由处以150欧元的罚款。中国驻法使领馆经向法国警方和法律人士核实，上述情况是不法分子假冒警察所为。出于健康原因而佩戴口罩并不违法。

——2020年3月8日《光明日报》

该硬新闻导语没有突出最重要、最有新闻价值的事实，其实用一句话即可：在法中国留学生戴口罩遭假警察行骗，中国驻法使馆提醒留学生提高警惕。在消息写作中，导语通常使用最简洁的一句话，最多两句话概括核心事实，将事件的新闻价值和新闻主题呈现出来。

硬新闻导语建构的关键要素是“何事（结果）”。下面两篇硬新闻均存在明显的失误：没有在导语中呈现事件的“结果”，导致新闻传播效率低下。

【新京报快讯】据警民直通车上海官微消息，2019年10月24日9时25分许，大渡河路金沙江路路口发生一起交通事故，公安、应急、120急救等部门迅速到场处置。现初步查明，当日9时许，驾驶员陈某某（男，63岁，本市人）驾驶沪牌小客车（车主系其儿媳）从吴中路其儿子家中驶出，期间正常行驶。9时21分许，该车行至大渡河路、怒江路路口时，因闯红灯与一辆出租车及一名骑电动自行车女子发生碰擦，后加速逃逸，行至金沙江路时又闯红灯冲过路口，撞击一辆正在路口正常右转的SUV车辆，并撞到三辆非机动车及数名行人。肇事驾驶员陈某某仍在救治中，警方已排除其酒驾毒驾嫌疑。调查工作在进一步开展中。

——《已致5死9伤的上海普陀交通事故：系闯红灯与出租车自行车碰擦后逃逸，又闯红灯》（2019年10月25日《新京报》）

该新闻导语长达266字，它将最重要的事实"结果"放在了结尾："事故已造成5人死亡9人受伤，伤员正在全力救治中。"应改为：据警民直通车上海官微消息，今天上午发生在上海大渡河路金沙江路路口的交通事故已造成5人死亡9人受伤。

硬新闻导语中的"何事"要素是导语的核心，它其实包含了"何事+结果"。若不交代结果，这个"何事"要素是不完整的。如新闻《内蒙古开鲁枪击案2名涉案人员被批捕》的导语是：

【新京报快讯】据内蒙古通辽市人民检察院微信公众号消息，10月24日由通辽市检察院提起公诉的内蒙古开鲁县梁钧持枪杀人案在开鲁县人民法院刑事审判庭公开宣判。

——2019年4月15日《新京报》

该新闻将事件的"结果"作为了主体（倒数第二自然段）："最终，法院一审判处被告人梁钧犯故意杀人罪，判处死刑，剥夺政治权利终身；犯非法买卖枪支罪，判处有期徒刑10年；犯非法持有弹药罪，判处有期徒刑3年，依法对其数罪并罚，判处梁钧死刑，剥夺政治权利终身。"这种写作风格不符合消息写作的特色。最好修改成如下48字：据内蒙古通辽市人民检察院微信公众号消息，枪杀5人的嫌犯梁钧今天一审被判处死刑，剥夺政治权利终身。

（三） 突出新闻价值

消息以报道动态事件、传播信息为优势，其导语宜短不宜长，应突出新闻价值，彰显主题，追求表达效率，提升传播力。对于突发事件报道，尤其需要在导语中直截了当揭示主题，直接回答受众最关心的、最迫切想知道的事实真相，不能兜圈子、绕弯子。已经发生或正在发生并在社会上产生广泛影响的事件才是有价值的新闻，也是硬新闻应该关注的重点。如新闻《公安部将以"零容忍"态度全力排查整治驾驶人吸食毒品等客运安全隐患》的导语是：

据公安部4月24日召开的加强旅游客车重特大道路交通事故预防工作视频会上介绍，针对今年以来重特大道路交通事故所暴露出的新情况、新问题，全国公安机关将会同相关部门集中开展旅游客运专项整治，以“零容忍”的态度全面排查包括驾驶人吸食毒品在内的各类安全隐患，全力确保道路交通安全。

——2012 年 4 月 25 日　人民网

该导语没有聚焦公安部当年 4 月 24 日召开的加强旅游客车重特大道路交通事故预防工作视频会上针对当时颇受关注的“上海旅游大巴撞车致 14 人死亡”的最新事实，而是局限于会议的议程，比较空洞，不能满足受众对事实信息的需求。宜这样写：经公安机关初步调查，江苏常合高速公路“4·22”致 14 人死亡交通事故系旅游客车司机严重疲劳驾驶、操作失当所致。该司机事发前曾吸毒。

该消息的标题也应突出新闻价值，可拟为《上海旅游大巴撞车致 14 人死亡司机案发 2 天前曾吸毒》，应该以这次特大交通事故的最新事实信息为焦点，顺带告知受众公安部为此开会决定将采取的整顿措施，这样才能唤起受众对该新闻报道的阅读兴趣。消息应报道事实，提供新鲜信息。

此外，为了凸显硬导语的新闻价值，可以采用“最新事实 + 新闻背景”的组合方式，以简洁的新闻背景衬托导语的新闻价值。例如新闻《孟建柱在京会见为打击“金三角”毒品犯罪集团作出突出贡献的云南缉毒民警代表及牺牲民警家属》的导语：

在新中国第一支专业缉毒队成立 30 周年之际，公安部隆重授予打击“金三角”地区毒品犯罪集团作出突出贡献的何庆文等云南缉毒公安民警“缉毒先锋”荣誉称号。国务委员、公安部部长孟建柱 5 月 10 日在京亲切会见受到表彰的缉毒民警及牺牲公安民警家属。

——2012 年 5 月 11 日　新华社

该导语共 115 个字，仅仅提供了一个会议信息，却没有把它的新闻价值和报道主题揭示出来。可修改为：国务委员、公安部部长孟建柱 5 月 10 日在京会见了荣获“缉毒先锋”称号的云南缉毒民警及牺牲民警家属。云南缉毒队成立 30 年来，已有 40 多位民警牺牲，300 多位民警负伤。

修改后的导语有两句话，第一句是最新发生的事实，第二句是相关新闻背景，利用这个新闻背景烘托了主题，衬托了该导语的新闻价值。相应地，其新闻标题也宜改为《孟建柱会见荣获“缉毒先锋”称号的云南缉毒民警及牺牲民警家属（正题）新中国第一支缉毒队30年40多民警牺牲300多人伤（副题）》，由此可见构思好硬导语多么重要，对硬导语的浓缩和提炼就是新闻标题。该导语提示我们，对于如上述会议新闻的非事件报道，或者对动态事件最新变动的报道，在概括了最新事实后附着简练的新闻背景有助于人们认识到新闻价值，产生阅读的兴趣。

会议新闻属于硬新闻，但会议新闻导语摘录没有新闻价值的文件的现象比较多见。原因在于会议新闻把关人的要求与新闻行业规范有差距，记者在报道中有顾虑，担心摘录领导讲话少了会受到责怪，于是，很多会议新闻的导语没有事实，只有空洞的表达。

新闻导语要“实”，不能“虚”，即每句话含有信息，让受众觉得有益有用才能实现新闻的有效传播。

（四）一事（人）一报

硬新闻写作主题要集中，要恪守一事（人）一报的原理。作为一篇新闻的灵魂，硬导语首先要做到主题集中于一件事或一个人，否则整篇新闻都会跑题，导致新闻事实松散、凌乱，缺乏报道中心。例如新闻《浙江一大四女生寝室内从床上跌落不治身亡》的导语：

9月21日上午，有网友爆料称，浙江越秀外国语学院稽山校区，一位女生从寝室床上跌落后不治身亡……

这样的悲剧，已经不是头一次发生。

8月29日凌晨，杭州一位大一女生小徐从上铺床摔下，脑部受伤。

——2017年9月22日《都市快报》

该硬导语的写作没有焦点，它概括了两件事，显然失焦跑题了。此外，它用了三个自然段、长达91个字，也不符合硬导语的极简风格。硬导语一般是一句话，最多两句话，尽量控制在50个字内。该导语应改为：9月21日上午，有网友爆料称，浙江越秀外国语学院稽山校区一位女生从寝室床上跌落不治身亡。

修改后的导语仅43个字，其焦点集中，主题清晰，提高了传播效率。

（五）以主人公为中心

在报道灾难事件、表彰先进模范和祭奠烈士的硬新闻中，因为有领导出现并讲话，我们常发现导语的建构偏离了主人公，把领导作为了新闻的主角，把领导的发言、指示当成了报道的焦点，导致导语冗长，空话、套话多，煽情的话多。例如消息《解放军上校执行飞行任务时牺牲，年仅 41 岁》的导语：

英雄魂归故里，浩气长存人间。5 月 26 日上午 9 时许，在雷军潮烈士的家乡——大荔县荔北战役烈士陵园举行了隆重的追悼会。陕西省退役军人事务厅副厅长高巨会，渭南市军分区政治部主任侯鉴，渭南市委退役军人事务工作领导小组办公室主任、市退役军人事务局局长王红岩，大荔县委常委、常务副县长段洪涛等县四大班子和人武部领导，烈士生前所在部队和中部战区空军保障部代表，县退役军人事务局及相关单位领导，烈士亲属和各界群众代表等共计 300 余人参加了仪式。县委常委、政法委书记许喜林同志主持了追悼会。

——2019 年 5 月 27 日　观察者网

该消息导语到主体的第二段（前三自然段）均为当地各级领导出席追悼会的情况介绍，不是最重要的事实信息，与主人公雷军潮无直接关联。该消息把最重要的事实——关于主人公烈士雷军潮的信息放到了第五自然段。综上所述，该消息与主人公直接关联的信息仅 133 字，其他次要信息却占据了 1068字。通过这组统计数据不难看出，这篇消息偏离了主题，既然主人公是烈士雷军潮，新闻叙事应围绕他展开，其他相关联的事实信息都应作为次要信息压缩。该消息标题和导语不对应，记者没有找准焦点，是这篇消息写作失败的主因。此外，新闻报道应客观，记者不应该把自己的情感和观点融入叙事，可改为：5 月 26 日上午，在解放军上校飞行员雷军潮烈士的家乡——大荔县荔北战役烈士陵园，烈士亲属和各界群众代表等共计 300 余人参加了追悼会。

硬新闻从导语、主体到结尾都应该使用平实的语言，句句是事实。

（六）要以人为本

新闻应关心人的命运和权益，这是人本思想的具体体现。在报道天灾人祸这种突发事件的时候，硬新闻高效、快速，最为合适。需要注意的是，导语中要把人的生命安危作为报道的重点。消息《江苏连云港两艘渔船海上遇险 3 人获救 2 人失踪》的导语将财产损失作为了焦点：

据江苏连云港海事局消息，今天（6 月 6 日）下午 1 点左右，在江苏连云港海域距岸 10 公里处，因海上大风大浪导致两艘渔船先后遇险。

——2019 年 6 月 7 日　北青网

该消息导语把最重要的事实信息“2 人失踪”这个结果漏掉了。应该这样写：据江苏连云港海事局消息，今天（6 月 6 日）下午，两艘渔船在江苏连云港海域先后遇险，2 人失踪。

该消息为突发事件报道，属于硬新闻。写好这类消息，导语质量很关键，一定要简洁明快，把人员损失告知受众，最好用一句话概括最重要、最有新闻价值的事实。

（七）不表达意见

硬新闻又叫纯新闻，所谓“纯”指的是客观性法则，即记者只负责报道事实，把情感和观点留给受众。换言之，记者不要表达意见。新闻《痛心疾首：林州发生青少年暴力事件》的标题就不是对最重要事实的概括，其导语更是充满了空洞、冗长的大道理：

青少年是祖国现代化建设的未来生力军，是民族的希望，他们的健康成长，关系着国家的前途和命运。青少年时期是人生整个过程当中最早的塑造时期、是人生的起点；同时也是一个危险时期。

在我们的印象里，青少年应该是正直、善良、阳光且积极向上的。

如今，随着经济的发展和社会的进步，我国青少年成长的条件和环境不断得到改善，社会传播媒体的空前发展，传播途径的多元化，青少年以敏感的心灵感受着大千世界的变化，他们变得思维活跃、见多识广、早知、早熟。

同时也面临着一部分青少年由于社会、家庭、教育等方面的不良影响使他们为之效仿从而做出让人惊恐的暴力行为甚至走上违法犯罪道路的严峻现实。

今天，就有网友爆料：在林州市横水辖区内发生一起青少年暴力事件。网友提供的视频里有多个女生对受害者施暴！

——2019 年 8 月 21 日　安阳资讯

5 个自然段，329 字！发生了什么事？我们在最后一个自然段才看到模糊不清的事实。它的具体事实尚未查明，不具备写评论的条件，只适合提供动态的信息。因此，它只能写成短消息。它的导语应该是：林州市公安局横水派出所 8 月 21 日根据微信群里一少女被多人殴打的视频逮捕了三名涉案少年，其他涉案人员在逃。其标题根据导语应提炼为《三名涉嫌在林州市横水镇殴打一女生的未成年人被抓获》。

（八）不抒发情感

硬新闻的写作原理是客观平衡、零度情感。新闻《大一女生被 6 名老师带出“吃饭”深夜坠亡》标题将“吃饭”加引号暗含记者的主观情感，其导语则明显地表达了记者的情感：

19 岁，生命的美好画卷才刚刚展开；19 岁，一朵含苞的花蕾刚刚要绽放；19 岁，人生的滋味才刚刚体验……然而对于青岛求实职业技术学院（以下简称求实学院）的大一新生刘晓傲来说，这一切，她都再也无法憧憬了。一场意外画上了她的人生句号。10 月 27 号晚上，刘晓傲连同另外 5 名同学被学校的 6 名老师叫出去“吃饭”，随后，从四楼洗手间的窗户不幸坠楼身亡。目前，死者家属和校方仍在就此事进行交涉。然而，记者调查发现，该校在一年内死亡的还不止刘晓傲一人，而且该校还发生了强制老师招生的等等丑闻。

——2012 年 11 月 8 日　《中国商报》

该新闻写作最突出的失误是标题、导语和主体中带有记者的主观判断，其情感倾向十分鲜明，不符合新闻写作客观性的法则：零度情感、事实与观点分离。新闻写作要求记者只陈述准确、清晰和完整的事实，把情感与观点留给受众。该导语共 231 字，冗长。其前两句是文学手法，抒发了记者的浓烈情感，它的最后一句话节外生枝，跑题了，其主体部分也存在着类似的问题，提到了与主人公无关的其他事实，不符合新闻一事一报的原则，主题不集中。按照规范的写法，应为一句话：青岛求实职业技术学院（以下简称求实学院）一名大一女生半个多月前参加一场师生聚会从酒店坠亡，死者家属和校方至今为此纠纷未了。其标题也应遵循客观性原理，改为《大一女生参加师生聚会深夜酒店坠亡》。

（九）简洁明快

消息《公开歧视中国人的“东大准教授”，被解雇了》的导语是：

> 叫嚣“不录用中国人”，那位自称“东大准教授”的大泽升平要吃处罚了。1月15日，东京大学在其官网上公布了解雇他的决定。
>
> ——2020年1月15日　观察者网

该新闻属于硬新闻，硬新闻的导语应注重传播效率，篇幅要短，节奏要快，最好用一句话凝练新闻最重要的事实——结果。而该导语使用了两句话、两个段落，明显降低了传播效率，放慢了传播节奏。它应改为：日本东京大学1月15日在官网上公布：解雇叫嚣“不录用中国人”的教授大泽升平。

二、硬导语写作失误举隅

硬新闻导语“零度情感”的客观笔法令人觉得“生硬冰冷”，不如软新闻导语那样“委婉动人”。实际上，西方新闻界也曾为硬新闻导语与软新闻导语孰优孰劣发生过争执。“当硬、软导语的争论发展到20世纪70年代时，一名美国记者预言：‘那种老式的倒金字塔方式的新闻报道正在消失。我们再也不需要把最好的材料都放在顶部，然后按照逐渐递减的程序排列材料了。’”①

今天，人类正从互联网媒体时代走向智能媒体时代，硬新闻导语依旧因其传播信息效率高的优点而受到青睐，那名美国记者的预言并未实现。当然，媒介生态的变化也使得所谓“老式的倒金字塔方式的新闻报道”遭受了冲击，不专业的硬新闻导语写作屡见不鲜。让我们结合案例来探析硬

① 张威．硬新闻导语写作十大要义［J］．新闻记者，2003（7）：20.

新闻导语写作中常见的问题。

（一）缺“最近时间点”与“何事”要素

写作直接式导语不要受到写汇报材料或者说明文的影响，由远及近，平铺直叙，不紧不慢，徐徐道来，不要用笼统的、模糊的、陈旧的时间，要精心挑选出最精确的新鲜时间如“某月某日”“今天”“昨天”，重大新闻甚至要精确到“几点几分”，如运载火箭发射、奥运会开幕式等重大事件报道，其时间要精确到“几分几秒”。

除了时间新鲜，事件的进度也应该是最新鲜的。始终要牢记：导语是对最新鲜的时间发生的最重要事实（结果）的准确概括。例如新闻《没想到网络诈骗手段这么多》（新浪网标题《西安一大学生被同一骗术连骗5次 每次5000元》仅概括了新闻内容中的一个片段，切题的标题应为《西安高校“网络安全与个人信息保护专题巡展”落幕》——作者注）的导语：

为向高校学子宣传普及预防电信网络诈骗的常识和技巧，9月27日起，由陕西省公安厅、西安市公安局、华商报社、西安电子科技大学、西安四叶草信息技术有限公司联合举办的“网络安全与个人信息保护专题巡展”，在西安拉开帷幕。昨日是巡展的最后一天，分别在陕西师范大学长安校区、长安大学渭水校区举行。

——2016年9月30日 《华商报》

上述导语宜改为：由陕西省公安厅等五家单位联合举办的“网络安全与个人信息保护专题巡展”昨日在长安大学渭水校区落下帷幕。如果记者将这项活动的报道时机锁定在最后一天的结束时刻，将最新鲜的时间点和最新鲜的事实结果作为导语，这篇新闻导语就变得鲜活、简洁、具体了。硬新闻导语的时间要素一定要新鲜、要清晰，上海大学社会学教授邓伟志说：“新闻贵在新，不新就不能称其为新闻。新闻的时间性越强，社会效果越好。缩短事件发生时间同新闻发表时间的时间差，是新闻工作者的水平之所在。”① “时间上的模糊，是时间观念不强的表现。就时间观念来说，不管可以原谅多少

① 新闻记者. 中国传媒业的观察家与思想者《新闻记者》三十年选［M］. 上海：文汇出版社，2013：273－274.

时间观念薄弱的人，唯独不能原谅新闻工作者。因为，你姓‘新’啊!”[①] 邓伟志教授对硬新闻导语写作的观点发人深省。

有人从西方记者建构硬导语的方法中总结出了硬新闻导语写作的十大要义：①导语要尽量以主句开头（指英语中常见的复合句——作者注）；②导语要尽量以主动语态和直陈句开头；③导语既要短粹，又不能失去重大事实和生动的细节；④导语中出现的意见、批评、指责、威胁、预见、警告、建议、信仰、呼吁等应归属于新闻来源；⑤客观描绘，避免明显的主观意见；⑥使用以最快速度到达新闻点的句法结构，导语最好只是一个单句；⑦除了名人，避免在导语中给出人物的全名，以免太芜杂；⑧使用具有强烈色彩的富于动感的词语；⑨在导语中强调反常因素；⑩尽量使导语地方化和时新化[②]。这些要义可供我们构思硬新闻导语时借鉴。

回到本章的开头，硬新闻导语要一语中的、直截了当。如果你觉得硬新闻导语不够好，那是因为你看到的硬新闻导语“写得”不够好。硬新闻导语用一句话，最多两句话来突出最新鲜、最重要的新闻事实，直奔主题，用事实传播信息，这就是硬新闻导语的质朴之美。

（二） 遗失 “事实结果”

硬新闻导语的传播优势是：快速、高效、准确，用一句话概括“何事 + 结果”抓住受众眼球。例如新闻《耕牛现身高速引发追尾　一人亡　牛主人被判赔 7.6 万》的导语：

两头牛闯入高速公路，导致两辆货车发生追尾，一名司机罹难。死者家属将牛主人、前车急刹司机、高速公路业主统统告上法院要求赔偿。日前，永嘉县法院对此案作出一审判决。

——2011 年 11 月 21 日　中新网

该导语用了 79 个字却没有把具体的、受众最关心的、最重要的事实——判决结果告知受众，而是将其置于结尾：“根据各原因力的大小，结合本案实

① 新闻记者. 中国传媒业的观察家与思想者《新闻记者》三十年选［M］. 上海：文汇出版社，2013：273 - 274.

② 张威. 硬新闻导语写作十大要义［J］. 新闻记者，2003（7）：20 - 22.

际，一审法院判令，保险公司在交强险范围内先预赔偿，剩余经济损失由死者陈某自负60%的赔偿责任，被追尾货车司机吴某承担20%，牛主人余某、马某各承担5%，金丽温高速公路管理公司承担10%。”根据该新闻的开头和结尾可重新建构其导语为：永嘉县法院一审判决一起蹊跷的车祸引发的民事纠纷：死者疲劳驾驶自负60%的赔偿责任；其他三方共同分担40%。

（三） 主题凌乱散漫

主题是新闻报道的灵魂。硬新闻应坚持一事（人）一报的原则。违反这个原则就会导致新闻失焦失序。如消息《学习压力与青春叛逆的天平如何才能不失衡?》的导语：

过完寒假，便是新的学期。不少仍在读书的网友将开学戏称为一年两次的“灾难大片”。

从假期的轻松愉悦中猛地抽离出来，回到具有压力的学习中，确实是一件不太惬意的事情，所谓的“开学综合征”，也由此而来。

在刚刚过去的开学季，采荷派出所接连接到了两起女孩出走报警，情况还有点相似：要开学了，孩子却离家出走了。

找回孩子，这事民警们拿手，可要把孩子的心拉回来，这可就得考验家长的“内功”了……

——2016年3月4日　杭州网

从标题看，该新闻的主题应该集中于报道一件事（人），即16岁离家出走的女生，新闻标题是导语的浓缩。但看导语，4个自然段中，有187个字压根就没有提及16岁女孩出走这件事。按照硬新闻导语的写作规律，导语应聚焦主题，一事一报。该导语啰唆且空洞乏味，与主题无直接关联，没有突出新闻价值。该导语其实只需一句话：一名离家出走7天的16岁高中女生在杭州一家酒吧门前被警察找到。

（四） 以新闻背景作铺垫

硬新闻导语难写，难在其概括事实应简洁明了，语言应平实无华，要有信息含量，有新闻价值，要杜绝流水账式的叙事。如新闻《杭州小伙打球时突然倒地口吐白沫送医后不治身亡》的导语：

昨天16：23，杭州一先生来电：文一西路财经学院，一个男生刚才打篮球的时候晕倒在地，不晓得怎么回事……

据了解，晕倒的男生被就近送到了一家医院抢救。

17：15，医院抢救室外坐着一帮大男生，约十一二个，清一色短发、戴眼镜，看穿着都像是大学生。

记者凑近问情况，大家七嘴八舌地说着，口气里都带点惊惶。

"我们才刚开始打篮球，他突然就倒地了，平时也没听他说他有什么病啊……"

"在里面抢救了1个多小时，一点消息都没有。刚进去的时候医生就说，情况可能很不乐观。"

记者问大家是否为浙江财经大学的学生，带头的一个一米八多、黑框眼镜的男生摇摇头。

"我们都是外校的，进去玩玩而已。"

——2016年12月5日　大浙网—腾讯网

这个导语有7个自然段，长达274字，突破了直接型导语的极限。记者将自己采访的笔记拿出来作导语了。新闻文化的审美本质是简洁、明晰。直接型导语要直截了当，一语道破真相：出什么事了？结局什么样？记者不能让冗余信息的噪声干扰了最重要事实的传播。上述新闻导语可用一句话概括：杭州一名22岁的男大学生昨天下午打篮球时突然倒地口吐白沫，送医后不治身亡。

（五）遮蔽新闻价值

新闻导语一开头就应用新鲜的事实引人注目，不要用旧事实（新闻背景）铺垫新事实。如新闻《车站出口揭露"三元"骗术：浙大一男生被恼羞成怒的骗子殴打》的导语：

刚刚过去的这个国庆长假，对浙江大学大四学生王扬（化名）来说，可能是最为难忘的一个长假。10月5日凌晨，他乘坐的D933次列车从广州南站出发抵达杭州东站，刚走出出站口，就遇到了"三元"骗局。想起两年前在杭州城站火车站的同样遭遇，王扬决定在出站口揭穿这些骗子的丑恶行为，结果被恼羞成怒的行骗人员殴打在地，头部缝了三针。

事情发生3天后，昨天下午，打人的其中1名诈骗女子被铁路警方抓住，通过王扬的现场辨认，确定是当天涉事人员。目前该女子已经被铁路警方控制，另外几个相关涉事人员还在进一步调查中。

——2016 年 10 月 9 日 《钱江晚报》

该导语的第一自然段都是新闻背景，是对已经过去了的新闻发生过程的叙述，宜置于导语之后的新闻主体段落之中。该导语可以改为：杭州铁路警方昨天下午抓获一名涉嫌打伤一浙江大学男生的诈骗女子，其他几个相关涉案人在逃。

（六）用新闻背景作导语，遮蔽了新闻价值

比用旧事实做铺垫更差的，是完全用新闻背景作硬新闻导语，导语中看不到新鲜的信息，新闻价值被遮蔽。如新闻《全国首条民资控股铁路“杭绍台铁路”昨日动工》的导语：

杭绍台铁路先期开工段——九龙山隧道位于台州与绍兴交界处，线路经过绍兴市新昌县儒岙镇、台州市天台县白鹤镇、平桥镇，全长 8.823 km，其中台州境内 5.443 km，隧道贯穿工期 29.1 月。

——2016 年 12 月 24 日 浙江在线

该导语都是新闻背景，适合放在主体部分。它的导语没有突出“杭绍台铁路”是全国首条民资控股铁路的新闻价值，没有把它作为新闻的主题，误将新闻主体中起“说明”意义的背景当成了最重要事实。受众看了这样的新闻导语会误以为它不过是一个普通的工程，再加上它充满了数字，语言枯燥乏味，其中“工期 29.1 月”的表达令人费解。其实，该新闻的导语用一句话就能引起受众的关注：全国首条民资控股铁路在浙江动工。

记者要有认识问题的宏观视野，把一件事放在时代和历史的高度来认识，从它对全国、对世界的影响的角度来衡量，找准其新闻价值。

（七）空话套话，味同嚼蜡

硬导语的语言宜鲜活，体现时代特色，抓人眼球，引人注目，避免陈词滥调。如新闻《温州 23 岁女子按摩店内卖淫当场被抓 160 元一次》的导语：

为有效净化社会风气，有效打击卖淫嫖娼等丑恶违法犯罪活动，温州仙岩派出所在前段时间对辖区内易涉黄场所全面整治的基础上，日前又展开了突击检查，6月7日，又当场抓获一对卖淫嫖娼男女。

——2016年6月16日　今日头条

导语中“为了……”这样的句式没有传播信息，而是揭示了当地派出所打击卖淫嫖娼行动的意义，这种套话不宜用之于新闻中；“温州仙岩派出所在前段时间对辖区内易涉黄场所全面整治的基础上，日前又展开了突击检查”是新闻背景，应置于新闻主体中；“6月7日，又当场抓获一对卖淫嫖娼男女”无论时间还是事实都不新鲜了，作导语显然不合适。动态新闻（事件新闻）是“易碎品”，第一时间报道才能彰显其价值。如果记者从“又当场抓获一对卖淫嫖娼男女”这件事中找到与之前同样案件有区别的新鲜之处，经过对比抓住这件事的特点，并将其写入导语中，那么这则新闻就有了意义和价值。

（八）缺乏受众本位意识

新闻要实现有效传播，传播者就应有受众本位意识。如“《中华人民共和国物权法》由十届人大五次会议高票通过，自2007年10月1日起施行”这件有重要新闻价值的事，如果从宣传本位意识思考，可以写成：

备受各界瞩目的《中华人民共和国物权法》自1993年启动立法的进程，历经立法机关八次审议，于昨日（16日）由十届人大五次会议高票通过，这是中华人民共和国第一部物权法。①

如果这样写，受众感觉不到这部牵涉到保护百姓财产利益的重要法律和自己有密切关系，它缺少了受众的视角，没有人情味，影响了这则重要新闻的传播效果。如果改成下面这样就有“温度”了：

十届人大五次会议昨天（16日）通过的《中华人民共和国物权法》，将于今年10月1日正式实施。这是中华人民共和国第一部物权法，它改变了过去数十年

① 郑贞铭，廖俊杰，周庆祥．新闻采访与写作［M］．台北：威士曼文化事业股份有限公司，2010：316.

包括土地所有权在内的相关物权规定，将影响全中国每一个家庭的财产价值。①

最后一句话是从受众的角度来写作的导语，它点明了这部法律的价值和意义，拉近了这条硬新闻与受众的距离，让受众看一眼就发现了该新闻与自身利益的关联，感受到其重要性，会从无意地一瞥转为专注阅读。

（九）违反新闻客观性

新闻的功能重在传递信息，记者在写作时须秉持客观性法则，事实与意见分开，零度情感，不用想象和推测代替事实，这就是人们称消息为“纯新闻”的由来。在新闻《杭州现最萌离家出走案　三娃赤溜溜出走近 1 小时》的足有 4 个自然段、长达 249 字的导语中，记者的主观情感和观点一眼可知：

这是昨天杭州最萌的一起“离家出走”案：3 个小孩子光脚光身子在建德乾谭镇上闲逛，最大的姐姐“一丝不挂”，两个小的穿着尿不湿摇啊摇，摆啊摆……

吓呆了：最大的姐姐今年 2 岁，另两个小的是龙凤双胞胎，他们悄悄地从家里溜出来，走出门，走上街，他们是太渴望诗和远方了吧。

无论你信还是不信，事情就是这样离奇地发生了。

一个 2 岁的孩子，带着她只有一岁的弟弟和妹妹，三个步履蹒跚的小家伙历时近 1 个小时，从 6 楼的房间开始离家出走，期间还得穿过防盗铁门，走过 30 米长的露天平台，走到街上，走到了对他们来说已经很远很远的地方……

——2016 年 6 月 14 日　浙江在线·浙江城镇网

上述导语中表露出作者明显的情感倾向和观点，加上不必要的细节，使导语变得冗长，记者有意渲染其趣味性，反而迟滞了受众的阅读欲望，多余的文字变成了堵塞信息快速流通的“障碍”，使得叙述的效率低下。用表示行动者主观意愿的“离家出走”也不符合该新闻的事实。不如用两句话概括：一个 2 岁的孩子带着她 1 岁的弟弟和妹妹，赤身裸体从 6 楼走到街道上。派出所民警偶然发现了他们。

① 郑贞铭，廖俊杰，周庆祥．新闻采访与写作［M］．台北：威士曼文化事业股份有限公司，2010：316.

13

第十三章

软新闻导语写作

相比于硬导语职业化的直接简明的模式化写作风格，软导语写作注重个性化，它展现记者的文化素养和文字底蕴，是一种“非职业化”的写作，其审美要求高，写作难度大。

一位新闻写作爱好者写了一篇人物特稿让笔者提出修改意见，稿件的导语是：

时光的年轮拨回到1996年，在江苏丹阳，一个六岁的小男孩在家看了一部名叫《超特级铁胆火车侠》的动画片，片中时速300 km/h的新干线希望号动车组镜头的出现，让这个男孩眼睛睁得大大的，对着电视机怔怔出神。

同年暑假，男孩随父母坐绿皮火车去上海看望亲戚，七个多小时的颠簸，让男孩倍感倦意。出了上海站，男孩抬头一望，远处的东方明珠塔耀眼地映入眼帘，高大的建筑，绚丽的灯光让他困意顿消。

20年后，小男孩大学毕业进入铁路工作，与长三角一体化发展的上海速度结下了不解之缘。他就是中国铁路上海局动车组机械师，上海市青年联合会委员，全路青年岗位能手——陈骏亚。

初见陈骏亚，中等身材，戴黑框眼镜，剑眉浓厚，左眉心上方有一黑痣，脸颊饱满，人中宽厚，嘴角上扬，笑起来天真烂漫。在采访中，没等记者发问，他就抢先将自己的故事娓娓道来。

这个软导语有342字，并不精彩。它的叙事节奏过慢了，可以加快一点。另外，其最后一段显得多余，文中附一张照片不比这段文字更直接、更形象吗？笔者修改成了这样：

那是1996年7月的一天，一名6岁的江苏丹阳男孩随父母坐绿皮火车去上海看望亲戚。七个多小时的颠簸，让他倍感倦怠。这个小男孩不禁想起了他在家看的一部名叫《超特级铁胆火车侠》的日本动画片，片中时速300公里的新干线希望号动车令他十分好奇。坐在去上海的绿皮火车里，他怔怔地想，何时才能感受一下日本动画片里的那种火车呢？

20 年后，这名小男孩大学毕业来到了上海，他 6 岁那年的梦想变成了现实：中国也有了日本动画片中的火车，而且速度更快。这名小男孩就是今天的中国铁路上海局动车组机械师陈骏亚。他是上海市青年联合会委员、全路青年岗位能手。

如是，则该软导语变成了 255 字，少了 87 字，叙事的效率提高了，两个时代的转换宛如两个影视镜头瞬间切换，清晰地呈现了主人公的过去和现在。它用“蒙太奇”的艺术手法把一个人 20 年前后的梦想与现实进行了梦幻般的组合，令人感叹命运之神奇，使人产生好奇心，有先睹为快的冲动。

米歇尔·福柯认为，话语是人认识世界的方式之一，一种特定的话语形式相应地产生一种特定的知识①。新闻话语是“建立在新闻叙事语言、文本及故事等基本规则体系上，带有更加具有主体化的意图的意义建构行为”②。简言之，新闻话语就是新闻叙事产生的口语或文字作品。新闻话语按照其文本结构和表现形式的差异可分为硬新闻和软新闻，它们的开头分别被称为硬导语和软导语。在新闻话语中，受众对一篇新闻的感觉和第一印象是从其开头（即导语）开始的，可以说，导语出彩能提升新闻话语的传播效果，带给受众愉悦的阅读体验。不仅如此，导语决定了新闻文本的走向和脉络，它是新闻的点睛之笔，是新闻文化最集中的体现，从中可以看到记者的职业态度、专业素养、文化底蕴、创新思维和语言功力。美国新闻学者梅尔文·门彻认为：“有效的导语满足两个要求：它抓住了事件的实质；它吸引读者或听众为该报道停留。”③ 以传播故事模式见长的软新闻导语因追求写作的旨趣和人情味而在“吸引读者或听众为报道停留”方面具有显著的优势。软新闻导语也被称为软导语、延缓性导语、间接导语。婉约优美的软新闻导语与开门见山的硬新闻导语形成鲜明的对照，它有意不直接告知受众新闻最主要的事实，采取虚实结合的写作手法，有意放慢导语的叙事节奏，用描写或者讲故事的技巧，突出新闻的旨趣。

相比职业化的硬导语以直接简明的模式化写作风格彰显新闻价值的时新

---

① 张超．释放数据的力量：数据新闻生产与伦理研究［M］．北京：中国人民大学出版社，2020：119．

② 张超．释放数据的力量：数据新闻生产与伦理研究［M］．北京：中国人民大学出版社，2020：119．

③ 门彻．新闻报道与写作［M］．展江，主译．北京：华夏出版社，2003：126．

性和重要性，个性化的软导语写作则以人情味、冲突性和戏剧性表现新闻故事的旨趣，它展现记者的文化素养和文字底蕴，是一种“非职业化”的写作，其审美要求高，写作难度大。回顾人类新闻传播史，追溯近代新闻业自17世纪报纸在德国诞生以来400余年的发展历程不难发现，优质的新闻内容是新闻文化的核心竞争力。作为新闻开端的导语往往先声夺人，它的品质决定着新闻能否吸引受众的注意力，“一个好的开头需要一下子就勾住读者的心，让他们继续读下去。一则好的导语能让读者接着读一个他们本不那么感兴趣的话题，而一则干巴巴的导语甚至会在故事还没展开前就阻止读者读下去”①。

在当下媒体融合的背景下，软新闻导语写作失范的现象屡见不鲜，诸如冗长拖沓、文笔滞涩、铺垫冗余、逻辑紊乱等等。与之形成鲜明对比的是，媒体热衷于技术的迭代更新，似乎陷入了技术膜拜的迷思中，呈现出美国学者尼尔·波斯曼所忧虑的“文化向技术投降”的趋势。由此，探讨软新闻导语的建构在当下的媒介环境中显得十分必要，因为“精彩的报道等同于精彩的导语”②。

一、软导语与硬导语的差别

（一）报道题材的不同

硬新闻导语适合时效性强、新闻价值重大的事件（动态）报道，如突发事件、国计民生领域相关事实信息的变化变动，它以传播事实信息为本，篇幅通常短小，适用于消息写作，强调事件的新鲜重要。为了凸显时新性，硬新闻常用最新鲜的“时间最近点”作为导语的由头。软新闻导语适合故事性强、饶有趣味的特稿、调查性新闻、解释性新闻等，它不适合突发事件、新鲜且新闻价值重要的新闻报道。如1963年11月22日时任美国总统肯尼迪在美国得克萨斯州达拉斯市遇刺就是一则硬新闻，路透社建构的经典导语是：

肯尼迪总统今天在这里遇到刺客枪击身亡。

---

① 华莱士，诺贝尔．光与热：新一代媒体人不可不知的新闻法则［M］．华超超，许坤，译．北京：中国人民大学出版社，2017：112－107.

② 华莱士，诺贝尔．光与热：新一代媒体人不可不知的新闻法则［M］．华超超，许坤，译．北京：中国人民大学出版社，2017：112－107.

该动态新闻题材重大，具有重要性和时新性。该事实本身就有冲击力，受众自然会关注，所以该硬新闻导语用不着费心去铺陈。笔者曾在新疆大学校门口偶遇这样一起冲突事件：出租车进校门的费用，究竟应该谁来出？出租车司机与乘客就此产生了言语冲突。这件事呈现的新闻价值是趣味性，对受众而言，它不是一个需要紧迫传播的重要新闻，因此，笔者为新闻《新大校门设坎 的士进门五毛》建构了一个软新闻导语：

“我只按计价器上的数字付钱！”新疆大学的刘老师对出租车司机吕军辉怒吼。吕军辉耐心地与刘老师交涉了几分钟后，无可奈何地按计价器收了费。他们争论的焦点是：新疆大学门卫对进入大学的机动车一次收取5角钱，这5角钱究竟该谁掏？

——1999年6月14日《都市消费晨报》

该导语共108字，其新闻题材并非影响公众的重大事件，所以，采用引语建构导语并描写场景是为了引起受众的好奇心，进而阅读新闻。

（二）写作形式的差异

在写作形式上，硬新闻导语注重简明扼要、直截了当，它通常用一句或两句话建构导语，注重传播信息的效率，语言直白，节奏明快，其常用的叙事模式可以用公式表达为：何时＋何地＋何事＋结果或何事＋结果。软新闻导语在叙事形式上显得委婉间接，它注重虚实结合的写作方法，开头有意延迟对核心事实的披露。软新闻导语往往采取“铺陈＋何事”的叙事方法，用情节、细节、引语、故事的精彩片段等铺陈，先激发受众的兴趣，然后逐渐切入事实，点明正题。因此，软新闻导语在形式上比硬新闻导语的篇幅长，可以包含多个段落。硬新闻导语简明扼要，一目了然，体现了新闻传播的效率，但其程式化的写作范式不免显得刻板；相比之下，软新闻导语生动活泼，富有个性和文采，耐人寻味。

众所周知，竞技体育具有对抗性，也具有观赏性和娱乐性，因此，对于体育新闻，记者既可以用硬新闻高效率告知受众最新的结果信息，也可以用软新闻对比赛结果的意义作出事实判断。例如2000年9月28日中国男子体操队在悉尼奥运会上夺得团体金牌当天，美联社记者建构了一个软新闻导语：

中国，金牌！中国，金牌！中国，金牌！如果人们对此还有任何疑问的话，那么，今天的情况证实，一个新的体育主宰力量已经出现在悉尼。

该导语第一句仿佛把受众带到了比赛的现场，让人们联想到了狂热的现场场景，第二句采用条件状语从句作出事实判断，让人们理性认识到中国体操队夺得男子团体比赛金牌的意义和价值。如果采用硬新闻导语的写作形式，它就变得直接、简洁：

中国男子体操队今天在悉尼奥运会上夺得团体金牌。

我们对比这两种形式的导语不难发现，它们各有所长，就传播信息的效率和节奏而言，硬新闻导语领先；而以传播信息的表现性和可读性而言，软新闻导语胜出。

（三）叙事风格的差异

硬新闻导语用直白、平实的语言，简明地概括新闻最重要的事实，用重要性新闻价值本身的吸引力引起受众关注。它主要有两种叙事风格：①概括式导语；②影响式导语（述评性导语或议论型导语）。它建构的文本是经典的倒金字塔结构的纯新闻，以传播信息见长。软新闻的叙事风格更为多样化，如：①描写式导语；②轶事式导语；③叙述式导语；④对比式导语；⑤直接引语式导语；⑥提问式导语等。硬新闻导语建构的叙事文本类型比较单调，即以报道动态事件的消息为主，恪守倒金字塔结构；而软新闻导语引导的叙事类型更为丰富，它以讲故事为主，建构的文本有消息、特稿和深度报道，可以采用时间顺序结构、悬念式结构、并列式结构、华尔街日报体等。硬新闻导语叙事开门见山、要言不烦，其叙事风格着眼于“时新”和“重要”，关注动态新闻，以快制胜，文风简短，犹如“删繁就简三秋树”；软新闻导语叙事曲径通幽、唯美俏丽，以人情味故事感人肺腑，千回百转，曲曲折折，文风创新，追求个性，恰似“领异标新二月花”。

对比报道第二次世界大战日本投降的新闻，1945 年 8 月 14 日晚上，美国总统杜鲁门举行记者会宣布，日本天皇已经同意无条件接受盟军提出的投降条款。美联社立即抢发了这一重要的新闻《东京宣布无条件投降》，其导语简洁有力：

日本投降了。

这简洁的一句话浓缩了历史转折点上的一次重大事件，它概括了该新闻最重要的事实和最具新闻价值的事实：发生了何事——日本投降了。它浓缩了该事件最令人关注的核心事实，字斟句酌，惜字如金。这句话要言不烦，被视为硬新闻导语写作的范例。《纽约先驱论坛报》1945 年 9 月 3 日刊登的由记者霍墨·比加特采写的消息《日本签字仪式》则采用了描写式的软导语风格，它采用细节描写将日本负责签署投降协议的外务大臣重光葵登上密苏里号战舰时丧气与狼狈的样子展现给了受众。其优点有：现场感、画面感强，是对历史的观察和记录，形象生动，可读性好。它用了 3 个段落、172 字，在传播信息的效率和节奏方面显然不如硬新闻导语简洁明了，但它还原了历史现场，证实了麦克卢汉的名言："媒介是人体的延伸。"受众阅读了记者的描写后仿佛身临其境。这两种不同叙事风格的导语带给受众的阅读体验是不同的，前者的信息冲击力令人震撼，禁不住内心狂喜；后者对历史事实的记录让人感慨，叫人解气解恨。

（四）传播效果的区别

从传播效果看，硬新闻导语直来直去，其导语如同字面含义般"硬邦邦的"，它注重的是新闻价值的"过硬"，讲究的是内涵。大事件的事实本身就足够吸引人，索性竹筒倒黄豆，快人快语，直来直去，第一时间传播信息。

从表现效果来看，硬新闻导语给人以雷同化、模式化的呆板印象。软新闻导语的软，体现在它带给人以文辞的美感，它要么是不新鲜的事件，要么是富于趣味性的事件，其中反常、离奇和具有人情味的元素比较突出。因此，它服务于内涵"柔性"的内容，需要用令人感兴趣的、生动的事实作铺垫，在传播效果上追求打动受众的情感。

软新闻导语也传播信息，但主要是传播故事。所以，对同一件事，不同的记者写出来的软新闻导语是完全不同的，不像硬新闻导语，对同一件事是同样的叙事模式。硬新闻导语建构的文本执着于快速传播信息，告知受众重要的事实——国事、天下事，以此消除人们对无常世事的不确定感，满足人们想要及时觉察变化莫测的大千世界的愿望；软新闻导语建构的文本以娓娓道来的方式触及人的情感，以传播人情味的故事打动人心，以真情抚慰众生。例如：

当今天早上北木草街871号的大火被扑灭后，户主卡琳娜，一位有着五个孩子的寡妇，眼含热泪，望着被火烧毁的房屋喃喃地说，“完了，一切都完了！”①

该软新闻导语64字，如果使用硬新闻导语，它就变成了34个字：

今天早上，北木草街871号房屋因火灾焚毁，户主是一位带着五个孩子的寡妇。②

通过对比这两则导语可以发现，软新闻导语以客观真实叙事为本，带有记者的情感；硬新闻导语则客观公正、理性冷静。

二、软导语写作的原则

（一）软新闻导语不强调时新性

硬新闻导语常以新鲜的时间要素（最近时间点）为由头，而软新闻导语并不强调时间要素的新鲜度，它常常忽略时间要素而更在乎事实的反常、离奇和人情味，以具有冲突性和戏剧性的故事细节设置悬念吸引读者的眼球。因此，在构思软新闻导语时不需要以时间为由头，而应抓住对受众有吸引力的场景、引语、对话等作为行文的材料。有的软新闻导语写作沿用了硬新闻导语中“近日”“最近”这样不规范的模糊的时间作由头，其实大可不必，这是新闻素养不足的陋习，有违新闻文化的品位和格调。此外，对不新鲜的事件新闻宜改用软新闻导语，以具有人情味、戏剧性或冲突性的场景吸引受众，弥补硬新闻时效性的不足，凸显其传播效果。软新闻导语不同于硬新闻导语之处就在于它更看重新闻的“趣味性”而不是新闻的“时新性”。

（二）遵守“设置悬念——解开谜团”的规则

尽管延缓性导语有意营造悬念吊起受众胃口，引发好奇和关注，但需要

① 陈建德. 美国的新闻写作训练：赴美进修日记数则［J］. 新闻大学，1982（5）：41.
② 陈建德. 美国的新闻写作训练：赴美进修日记数则［J］. 新闻大学，1982（5）：41.

节制，把握好“度”，不能挑战人们的耐心，使受众宛如坠入五里云雾之中，等到花儿都谢了。例如某篇新闻报道宁夏回族自治区有两名男子潜入驻地部队的场区偷走59式坦克履带卖钱的事件时，它采用了软导语，但该消息直到第八自然段结尾时才告知受众结果。按照软新闻导语的写作规范，首段设置悬念之后，应在第三自然段之前（最迟在第五自然段之前）揭开谜底，解答悬疑，呈现事实结果。否则，受众便有如陷入迷宫失去方向而丧失阅读兴趣，认为记者故弄玄虚而怫然不悦。在当下手机传播引领的轻文本、碎片化的阅读潮流中，短视频文本受宠，受众更喜欢轻松、有趣的阅读体验，因此，软新闻文本的叙事节奏应张弛有度，起承转合如行云流水，情节曲折似峰回路转，既注重优质的文本，还要注重其传播效率。总之，软新闻导语的悬念设置应追求“山重水复疑无路，柳暗花明又一村”的效果。

（三）恪守新闻文化的本色

“媒体作为一种特殊的组织，它的新闻产品不应只是满足人们的信息需求、知识需求和文化娱乐需求，更重要的是要担当起社会的瞭望者、守望者的责任，这种责任在很大程度上影响社会的价值道德，引领人们的价值取向。”① 传播文化、传承文明是新闻的基本功能。不管硬新闻导语还是软新闻导语，其共性是恪守新闻职业道德，弘扬人文精神，以高尚的作品引导受众，自觉抵制“三俗”（庸俗、低俗、媚俗）。有一篇软新闻的导语是：“你知道女性生活的三大重要问题是什么吗？从前往后分别是：排尿、性生活和排便。”② 该导语违反科学、荒诞粗俗，它消蚀了媒介的社会责任感，羞辱了受众对媒体扮演“社会良心守望者”的角色期盼，也损害了媒介的公信力。此外，新闻作为传播文化的媒介，应注重文本叙事流畅，忌冗长、空洞、乏味。软新闻导语考验记者的知识素养和文字功底，记者如果腹中无墨就会下笔无神，写出来的语言贫乏枯燥，或跑调离题，或冗长无趣，削弱导语的吸引力，导致其传播。记者要加强自己的文化知识修养，同时文笔，做到“我手写我心”，用个性化的、准确而优美的文笔彰显新闻写作的文化魅力，带给受众阅读的美感，使报道文笔优美、思想深刻，令人一见倾心，实现有效传播。“在

---

① 方延明. 解读新闻文化的价值观意义［J］. 南开学报（哲学社会科学版），2004（6）：31.

② 中国青年网. 无奈！杭州女教授10年没穿裙子，穿着纸尿裤上讲台［EB/OL］.（2017－05－10）［2024－04－09］. http://news.youth.cn/jsxw/201705/t20170510_9717150.htm.

建设社会主义和谐社会中，传媒要充分发挥自己的神圣职责，记者也要自觉担负起主体责任，把人本理念贯穿到日常的新闻实际中，自觉地用人文精神引领新闻文化，才能在市场经济的大潮中，努力保持新闻传媒的生态平衡，促进我国新闻传播事业快速健康地向前发展。”①

三、软导语失范举隅

（一）叙事拖沓，节奏缓慢

软新闻《金华千人进村挖宝　专家称：不过是含铁的玻璃》（2016 年 6 月 21 日　钱报网）的导语有 4 个自然段，248 个字。它叙事拖沓，节奏缓慢，不符合新闻文化的特点。如果删繁就简，该导语可改为：金华磐安胡宅乡后张村出产“红宝石”？专家在现场的鉴定报告给寻宝人兜头泼了一盆冷水：不过是含铁的玻璃。这样只需要 50 个字即可。

软新闻导语可以先虚写，再实写，但是语言要简洁，要抓住受众关切的兴趣点，不能过度延缓。国内一些媒体之所以软新闻导语写得比较冗长，是因为记者没有吃透软新闻导语的建构方法，误以为既然软新闻导语不像硬新闻导语那样直接直白、直奔主题，文字多一些也不影响传播事实，结果变成了车轱辘话。其实这是误解，新闻文化的属性是简洁。软新闻导语虽然在时新性、效率性方面不如硬新闻导语那样简明扼要，但它同样需要字斟句酌，以简洁为美。

（二）堆砌事实，叙事冗长

软新闻《75 岁大爷成剁手党　迷上电视购物一年花光 15 万积蓄》（2017 年 4 月 18 日　搜狐四川资讯网）的导语用了 230 字、共 3 个自然段列举了主人公痴迷于电视购物的种种表现，其情节的荒诞反常符合软新闻导语的特点。遗憾的是，记者不懂得对素材进行取舍，一次性在导语中挥霍掉了所有的冲突性事实，使得这篇软新闻的导语冗长而烦琐，浪费了受众的阅读时间，损害了新闻的传播效果。其实，通过对比不难发现，最能引发受众阅读兴趣的是该导语的第三自然段，可将其改写为：主人公秦某看电视购物节目购买的

① 郑岩. 用人文精神引领新闻文化发展的思考［J］. 新闻界，2007（4）：61.

100多件白酒堆了半面墙、20多幅书画藏在柜子和床下、没有出版页（版权页——作者注）书籍的《偏方秘籍》放在枕边、各类保健品立在床头，以及价值3980元的“航母纪念币”等等，疯狂购物导致他与老伴分开做饭、互不言语，与两个儿子一见面就吵架。相比于前两个自然段，这是冲突的高潮，增添了新闻的表现色彩。记者在使用素材的时候，应该像中国园林艺术那样，“曲径通幽处，禅房花木深”，把材料用活用精，虚实结合、错落有致、张弛有度、环环相扣，刻意营造曲曲折折、引人入胜的阅读体验，始终给受众以新鲜的兴奋点，让受众有沉浸感，恍若置身于小巧却感觉有无穷天地的精美园林。

（三）过度铺陈，信息冗余

软新闻《体校女生将瘫痪仍被母亲逼着训练：未到最严重时》（2016年6月19日《杭州日报》）的导语共5个段落，长达227字。它以直接引语开头，然后介绍了新闻的背景，之后记者又以问句质疑体校女生母亲的这种做法是否合适，最后该女生向报社电话投诉自己的遭遇和迷茫。软新闻导语使用的直接引语须能够增加新闻的表现性，宜精挑细选，要求应用的直接引语能够唤起受众对现场的联想，体现说话人的神情、情感和思想，不能随意找一句直接引语作为导语的开头，因为直接引语会拖慢叙事的节奏，不精彩的直接引语会令报道冗长乏味，吓跑受众。实际上，仔细推敲，该导语应用一句话建构冲突点：一位17岁的体校女生比赛受伤，她想终止训练，因为医生说最严重会瘫痪。但她的母亲却劝她再熬一熬，希望她能以体育特长生的身份上重点大学。延缓性导语应抓住新闻事实中的矛盾或冲突的关键点，将其高效率展现出来，引发受众的兴趣。

（四）平铺直叙，平淡无奇

软新闻《80岁老人百元游湖　买回3万补品已付8700》（2016年10月1日　《扬子晚报》）的导语有86字，首先，该导语的缺点是起头的时间要素“前天下午2点多”不新鲜，而且不精确，给受众带来了理解上的困扰，传播效率差，不如省去。实际上，软新闻导语并不像硬新闻导语那样看重时效性，时间要素不是导语的必要元素。其次，该导语采取了平铺直叙的方式，表述平淡无奇，冗长啰唆，没有把这件事的反常之处简明扼要地陈述出来。不如将主语换成当事人，这样表达就会简洁明了：南京市两位80多岁的夫妇花了

100元参加某公司的天目湖旅游，结果花光了8700元买回来一堆补品。该公司声称这些补品价值3万元，这对夫妇还欠他们2万多元。这件事本身就不可思议，是软新闻的素材，记者应该在吃透采访材料的基础上，用心推敲，在导语中把不可思议之处用简洁的语言表现出来。软导语就像中国传统戏剧主人公出场亮相一样，一出场就要气势十足，吸引观众眼球，进而引来满堂喝彩。

（五）虚写铺张，实写迟滞

软导语也叫延迟式导语、延缓性导语，顾名思义，这种导语不像硬导语那样直截了当地用一句话或两句话告知受众最重要的事实，而是有意卖关子，先铺陈，后讲明事实。有的记者在应用软导语写作时，没有把握好延迟揭示事实的度，迟迟不告知受众结果，一直把受众蒙在鼓里。这样的软导语会引发受众的焦虑和不满，阅读体验差。《都市快报》2018年6月9日软新闻《湖州美容业制售假药大案：进价2百卖2千　甚至可能致命》的导语有7个自然段，长达267字，第一自然段到第三自然段为曝光的美容院发布的夸大其词的微整形广告，接着依次交代有一位警察开始注意这些广告、他心里发出疑问、当地警方开始暗访，直到第七自然段才揭开谜底：安吉警方破获了9个制售假美容药的窝点，涉案金额1.5亿元。该导语用7个自然段建构显得冗长，其叙事节奏过于缓慢。按照软新闻导语写作的技巧，一般延迟到第三自然段，最迟在第五自然段就要对导语建构的悬念进行揭秘。该延迟式导语到了第七自然段才交代谜底，显然不妥当。记者写作软新闻导语应遵守新闻业既有的范式，不能任性自由发挥，违反新闻规律。

（六）铺陈离题，失之千里

软新闻《温州24岁姑娘在意大利高烧3月未确诊　打飞的回国查出病因》（2015年12月24日　《钱江晚报》）的导语有489个字共5个自然段。该导语先花费了3个自然段共164个字写影星李冰冰在澳大利亚拍戏时，突然身体不舒服，高烧14天不退，人虚脱到无法行走，澳大利亚的医生却无法对她的病因进行确诊。不得已，李冰冰只得飞回北京看病，结果是化脓性扁桃体炎，很快便治愈出院了。看到这里，受众会误以为该软新闻的主题是讲述影星李冰冰回国看病的人情味故事，不料，该新闻接下来出场的人物却是24岁的温州人小羽，她在意大利因持续高烧不退，家庭医生和医院专家查了很久都找不到原因，无奈之下，她登上回杭州的飞机。杭州的医生很快诊断出她患的是心内膜炎，一周之后她就恢复了健康。看到这里人们才明白，原来这篇软新闻的主角不是李冰冰，而是这名小羽姑娘。该新闻开头的3个自然段叙述的李冰冰回国看病的故事与该新闻的主题一点边都不沾，纯属多余，使新闻主题不明确。这属于铺陈不当，虚写部分脱离了新闻主题。实际上，记者应通过对比，抓住这名温州姑娘治病的离奇故事情节建构悬念导语：温州姑娘在意大利患心内膜炎3个月看医生未查明病因，飞回杭州求医当天确诊，一周就出院了。这样，该新闻的软导语只需要1句话、1个段落、43个字即可。一篇新闻一个主题、一事一报是新闻写作的基本要领。

（七）铺陈荒谬，逻辑混乱

软新闻《俩笨贼哀叹杭州抢不到现金：5年后将正式迈入无现金社会》（2017年4月17日 《杭州日报》）的导语共301字，分为3个自然段。该导语有两个铺垫：其一，《阿里巴巴和四十大盗》的故事；其二，两贼在杭州连抢三家便利店，只抢到1800多元现金。其主题是：5年后，杭州将正式迈入无现金社会！用时下流行的网络语言评价该导语：记者的脑洞大开太任性，让人烧脑。《阿里巴巴与四十大盗》是《天方夜谭》中著名的故事，塑造了4个形象鲜明人物：勇敢、机智的阿里巴巴；贪心的哥哥；聪明敏锐的女仆；残忍的强盗。根据该故事主题，它与这篇新闻的主题并无任何逻辑联系。该神话故事中的“强盗”与这篇新闻中的“小偷”在逻辑概念上也非同一类。该导语中“这样的天方夜谭其实一直在杭州上演”的表述更是令人莫名其妙，如果杭州天天都有贼偷钱不成，记者就应该提供新闻来源，同时用精确的事实佐证而不是用这样一句模糊的文学语言带过。也许记者从该事件中联想到位于杭州的阿里巴巴公司开发的支付软件“支付宝”，但此“阿里巴巴”仅仅是借用了神话故事中英雄人物的名字而已，它与该事件的两个窃贼并无直接的关联。延缓性导语不是玩接龙游戏，不要堆砌两个悬念元素，记者尤其需要理清逻辑关联，应从A元素（事实悬念）自然而然引导出B元素（事实结局）。该导语应修改为：两贼半个多月前在杭州连抢三家便利店，结果只抢到1800多元现金。他们可能没想到，在杭州抢钞票竟然这么难！其实，杭州早就进入移动支付时代了。再告诉盗贼一个“坏消息”：5年后，杭州将正式迈入无现金社会！这样写，只需要95字，分为两个段落。延缓性导语不仅要引人入胜，还要过渡自然、衔接自然。此外，悬念与揭晓谜底应有延缓过渡。

软新闻导语只需要一个与报道主题直接关联的铺陈即可，不需要记者天马行空般的“无厘头”铺陈。

四、建构软导语的进路

（一）培养创新思维的能力

作为一种个性化的写作，软导语考验记者、编辑的创新思维能力。软导语忌讳叙事冗长、平淡乏味，更忌讳铺陈与主题无关。其实，写好软导语可以从情节本身的冲突性、戏剧性着手来建构新闻的张力。如新闻《4 男子苦练粤语装香港人 长沙街头骗手机》（2015 年 6 月 13 日 红网）的导语是：“‘他们一是演技好，二是心理素质好。’6 月 12 日，长沙市公安局雨花公安分局通报一起街头诈骗案，犯罪嫌疑人马某等 4 人假扮香港人，对街头行人进行诈骗，在骗取受害者信任后，借机拿走当事人的手机。”该导语与这件不可思议的新闻相比显得平淡无奇，如果记者在采访中挖掘一下这 4 名男子的籍贯和他们练习粤语过程中最艰难、最令他们自己难忘的、有趣的细节，该新闻将具有了一种黑色幽默的效果，自然就能引发受众阅读该新闻的兴趣。

（二）恪守新闻客观真实的底线

新闻的本质属性是客观真实。如今有的媒体为了哗众取宠，不惜违反新闻的基本原理，以极度煽情的语言渲染事实。如某报有一篇软新闻写一位患者得了“海绵状血管瘤”，这个血管瘤在 CT 影像上的形状看起来像个“马蜂窝”，记者就在软导语中声称这位患者“颅内有个马蜂窝”，起初受众不免好奇想要一探究竟，看完整篇新闻之后却惊呼上当，原来该软新闻导语中所谓的“颅内有个马蜂窝”不过是对“海绵状血管瘤”CT 影像的形象化比喻。这种用不科学、不准确的比喻代替事实的写法，耸人听闻，伤害了新闻的客观真实，误导了公众。值得警惕的是，在当下的科技报道中，记者为了追求新闻的通俗和趣味，采用类似不准确、不科学的比喻并不鲜见。

（三）练就倚马可待的叙事功力

软新闻导语是故事化的写作，记者要有如椽之笔，精于叙事、描写、抒情和议论等四种写作手法，让故事充满戏剧张力，生动有趣。当下软新闻导语叙事啰唆、事实冗余的现象偶有发生，有的甚至逻辑不通，反映出记者叙事能力的不足。如果软导语平平淡淡，没有表现力，没有吸引力，就不符合软导语的特征。记者在构思软导语时，要善于挖掘新闻中紧张、刺激的细节，赋予导语动感、惊险的现场感以增强可读性。如今手机成为人们的“电子器官”，用手机阅读碎片化知识成为人们日常生活的一部分。新闻人尤其要警惕这种碎片化的阅读对我们的干扰，要坚持深度阅读和深入思考，要坚持读书充实自己的大脑，“传统形式的书籍是一种记忆机制，那紧凑而持久的力量令人称奇。在装订、封皮和纸张之中，书籍承载着其源头和旅程的信息，既是一件人造物，又是形象和思想的记忆库。作为物体，它拥有 20 世纪哲学家沃尔特·本雅明所谓的‘光环’，由它使人联想到的仪式性和形而上学的形象组成。有人一想到数字图书馆就畏缩不前，其实我们担心的多半是这个‘光环’的丧失（Battles，2006）”①。在博览群书的同时，还要勤奋写作练就如椽之笔，能够用准确、流畅、通俗、具体的语言叙事，这是写好软导语的基本功。

写好软新闻需要记者有过硬的文笔。美国著名作家海明威当过记者，当年他在加拿大《多伦多明星日报》上发表的关于 1919—1922 年土耳其军队进攻希腊的报道片段像一幅油画一样生动鲜活：“这是悄无声息的行列，没有人抱怨，他们就这样仅仅是向前走去。他们如油画上的农民一般衣衫都湿透了，满身泥泞。母鸡从马车里朝人群脚下飞去。路上一遇到堵塞，小牛犊就往牲口肚皮下面钻。一位年迈的农民走着，因为肩背小猪、武器和绑着母鸡的绳索而弯着身子。丈夫把被子披在产妇身上，以便为她遮挡瓢泼大雨，只有她一人用呻吟打破了沉静。她的小女儿害怕地看看她，哭了起来。而行列仍旧向前行进。”② 海明威的描写如文献一般真实，他对场景进行了细分，描写了逃亡者的姿势和动作、这些人的精神状态……如同画家写生一般。这个片段启示我们：要写好软新闻导语，应练就海明威这样明察秋毫的观察力和细腻传神的文笔。

需要提醒的是，软导语可以用多个段落组合成复合式导语，但这并不意味着软导语写作就可以信马由缰，简洁是新闻文化的标志，软新闻导语概莫能外。软导语的写作应根据具体的新闻素材来确定，尽可能精彩传神。

---

① 洛根. 理解新闻媒介：延伸麦克卢汉［M］. 上海：复旦大学出版社，2016：116－117.

② 普罗宁娜. 媒介心理学：记者思维模式与新闻文本生成［M］. 薛冉冉，译. 北京：中国人民大学出版社，2016：188.

美国《达拉斯晨报》总编辑、资深媒体人迈克·威尔逊认为：“对从事新闻工作的人来说，写作永远是至关重要的技能。”①

综上所述，清华大学新闻学教授李希光认为，软导语属于讲故事的导语。他说：“讲故事不仅仅是向读者告知事实，同时它也肩负有教育、启迪和为读者提供阅读享受的功能——也就是引发读者的情感。因此，讲故事新闻更迫切地需要回答读者‘我为什么要关心’的问题。也正因为这一点，讲故事新闻的导语形式多样，篇幅有长有短，而新闻六要素则融入故事之中。但与硬新闻相同的是，讲故事导语也要吸引人，让读者一步步看下去。”② “这类新闻报道的写作方法就是由点到面，导语从具体的问题入手，再在后文中拓展话题，这样不仅可以为报道注入人情味，还可以让读者更深刻地体会该问题的重要意义。”③

李希光教授的论述启示我们：软导语在新闻话语中有着它独特的意义锚定和统摄秩序。回顾人类新闻传播史，新闻话语范式的确立与电报技术的发明和普及有直接的关联。“电报使文笔简练且不加修饰，并使新闻业不再有铺陈的细节和分析，于是，这种文风在新闻部掀起了一阵狂热。简练的文笔和精减的篇幅使得新闻——实际上是迫使新闻——被当作商品一样对待：一种可以被传送、被评估、被压缩和被计时的商品。”④ 而今，互联网技术、人工智能技术等科技革命又将传统的新闻业推上了转型与重生的风口浪尖，技术赋能使得新闻传播的话语被大众化生产改变了既有的意义锚定和统摄秩序，专业化标准被解构、被颠覆，令人担心的是职业媒体人也被裹挟在新媒体的流量风潮中，失去了对新闻理想的坚守。媒体人对新技术盲目膜拜，放弃了对新闻话语范式的遵循，新闻编辑室传统文化的褪色、把关人的失察加速了这种失序和失范的文本生产，新闻话语冗长、粗陋的现象时有发生。上述软导语失误案例均为笔者两年来随手在网络新闻中摘取的，是当下新闻话语生产品质走低的明证。

综上所述，在当下新媒体时代，新闻传播的平台和渠道被颠覆，新闻生产与消费的场景在变迁，但新闻内容的格调与品质不能随“风”而逝，传统

---

① 辜晓进. 重走美国大报：美国报业转型：颠覆与重生［M］. 广州：南方日报出版社，2018：217.

② 李希光，孙静惟，王晶. 新闻采访与写作教程［M］. 北京：清华大学出版社，2011：162.

③ 李希光，孙静惟，王晶. 新闻采访与写作教程［M］. 北京：清华大学出版社，2011：162.

④ 凯瑞. 作为文化的传播：“媒介与社会”论文集［M］. 丁未，译. 北京：中国人民大学出版社，2019：188.

新闻编辑室对新闻生产流程严格把关的文化精髓不能丢，新闻人追求优质文本的看家本领不能抛弃。尼尔·波斯曼曾经大声疾呼："技术垄断是文化的'艾滋病'。"① 这句话看似危言耸听，但联系当下新闻话语中普遍可见种种统摄秩序的失范，我们有必要重温新闻文化的历史，追寻马歇尔·麦克卢汉的梦想，力求在人类技术和文化发展之间找到平衡点，到达"太和之境"②。

《王国与权力：撼动世界的〈纽约时报〉》非虚构作品有这样一个段落：

当密西西比的黑人领袖梅加·埃弗斯三年前一个六月的晚上在杰克逊被枪杀时，西顿这样写道：……狙击手的子弹正好击中他右肩胛骨的下面。子弹从前玻璃穿入了室内，穿过了一堵内墙，撞到冰箱上之后弹了回来，并击碎了一盏咖啡壶。这颗磨损的子弹最终落在了厨房壁橱上的西瓜下面。埃弗斯踉踉跄跄地走到门廊，手里拿着钥匙，倒在了台阶旁。他的妻子，梅尔莉，和他的三个孩子冲向了门口…… ③

这样具有画面感的语言令人着迷。软新闻导语在写作上注重创意，记者的知识、才气、文笔等综合素养至关重要。

---

① 何道宽．技术垄断：文化向技术投降［M］．北京：中信出版集团，2019：6.

② 何道宽．技术垄断：文化向技术投降［M］．北京：中信出版集团，2019：6.

③ 特立斯．王国与权力：撼动世界的《纽约时报》［M］．张峰，唐霄峰，译．上海：上海人民出版社，2016：181.

14
第十四章

新闻人的工匠精神请从“头”开始

导语是新闻写作的起点，它“立片言而居要”（陆机《文赋》），是新闻主题和新闻价值的呈现，决定着新闻全篇的结构和文脉的走向。本章选取了 9 篇消息的导语，采用评析加重构的方法进行再次编写的尝试，目的在于“能引来同好的关注，刺激讨论与批评，形成共同的话语空间”①，以期推进新闻文化建设。消息是新闻写作中比例最大、最受媒体重视的体裁，它也叫硬新闻（纯新闻、新闻报道、新闻），主要功能是传播信息。其特点是：一（人）事一报；记者不表达情感和观点；采用倒金字塔结构；追求时效性；篇幅简短，适合报道需要紧迫传播的事件讯息。它通常采用一句话、最多两句话形式的硬导语（也叫硬新闻导语、直接式导语、概括式导语），直奔主题，要言不烦。如今，人们也会借鉴特稿导语（也叫软导语、软新闻导语、间接式导语、延迟式导语、延缓性导语、特写导语）建构消息导语，使之生动有趣、富有人情味。本章选取的消息导语案例中就有 4 篇采用了硬新闻导语，5 篇采用了软新闻导语。

一、硬新闻导语宜开门见山、简明扼要

消息导语常用一句话或两句话的硬导语模式，开门见山、直截了当、简短高效地告知受众“最重要的事实（发生了何事、结果）”，突出其快速传播信息的优势。以下 4 篇消息采用了硬导语的形式：

记者金振娅 23 日从中国疾病预防控制中心获悉，该中心传染病所研究员张永振的团队在病毒起源和进化的研究中取得重大突破——发现了 1445 种全新的病毒科，极大丰富了 RNA 病毒的多样性，并从遗传进化的角度揭示了 RNA 病毒发生和进化上的基本规律，其中一些病毒与现有已知病毒的差异性

① 刘海龙，胡翼青主编．新闻与传播译丛：学术前沿系列［M］．北京：中国人民大学出版社，2020：3.

之大，以至于需要重新被定义为新的病毒科。

——《1445 种全新病毒科被发现（正题） “RNA 病毒圈”或被重新界定（副题）》（2016 年 11 月 24 日 《光明日报》）

【评析】该导语共 146 字，不足有二，其一，作为硬新闻导语不够简洁；其二，与受众有距离感，它是从传者中心的角度建构的导语，专业术语多，令受众望而却步。若从受众中心出发，它应更为通俗易懂，贴近用户的心理。根据新闻中中国疾病预防控制中心传染病所研究员张永振对这项科研成果的评价，可改为：“中国疾病预防控制中心科学家新发现了 1445 种全新病毒科，该成果将有助于识别、预警和精准防控新发突发传染病。”这样，导语只有 50 字，避免了原导语中令非专业人士费解的充满医学术语的表达，拉近了该新闻与受众心理上的距离。其标题亦依据修改的导语改为：中国科学家发现 1445 种全新病毒科（正题）有助于识别、预警和精准防控新发突发传染病（副题）。

11 月 30 日，浙江省十三届人大常委会第七次会议全票审议通过《浙江省保障“最多跑一次”改革规定》（下称《规定》），并将于 2019 年 1 月 1 日起施行。这是全国“放管服”改革领域首部综合性地方法规。全国人大常委会法工委行政法室主任袁杰评价说，《规定》在省级层面率先为实现“最多跑一次”提供了制度样本。

——《浙江为“最多跑一次”改革立法（正题）审议通过全国“放管服”改革领域首部综合性地方法规（副题）》（2018 年 12 月 1 日 《浙江日报》）

【评析】《浙江日报》这篇消息的导语 141 字显得过长。一般而言，硬新闻导语宜简洁高效。该消息导语可以将第二句“全国人大常委会法工委行政法室主任袁杰评价说，《规定》在省级层面率先为实现‘最多跑一次’提供了制度样本”置于新闻主体中，将导语浓缩为 90 字，更凝练，传播效果更好。实际上，该消息作为非事件性报道，加之其主题关注民生，用视角贴近民众的软新闻导语更有人情味。即用第二自然段第三句村民吴家宝老人得知这一重大政策落地时的兴奋情态建构软导语，如：“在浙西南偏远的庆元县岭头乡大际头村，如今村民们在村里通过网络就能办理社保手续。刚刚尝过甜头的吴家宝老人得知浙江省十三届人大常委会第七次会议全票审议通过《浙江省保障“最多跑一次”改革规定》(下称《规定》),并将于2019年1月1日起施行的消息时，禁不住连连点头称赞。”从写作的传统经验而言，软导语不像硬导语那样追求高效率、快节奏，它形式灵活，突出旨趣，不像硬导语那样直截了当、简短直白。该消息关注民生，改用讲故事的软导语更为贴近主题，可读性和传播效果更好。该报道的标题改为《〈浙江省保障“最多跑一次”改革规定〉明年元月1日起实行（正题）　这是全国“放管服”改革领域首部综合性地方法规（副题）》更为契合新闻主题，一项关乎众人切身利益的新法规何时落地才是受众最关心的最重要的事实信息。

经过50多天艰苦卓绝的战斗，3月18日，湖北首次在全省范围内实现新增确诊病例、疑似病例零报告，除武汉市外的16个市州连续14天无新增确诊病例。3月19日，省新冠肺炎疫情防控指挥部召开的新闻发布会介绍，湖北疫情防控形势持续向好，蔓延扩散势头已得到有效遏制，医疗救治工作取得阶段性成果。

——《湖北新冠肺炎新增病例首次零报告》(2020年3月20日　《湖北日报》)

【评析】该导语共172字，不够简洁，没有体现硬新闻导语的特点：简明直接。硬新闻导语的一般规律是：常用一句话，最多两句话，用简单句。该新闻导语虽只有两句话，但句子都比较长。其特点是，第一句话为新闻背景，第二句话是最新鲜、最重要、最有新闻价值的叙事。按照消息导语写作的规范，宜用第二句作为该消息的导语，第一句话可以置于新闻主体之中。即：“3月19日，湖北省新冠肺炎疫情防控指挥部召开新闻发布会宣布，湖北疫情蔓延扩散势头已得到有效遏制，医疗救治工作取得阶段性成果。”修改后的一句话导语共61字，减少了111字，叙事的效率显著提升。其新闻标题简洁明快，概括了最重要的新闻事实，彰显了新闻价值。

记者从中国载人航天工程办公室获悉：6月17日9时22分，神舟十二号载人飞船在酒泉卫星发射中心发射升空，准确进入预定轨道，顺利将3名航天员送上太空。神舟十二号载人飞船入轨后顺利完成入轨状态设置，于北京时间6月17日15时54分，采用自主快速交会对接模式成功对接于天和核心舱前向端口，与此前已对接的天舟二号货运飞船一起构成三舱（船）组合体，整个交会对接过程历时约 6.5 小时。这是天和核心舱发射入轨后，首次与载人飞船进行的交会对接。

——《中国人首次进入自己的空间站》(2021 年 6 月 18 日 《人民日报》)

【评析】该新闻共 459 字，仅 3 个自然段，而其导语就有 206 字之多，占比近 45%，如此头大身小，结构上显然失衡了，形式上不美观，叙事效率低下。硬新闻导语宜简洁精炼，简短有力，一般就是一个简单句，最多两个简单句。该导语有三句话，都不是简单句，其中第二句长达 107 字。细读文本会发现，它没有按照消息惯常的倒金字塔结构叙事，而是采用了时间顺序结构，开头叙述了该事件的过程，传播信息的效率不高。若采用经典的倒金字塔结构，导语应用最简练的语言概括最重要事实，该新闻的导语可以这样写：“据中国载人航天工程办公室透露，北京时间 6 月 17 日 18 时 48 分，航天员聂海胜、刘伯明、汤洪波先后进入天和核心舱，标志着中国人首次进入自己的空间站。”这样，该导语变得简短了，仅 69 字，而其传播信息的节奏快了，效率高了。由此可见，即便在当下新媒体传播时代，诞生于 19 世纪 60 年代的倒金字塔结构仍旧具有不可替代的长于信息流布的优势。

二、软新闻导语宜委婉生动、虚实结合

软新闻导语与硬新闻导语在写作上明显的不同是叙事节奏慢，委婉含蓄，突出旨趣，更注重文采，它以“铺陈 + 何事（结果）”构成，先虚写，再实写，借用文学手法使导语富有情趣，适合故事类型的新闻，如今越来越多地用于非重大事件的新闻导语写作。例如：

“这两年，别人想在我们村寨娶走个媳妇都难。”3 月 25 日，记者在阿坝州若尔盖县求吉乡采访时，噶哇村村委会主任仁卓的一句感慨引起了记者的注意。为何难？原来，村里年轻人不少都出门上大学去了。全乡共 629 户人，近 7 年间已有 235 人从大学毕业，还有 124 名大学生在读。

——《从受触动到行动　知识改变命运（引题）　629 户人的藏乡走出 359 名大学生（正题）》(2015 年 3 月 26 日 《四川日报》)

【评析】该导语共122字，其逻辑似有瑕疵。整篇新闻没有告知629户藏乡的总人口是多少？这359名大学生中共有多少女生？问题来了，导语开头的直接引语“这两年，别人想在我们村寨娶走个媳妇都难”与359名大学生有何直接关联？其实，该导语可以根据文中的内容改写为：“阿坝州若尔盖县求吉乡下黄寨村村民巴千学不认识几个字，跑运输时要记录饭店电话，就在电话本上画个碗和筷子，再记上数字。如今，他的儿子多吉扎西已大学毕业，正在自己创业搞现代农业。求吉乡共629户人家，近7年间这个藏族乡已有359人考上大学。”这样用叙述式的方式建构的软新闻导语将一个家庭的两代人不同的命运进行对比，在逻辑上合情合理，在表述上也具有可读性。其标题用单行标题《629户人的藏乡走出359名大学生》即可体现新闻价值，彰显新闻主题。

4.4秒，生死一瞬，他毅然选择“推杆”挽救飞机，放弃了第一时间跳伞。2016年4月27日，海军歼－15舰载机飞行员张超因飞机机械故障，在陆基模拟着舰训练中壮烈牺牲。没有留下豪言壮语，只有拼尽全力的执着，他最终倒在离梦想咫尺之遥的地方——只剩下最后7个飞行架次，他就能飞“上”航母辽宁舰。这一天，年仅29岁的他，来不及给年迈的父母、亲爱的妻子、2岁的女儿留下一句话，便匆匆走了。

——《折翼海天　用生命为航母事业铺路》（2016年8月1日　《解放军报》）

【评析】该软新闻导语共179字，写作规范、笔力精湛，但字数稍多。笔者修改为：“4.4秒，生死一瞬，他放弃了第一时间跳伞，毅然选择‘推杆’挽救飞机。4月27日这一天，年仅29岁的海军歼－15舰载机飞行员张超，来不及给白发的父母、挚爱的妻子和珍爱的2岁女儿留下一句话，便匆匆走了。他在陆基模拟着舰训练中壮烈牺牲。再练习最后7个飞行架次，他就能飞‘上’辽宁舰航母了。”如是表述省却了45字，更简洁。该新闻的标题不符合消息标题传播信息开门见山的特点，宜改为《折翼海天，碧血丹心（引题）海军15舰载机飞行员张超壮烈牺牲（正题）》。

港珠澳大桥海底隧道工程近日完成“最终接头”的安装，已经可以步行穿越了。昨天，记者来到这条世界最长的海底隧道采访，除了兴奋之外，还得到了一个令人震惊的消息：在“最终接头”成功安装后，还进行了一次耗时34小时“返工”式的精密调整，最终误差缩小到了“毫米”，建设者们说：“我们没留遗憾。”

——《创造港珠澳大桥的“极致”(正题)世界最长海底隧道“最终接头”二次“精调”实现毫米级偏差(副题)》(2017年5月11日 《珠江晚报》)

【评析】软新闻导语由“铺陈”加“最重要事实”建构，即虚写+实写。它被称为讲故事的导语、特稿导语，也叫间接导语、延迟式导语、延缓性导语、软导语。这种导语需要借用文学手法。该新闻导语共140字，写作可以更为精致，如将正文中倒数第二段的第一句话与第二 段的第一句话进行融合，改为：“‘这就是我想要的结果’，港珠澳大桥岛隧项目总指挥林鸣得知耗时34小时重新精密调整的大桥海底隧道工程‘最终接头’误差是‘毫米’级时，他终于开心地笑了。为了这一刻，林鸣一天没上厕所、连续34个小时没合眼、发出过上万次指令。要知道，这是世界最长的海底深埋隧道，它由33节混凝土预制管节和1节12米长的‘最终接头’组成，沉管总长度达5664米!”这样写，仅比原导语多了20字，但文字更为考究。而且全篇新闻的篇幅也缩短了。其标题也可修改为《港珠澳大桥是世界造桥技术的最高体现(引题)5 664米沉管，东侧误差0.8毫米，西侧误差2.5毫米(正题)》。第一行标题引用现场的荷兰特瑞堡公司工程师乔尔的赞叹，第二行标题概括本次工程的标志成就，这样组合比原标题更能够凸显该报道的新闻价值。

“来水了！来水了!”5日上午，随着来自福建晋江、穿越约28公里陆海输水管道的碧水，在金门田埔水库喷涌而入，3000多名围观的当地民众欢呼雀跃。

“金门缺水的历史一去不复返了，这是金门发展史上的一件大喜事!”专程赶到晋江龙湖观摩通水现场会的台中市金门同乡会理事长蔡少雄，兴奋之情溢于言表。

——《23年圆梦，福建晋江水流进金门》(2018年8月6日 《福建日报》)

【评析】该新闻使用了软新闻导语，共138字。它以直接引语建构了现场场景，生动可感。唯一不足是，其第一自然段第二句话过长，有57个字，宜改为两个简单句提高其可读性：“‘来水了！来水了!’5日上午，来自福建晋江的饮用水在金门田埔水库喷涌而入，3 000 多名当地民众在现场欢呼雀跃。这些清水穿越了长约28公里的陆海输水管道。‘金门缺水的历史一去不复返了，这是金门发展史上的一件大喜事！’专程赶到晋江龙湖观摩通水现场会的台中市金门同乡会理事长蔡少雄，兴奋之情溢于言表。”该报道的标题可改为《福建晋江水流进金门，23年终圆梦》或《“盼了23年，终于迎来大陆的清水！”（引题）福建晋江水昨天流进金门（正题）》。

告别“同命不同价”！广东省高级人民法院24日上午发布了《关于在全省法院民事诉讼中开展人身损害赔偿标准城乡统一试点工作的通知》（以下简称《通知》）。农村居民受害人可获赔的“两金一费”（残疾赔偿金、死亡赔偿金、被扶养人生活费）数额，从此将有较大幅度提升。

——《告别“同命不同价”！》（2019年12月24日 《羊城晚报》）

【评析】该软新闻导语共124字，以直接引语作铺陈，有现场感，简洁明了。其新闻标题也突出了消息体裁长于传播信息的功能，直截了当。唯一的瑕疵是最后一句“从此将有较大幅度提升”交代的信息不清晰不准确，笼统含糊。新闻语言宜简洁、精准、明晰。

“‘禁砂’三年，水质明显好了，再现鸥翔水美。”今天一早，陈飞带着施工人员来到东平湖西检查集水井。他们参与承建的7公里环湖路，每隔200米修建了一眼集水井，对污水集中处理。

以前采砂，现在护湖，三年间陈飞的身份来了个180度大转弯。2018年春，他有四艘大型采砂船，每天采砂超万吨。他介绍，东平全县最多时有2000多艘采砂船，5万余人从事采砂工作。入夜，站在湖南边的高处北望，东平湖俨然一座采砂“不夜城”。现在的他，已经“洗脚上岸”，吃起了“生态饭”。

——《舍弃八亿收入，换来鸥翔水美（引题）“禁砂”三年，黄河下游最大湖泊东平湖生态效应显现（正题）》（2012年3月15日 《大众日报》）

【评析】该软新闻导语共211字，它以直接引语开头，有现场感和画面感，比较生动，可读性好。其不足是，作为消息导语不够简洁，开头的直接引语缺乏对新闻来源的交代。该导语可以精细化修改为：“‘禁砂三年，水质明显好了，再现鸥翔水美。’今天一早，陈飞带着施工人员来到东平湖西检查承建的7公里环湖路处理污水的集水井时，如此感慨。三年前，陈飞有四艘大型采砂船，每天采砂超万吨。而今，他已经‘洗脚上岸’，吃起了‘生态饭’”。修改之后的导语变成了113字，保留了原导语语言生动可读的优点，同时变得简短了，叙事效率也得到了提升。该新闻的双行标题符合规范。

综上所述，消息作为传播信息见长的新闻体裁，快速、简约、客观传播事实真相是其显著的特征。因此，其导语多采用硬导语，非重大事件的消息也可以采用软导语，以直接引语、场景描写等铺陈，突出新闻的旨趣，这类导语对字数的限定不像硬导语那样严苛，但仍旧恪守新闻写作简洁明晰的规范。

在写作消息时，不管采用哪一类导语，都应遵循新闻写作的规律：“为了既说清楚问题又具有可读性，导语的句子应该尽可能地限制在35个单词以内。冗长的导语会占用版面有限的报纸或在线专栏的过多空间，使人望而生畏。”①

三、优化记者笔力，强化新闻文化建设

黄月琴、何强认为，新闻评奖具有仪式功能，仪式作用的机制是众人的参与和共同“凝视”，以强化归属感、提示行为规范和生成共同体意识。② 尹韵公发现，经过选择的参评作品仍存在着种种瑕疵，如用词不准确、对事实判断有偏差、解释某种现象时不够严谨、对文字把关不严格、素材真实性存疑、对某些预期的传播效果考虑不周引发反效果等。尹韵公的观察是，一些获奖作品的文本白璧微瑕，“事实上，那些获奖作品，即便是分量最重、数量最少的一、二等奖，有的也还是有小瑕小疵，只不过不经仔细审视，是看不出这类小毛病来的”③。唐绪军2013年在研读67件拟获奖作品时发现，存在各种差错的就有31件，占比达46.3%。惊讶之余，他建议改变“评选标准重事件轻文本”④ 的倾向。钱莲生坦言，新闻奖评选“处于有‘高原’、无‘高

① 武斌. 新闻人的“工匠精神”请从“头”开始［J］. 传媒观察，2016（10）：46.
② 黄月琴，何强. 奖与罚：新闻奖的荣誉域及其荣誉实践［J］. 国际新闻界，2017（5）：71－72.
③ 尹韵公. 中国新闻奖青睐什么样的报道［J］. 军事记者，2007（2）：10－11.
④ 唐绪军. 中国新闻奖也须“走转改”：改革中国新闻奖评选机制建言［J］. 2013（11）：33－34.

峰’的状态，‘还未达到与其地位相称的那种示范性、权威性，还没有在人们心目中树立起山峰般高耸的形象’”①。

笔者认为，记者的笔力建设乏力是新闻文本瑕疵的深层次原因。“媒体深度融合大势下，AIGC（Artificial Intelligence Generated Content，生成式人工智能）成为新风口，业界有‘技术崇拜’到‘技术迷思’的倾向，而远离新闻的文字、文学、文化初心。”② 当前，碎片化、浅表化、娱乐化已然成为信息传播主流，浏览每日新闻不难发现新闻导语失序失范、写作粗糙等突出问题。以硬新闻导语为例，有两类常见的通病：其一是冗长，即以叙述事件发生的经过代替对最重要事实的概括；其二是无主题，记者从获得线索为叙事的起点，逆经典新闻学要求在导语中用一句话或两句话概括新闻主题（最重要的事实）的规范而行，以某事在网络上引发网友关注为引子，在主体甚至结尾中才告知受众最重要的事实——“结果”。其叙事的效率被降低，再加上标题语焉不详，有意用碎片化的词语故弄玄虚，或煽情或刺激，以此招徕受众的好奇心。软新闻导语的写作也存在着专业性被拉低的倾向，其文本常见的问题有：①铺陈与主题无关；②铺陈拖沓啰唆；③只有铺陈，没有呈现主题，导致虚实脱节，令人疑惑。在如今全民生产新闻的时代，舆论生态复杂多元，有的媒体迷失了方向，评论人曹林为此忧心忡忡：“这些年的媒体融合和转型中，整体的转型取向被一些热衷于下沉逐利的平台所裹挟，把短视频捧到了无以复加的高度，轻视文字传播，忽略文字功底，无视文字作为表达和沟通的‘基本媒介’，压倒性地重视频轻文字，争相用视频下沉去争夺庞大的下沉用户，让社会的文字能力也下沉到谷底新低。——实际上，这伤害的不仅是文字写作和表达能力，更有思维能力，尤其是批判性思维能力。”③

在这样的新闻文化氛围中，从日常新闻中挑选精品如同沙里淘金。2016年4月上旬，江苏省首届报纸优秀作品审核委员会9位审核对总计200万字的599件参评作品认真审核，参评作品中存在标点符号使用不当、字词误用、直接引语和间接引语使用不当等十大类问题，差错总计555处，有差错的作品

① 钱莲生．中国新闻奖评选若干问题的理性释诉：兼论中国新闻奖改革的方位［J］．新闻战线，2017（11）：30．

② 邹高翔．“记者文学”与新闻笔力初心：AIGC风口下的审视［J］．南方传媒研究，2023（4）：100．

③ 曹林．重视频轻文字，造成阅读能力灾难性退化［EB/OL］．(2023-04-08)［2024-04-09］．https://news.ifeng.com/c/8OoMSsescIQ．

287 件，占参评作品总数的 47.9%。审核委员会最后建议取消 48 件有明显硬伤的作品参评 2015 年度江苏省报纸优秀作品资格①。可见当下中国记者的笔力建设亟待加强。

值得警惕的是，有的记者对笔力表达出轻慢的态度。一位获奖记者如是说：“曾经被新闻采写技巧方面的情况所迷惑，比如，新闻写作的叙事逻辑、语言节奏以及文字上的美。”② “新闻远远不是技术上的问题，新闻是用来服务社会，或者说守望社会的。”③ 这种说法只强调新闻选题的重要性，忽略了新闻作品的文本之美，有失公正。“应该说，好新闻的‘事实之真’与‘文字之美’如同一枚硬币的两面，缺少哪一面都不完美。新闻界应该重视作品的美好呈现。”④ 两次获得普利策新闻奖的美联社特派记者雷尔迈·帕特·莫林曾 11 次撕毁一篇特稿的导语，直到他相信自己写对了方才罢休。这正是我们呼吁、期待的新闻人“工匠精神”⑤！具体而言，倡导新闻人的“工匠精神”，就是在“四力”（脚力、眼力、脑力、笔力）上下功夫，而在这“四力”中，笔力是记者综合素养的最终呈现，也是用功最深、修炼时间最长的一项技能。新闻写作要求时效性，记者必须倚马可待、一气呵成，平时的写作基本功训练尤为重要。中国新闻界的前辈黄远生、张季鸾、王芸生、范长江、邓拓等，都是名噪一时的快手和高手。探寻新闻界名流的成才之路可以得出结论：过硬的文笔源自勤学苦练⑥。“要写出独树一帜的好导语，需要技法说、模板说等小技巧，更需要写作文化、写作智慧等‘大技巧’。这种‘大技巧’是一种话语生成的技巧，一种写作的智慧。”⑦ “导语把文化映射在话语之中，话语通过导语折射文化的光辉。把握了写作文化的‘大技巧’的写作者就能创造出这种和谐，圆满的导语，达到自己的写作目的、写作意图，实现最佳的

---

① 许建军.“啄木鸟”捉到了哪些“虫子”：审核 2015 年度江苏省报纸优秀作品参评作品实录［J］. 传媒观察，2016（6）：17.

② 钱莲生. 中国新闻奖评选若干问题的理性释诉：兼论中国新闻奖改革的方位［J］. 新闻战线，2017（11）. 30.

③ 钱莲生. 中国新闻奖评选若干问题的理性释诉：兼论中国新闻奖改革的方位［J］. 新闻战线，2017（11）. 30.

④ 钱莲生. 中国新闻奖评选若干问题的理性释诉：兼论中国新闻奖改革的方位［J］. 新闻战线，2017（11）. 30.

⑤ 武斌. 新闻人的“工匠精神”请从“头”开始［J］. 传媒观察，2016（10）：46.

⑥ 武斌. 新闻采访与写作［M］. 杭州：浙江大学出版社，2019：17.

⑦ 刘姿. 消息导语写作的写作文化研究［D］. 成都：四川师范大学，2008：58－59.

传播效果。”①

作家林清玄在散文集《心美，一切皆美》中讲过一个故事。日本茶道大师千利休是这样对权贵介绍饮茶艺术的：“把炭放进炉子里，等水开到适当程度，加上茶叶使其产生适当的味道。按照花的生长情形，把花插在瓶子里。在夏天的时候使人想到凉爽，在冬天的时候使人想到温暖，没有别的秘密。”他后来留下一首诗述说他的茶道精神：“先把水烧开/再加进茶叶，/然后用适当的方式喝茶/那就是你所需要知道的一切，/除此以外，茶一无所有。”这就是一个大师级的茶道专家对人们觉得高深莫测的“茶道”的诠释。茶道的最高境界就是这样，是一种简单的、单纯的程序，但从看似简简单单的动作中领悟出“适当的方式”就不那么简单容易了。所谓“适当的方式”就是自己日复一日、年复一年，从一招一式的平淡简洁的程式中用心领会、用心感悟，悟出符合自己个性和特点的饮茶之道，这就是千利休对自己一生体会琢磨的茶道的感悟。正所谓“大道至简”，看似简单、平凡的细微之处却蕴含着深远的意义、精妙的哲理，需要我们一心一意，明察秋毫②。

新闻写作同理，看似复杂的程序背后其实简而话之就是从日复一日、年复一年，从导语写作一招一式的平淡简洁的程式中用心领会、用心感悟，悟出符合自己个性和特点的软导语建构之道。

---

① 刘姿．消息导语写作的写作文化研究［D］．成都：四川师范大学，2008：58－59.
② 林清玄．心美，一切皆美［M］．北京：国际文化出版公司，2012：55.

结 语

就在本书最后一次修改，完成定稿的时候，ChatGPT 的新闻经过密集的报道而弥散开来。未来的新闻业会不会被智能化的机器人所取代？我们今天还需要花费时间和精力学习新闻导语的写作技能吗？有关机器人参与新闻写作如今已经不是新闻了，但迄今为止我还没有看到过任何一篇机器人写作的新闻比人类写的更强，进而证明智能时代机器人可以取代人类进行新闻生产。特别是个性化的软新闻导语，我不相信未来的智能机器人能够瞬间写得比优秀的记者更好。在人性和情感上，机器人没有优势。

哥伦比亚大学新闻学院教授 James Carey 认为，新闻学是“叙事艺术中最严格的一种”①。他说：“新闻学的天然学术家园在人文学科和那些具有人文主义的社会学科。新闻学天然地属于那种政治理论，那是一种培育对民主生活和制度理解的理论；新闻学属于文学，通过文学，新闻学获取了对语言表达和叙事形式的高度理解和意识；新闻学属于哲学，那是一种有着独特道德基础的哲学；新闻学属于艺术，这种艺术丰富了人们对视觉世界的想象力；新闻学属于历史学，历史构成了新闻对社会深层次的领悟。”② James Carey 的话启迪我们：新闻学具有丰富的知识内涵，新闻写作需要人们具备广博的知识。

导语是新闻的开始部分，受众对一篇新闻的感觉和第一印象是从导语开始的，可以说，导语出彩能提升整篇新闻的传播效果，带给受众愉悦的阅读体验。不仅如此，导语决定了新闻文本的走向和脉络，它是新闻的点睛之笔，从中可以看到记者的职业态度、专业素养、文化底蕴、创新思维和语言功力。

当下新闻传播借助互联网新科技的平台和渠道实现了“地球村”的愿景，但一方面信息超载、溢出，另一方面优质新闻文本稀缺。真心期待机构媒体和自媒体能够用精彩的话语和文本传播信息，吸引公众的视觉性注意，带给人们审美的愉悦和快感。心理学研究发现，人的视觉性注意可以分为三种模

---

① 李希光. 不做新媒体技术的奴隶：《实用网络新闻学》序言［J］. 运城学院学报，2007（2）：109.

② 李希光. 不做新媒体技术的奴隶：《实用网络新闻学》序言［J］. 运城学院学报，2007（2）：109.

型："（1）探照灯（spot - light）模型。这种模型认为注意力就像探照灯的光束一样在视野中移动，光束照射到的地方就是加工资源分布集中的地方。注意光束有一定的大小，在其范围内的对象会得到更好的加工。（2）透镜（zoom - lens）模型，这是一个注意力向注意力焦点聚集的过程。在这个模型中，注意力可以均匀地分布在整个视野上，也可以集中在一个很小的区域，这之间是一个连续变化的聚焦过程。（3）空间梯度（spatial - gradient）模型。这种模型认为注意力资源是静态分布的，它在视野中呈 V 型的等级分布，从注意力中心向周围递减分布。"①

在不缺少视觉资源的当下，新闻传播的效果与人们的视觉性注意的选择有莫大的关系，作为文字符号传播的新闻文本能否吸引住受众的视觉性注意决定了整篇文本的传播效果，其中导语更是人们视线探照灯的光束率先照亮的地方，是人们的目光寻找焦点的开始，是读者注意力的中心。因此，写好导语就等于写好了整篇报道。新闻编辑部的文化决定着新闻生产的质量，也决定着导语写作的文化价值观。在前互联网时代，特别是 20 世纪 90 年代，我们的媒体上还时不时能看到写作有特点的新闻导语，例如 1990 年 1 月 23 日《新华日报》一则新闻的导语是这样写的：

似曾相识燕归来——去年盛夏曾令南京消费者争相购买的"燕舞"牌收录机，昨天起又在新街口百货商店、人民商场和南京商场展销。

该软导语十分巧妙，它先用了宋代词人晏殊《蝶恋花》中的名句"似曾相识燕归来"作为铺陈（虚写）营造了"名片效应"，然后与破折号后的告知事实（实写）结合，该诗句中的"燕"与商品商标"燕舞"产生了粘连，形式上产生了美感，浑然天成。可见记者（编辑）为这条导语下了功夫，用心良苦。

再如 1993 年 11 月 1 日《杭州日报》创办下午版的导语是这样写的：

中国新闻史上第一次响起了一个与众不同的声音："嗨，下午好！"我国第一张下午版报纸今日由杭州日报正式创刊。

① 杨保军，陈刚. 报纸版面编排的倒金字塔结构［J］. 中国编辑，2008（5）：25 - 26.

该导语成为国内很多新闻论文中的经典案例。它采用拟人的修辞手法，形式生动、活泼，不拘一格，不落窠臼，在当时被广为传诵也是情理之中。客观评价，该导语中没有在拟人铺陈之后揭秘杭州日报下午版的报名是一个失误。它如果改成下面这样可能更好：

“嗨，下午好！”中国新闻史上第一次响起了一个与众不同的声音。《杭州日报·下午版》今天呱呱坠地了。它是我国历史上第一张下午版报纸。

这样追求新闻导语写作别出心裁的案例现在可遇而不可求了。这也许与手机传播时代，人人都是自媒体、人人都是传播者有关系，媒体必须快速把新闻发出去，慢半拍就会被同行抢先，被“草根记者”抢先。在人类新闻史上从未有过这样的新闻竞争场景，新闻人从未经历过时效性如此紧迫的报道压力。同新闻的优质文本相比，出手快，第一时间抢到新闻，抢占舆论制高点才是更重要的。信息传播就是先声夺人。

那么，以传播信息为主要功能的新闻作品能否做到既快又好呢？答案是肯定的，美联社的新闻报道就做到了这一点。该社规定硬新闻导语“不能超过35个词”①。说来说去，这还是取决于编辑部文化，媒体对新闻生产建立怎样的生产、操作规范，把关人如何把关都决定了新闻作品的品质。有严格的产品控制方法和措施，新闻生产的品质就会有健康的生态，优质文本就会成为编辑部引以为傲、人人自觉遵守的规范。

当下新闻写作粗糙、冗长已经成为较普遍现象，导语写作的粗放和粗陋屡见不鲜，这与新闻生产面临的大环境——互联网技术引发的前所未有的大变局不无关系。互联网新媒体的崛起使得传统媒体失去了传播平台和渠道优势，昔日的话语霸权遭到瓦解，不得已而向互联网转型，重塑媒体的传播生态。影响力的削弱使得媒体生存压力变得严峻起来，新闻人难免焦虑和恐慌，一拨拨有丰富业界经验的精英挂冠而去，跳槽到了互联网公司。

于是，我们看到的新闻生产变成了媒体人和自媒体人众声喧哗的舆论场，热闹的传播景观背后是各种声音的汇流或对流，优质的文本变得稀缺起来。移动互联网的普及使得新闻生产变得容易了，新闻传播的门槛消失了，速度、音量、市场比优质文本更令人在乎，新闻写作质量变得粗糙也就不足为奇了。

---

① 甘璐．论新闻导语的优化［D］．长春：长春理工大学，2008．

回顾新闻传播史，那些记录了人类在重大历史事件中的人性、人生真相的新闻作品之所以能够超越时空而存在，不正是因为它们在当时既突出了新闻的价值，同时也以优质的文本而令人折服吗？新闻要实现有效传播，必然要在尊重新闻规律的基础上，追求写作的文本质量。优质的新闻写作会像磁石一般吸引着受众的视觉注意，作为新闻开头的导语更需要用心经营才能吸引受众的视觉关注，满足受众的阅读期待，它是公众视觉注意力的焦点，“……读者的视觉存在着视觉中心。处于视觉注意力焦点的事物容易引起人们的关注”①。优质的新闻写作从导语开始，导语作为新闻写作的起点，是记者职业能力的试金石。“新闻是历史的草稿。”唯有新闻精品会被后人作为学习、研究的范例，比如1963年10月22日《纽约时报》的消息《肯尼迪总统遇刺身亡》的导语一直作为典范广为流传，至今仍为新闻学习者耳熟能详的佳作。再比如1983年，新华社记者郭玲春写的讣闻《金山同志追悼会在京举行》（1982）获全国好新闻奖，今天在网上输入该新闻的标题，还能查阅到至少400条相关信息，就因为这篇讣闻的写作视角不同，其导语采用了软新闻的场景描写，在当时独具一格。据郭玲春自己讲，她写这篇新闻是受国外一篇关于萧伯纳逝世的消息启发而写的。

可见，优秀的新闻报道是可以流传久远的，而优秀的报道从导语开始就有不一样的视角，并且能够成为后人借鉴的典范，成为新闻文化传承的符号。一句话，我们要全力以赴对待每一次写作，让自己的文字带给阅读者享受而不是焦虑。顺便说一句，在美国人写的新闻专著或教科书中，都会建议做新闻先从小的地方媒体练手，积累经验后跳槽进入有影响力的知名媒体。但就我个人的观点，如果你在国内当记者，有远大志向，起步就应该从有影响力的市场化媒体、省会城市的媒体或省级媒体开始，因为就新闻生产的质量把关而言，国内这些商业化或层级高的官媒有更为严格的标准，你能学到本领，毕竟环境决定人。

迈克尔·舒德森认为：“眼下，技术不但正在改变新闻机构，而且也在改变人们的公共生活。但在我看来，老派的新闻机构，尽管在新闻的分发（distribution）的机制中正在变得越来越疲弱，但他们始终在原创新闻报道的采集（gathering）和生产（producing）活动中，占据着不可替代的地位。在过往的

① 杨保军，陈刚. 报纸版面编排的倒金字塔结构［J］. 中国编辑，2008（5）：26.

一个世纪里，这些机构是公共生活得以形成的重要原因。”①

本书立足于新闻传播实际，力求满足新闻写作者对实用性和可操作性著作的需求。祝愿读者朋友能从这本书中感悟优质导语写作的奥妙。

不管你是以新闻为职业的专业人员还是热衷于在社交媒体发言的“草根记者”，学习并掌握新闻导语写作技艺，对于当今大众化新闻生产时代的每个人而言都是有益处的。王海燕、刘湘通过对 2012 至 2018 年间，我国 10 份报纸共 1584 篇抽样新闻内容进行对比性分析发现，数字化环境下我国新闻业纸媒的专业化状况堪忧，“这 6 年间我国报纸新闻在文本层面呈现出明显的‘去专业化’趋势，在 6 个新闻专业化的关键指标上均出现减弱，其中，报道简洁性、报道及时性、信源多样性三方面整体显著减弱，结构规范性、表达客观性、选题公共性三方面局部减弱”。他们认为，“‘去专业化’的同时也意味着‘再专业化’的开始，而当‘再专业化’积累到一定的共识程度就可能形成新型的‘专业化’”②。本书愿为有志于新闻业“专业化”的理想者提供借鉴。

① 常江，何仁亿．迈克尔·舒德森：新闻学不是一个学科——历史、常识祛魅与非中心化［J］．新闻界，2018（1）：17.

② 王海燕，刘湘．数字化环境下的新闻“去专业化”研究：基于 2018 与 2012 年我国报纸新闻的比较内容分析［J］．新闻大学，2020（7）：79.

参考文献

一、专著

[1] 博奇科夫斯基. 工作中的新闻：信息充裕时代的模仿［M］. 周亭，译. 北京：北京大学出版社，2020.

[2] 多斯. 从结构到解构：法国20世纪思想主潮［M］. 季广茂，译. 北京：中央编译出版社，2004.

[3] 厄舍. 互动新闻：黑客、数据与代码［M］. 北京：中国人民大学出版社，2020.

[4] 方延明. 方延明文化三论［M］. 北京：中华书局，2019.

[5] 冯健. 中国新闻实用大辞典［M］. 北京：新华出版社，1996.

[6] 高岗，潘曙雅. 新闻采访与写作［M］. 北京：中国人民大学出版社，2018.

[7] 郭光华. 新闻写作［M］. 北京：中国传媒大学出版社，2016.

[8] 汉密尔顿. 有价值的新闻［M］. 展宁，和丹，译. 杭州：浙江大学出版社，2016.

[9] 华莱士，诺伯尔. 光与热：新一代媒体人不可不知的新闻法则［M］. 华超超，许坤，译. 北京：中国人民大学出版社，2017.

[10] 科瓦齐，罗森斯蒂尔. 新闻的十大基本原则［M］. 刘海龙，连晓东，译. 北京：北京大学出版社，2014.

[11] 克雷默，考尔主编. 哈佛非虚构写作课：怎样讲好一个故事［M］. 王宇光，等译. 北京：中国文史出版社，2015.

[12] 莱特尔等. 全能记者必备［M］. 7版. 宋铁军，译. 北京：中国人民大学出版社，2010.

[13] 李希光，孙静惟，王晶. 新闻采访写作教程［M］. 北京：清华大学出版社，2011.

[14] 里奇. 新闻写作与报道训练教程［M］. 钟新，主译. 北京：中国人民大学出版社，2004.

[15] 刘冰. 新闻报道写作理论、方法与技术［M］. 广州：南方日报出版社，2011.

[16] 刘海贵. 中国新闻采访写作学［M］. 上海：复旦大学出版社，2012.

[17] 麦尔维尔. 白鲸 [M]. 曹庸，译. 广州：花城出版社，2015.

[18] 门彻. 新闻报道与写作：第九版 [M]. 展江，主译. 北京：华夏出版社，2003.

[19] 密苏里新闻学院教授群. 当代新闻采访与写作 [M]. 李利国，黄淑敏，译. 台北：周知文化出版，1995.

[20] 帕乌斯托夫斯基. 金蔷薇 [M]. 戴骢，译. 上海：上海译文出版社，2010.

[21] 佩普，费瑟斯通. 报纸新闻：从入门到精通 [M]. 周黎明，译. 北京：中国人民大学出版社，2010.

[22] 平克. 风格感觉：21 世纪写作指南 [M]. 王烁，王佩，译. 北京：机械工业出版社，2018.

[23] 萨利赫. 新闻写作的艺术 [M]. 陶娟，译. 北京：中国人民大学出版社，2017.

[24] 沈爱国. 消息写作学 [M]. 杭州：浙江大学出版社，2009.

[25] 施瓦茨. 如何成为顶级记者：美联社新闻报道手册 [M]. 1 版. 曹俊，王蕊，译. 北京：中央编译出版社，2003.

[26] 舒德森. 新闻社会学 [M]. 徐桂权，译. 北京：中国人民大学出版社，2020.

[27] 斯坦德灵. 专栏写作的艺术 [M]. 熊锡源，译. 广州：南方日报出版社，2014.

[28] 特立斯. 王国与权力：撼动世界的《纽约时报》 [M]. 张峰，唐霄峰，译. 上海：上海人民出版社，2016.

[29] 王健壮. 恺撒不爱我：追寻新闻人的自由传统与典范 [M]. 桂林：广西师范大学出版社，2014.

[30] 武斌. 融媒体背景下的新闻采访 [M]. 北京：电子工业出版社，2017.

[31] 武斌. 特稿写作理论与实务 [M]. 芜湖：安徽师范大学出版社，2021.

[32] 武斌. 消息写作原理 [M]. 广州：南方日报出版社，2020.

[33] 武斌. 新闻采访与写作 [M]. 杭州：浙江大学出版社，2018.

[34] 武斌. 新闻写作案例教程：范例、思路与技巧 [M]. 广州：南方日报出版社，2014.

[35] 新闻采访与写作编写组. 新闻采访与写作 [M]. 北京：高等教育出版社，2019.

[36] 泽利泽. 想象未来的新闻业 [M]. 赵如涵，译. 北京：中国人民大学出版社，2022.

[37] 泽利泽. 严肃对待新闻业：新闻研究的新学术视野 [M]. 李青藜，译. 北京：中国人民大学出版社，2022.

[38] 张超. 释放数据的力量：数据新闻生产与伦理研究 [M]. 北京：中国人民大学出版社，2020.

［39］郑贞铭、廖俊杰、周庆祥. 新闻采访与写作［M］. 台北：威士曼文化事业股份有限公司，2010.

［40］周庆祥，方怡文. 新闻采访写作［M］. 台北：风云论坛出版有限公司，2003.

［41］埃默里 M，埃默里 E，罗伯茨. 美国新闻史：大众传播媒介解释史：第九版［M］. 展江，译. 北京：中国人民大学出版社，2009.

［42］哈尔卡普. 新闻学原理与实务［M］. 董素兰，顾淑馨，译. 台北：学富文化事业有限公司，2011.

二、论文

［1］常江，何仁亿. 迈克尔·舒德森：新闻学不是一个学科——历史、常识祛魅与非中心化［J］. 新闻界，2018（01）：15.

［2］车英编译. 关于美国新闻写作中"短""精"与"可读性"［J］. 新闻知识，1990（3）：44－47.

［3］单波. 倒金字塔结构源起之谜［J］. 新闻知识，1994（9）：42－44.

［4］单波. 关于倒金字塔结构源起的再考察与再评价［J］. 写作，1994（9）：33－34.

［5］高红玲. 西方新闻导语写作的"接近性"角度探析［J］. 国际关系学院学报，1999（1）：30－35.

［6］广陵摘译. 词与句：漫谈新闻写作［J］. 国际新闻界，1998（3）：24－29.

［7］贾从永. 英汉新闻易读性比较研究［D］. 上海：上海外国语大学，2004.

［8］金元浦. 互联网思维 科技革命时代的范式变革［J］. 福建论坛（人文社会科学版），2014（10）：44.

［9］荆武臣. 新闻的倒金字塔结构及其变异［J］. 郑州大学学报（哲学社会科学版），1995（3）：114－118.

［10］孔祥军. 新闻精品：一种理论建构和组织文化的框架［D］. 上海：复旦大学，2005.

［11］李朝. 国外流行的"单因素"导语［J］. 新闻界，1985（10）：33.

［12］李建波. 新华社新闻报道量化文本分析：基于与美联社新闻报道的对比研究［J］. 中国出版，2018（18）：30－33.

［13］李希光. 不做新媒体技术的奴隶——《实用网络新闻学》序言［J］. 运城学院学报，2007（2）：109－110.

［14］李希光. 新闻稿如何结构［J］. 新闻与写作，2012（6）：74－77.

[15] 李希光. 新闻记者应具备的能力 [J]. 新闻与写作, 2012 (4): 72 - 76.

[16] 李希光. 中国新闻导语批判 [J]. 青年记者, 2001 (4): 18 - 21.

[17] 廉振孝. 追求更好：经济新闻写作四要 [J]. 中国记者, 1992 (9): 36 - 37.

[18] 陆晔, 周睿鸣. "液态"的新闻业：新传播形态与新闻专业主义再思考——以澎湃新闻"东方之星"长江沉船事故报道为个案 [J]. 新闻与传播研究, 2016 (7): 39 - 40.

[19] 孙润. 新闻导语的关联性探究 [J]. 文山学院学报, 2013 (8): 72 - 75

[20] 王海燕, 刘湘. 数字化环境下的新闻"去专业化"研究：基于 2018 与 2012 年我国报纸新闻的比较内容分析 [J]. 新闻大学, 2020 (7): 79.

[21] 王泰玄. 新闻写作的语言问题 [J]. 国际新闻界, 1983 (8): 49 - 53.

[22] 翁正良. 倒金字塔结构起源新说 [J]. 现代传播, 1991 (8): 63 - 65.

[23] 武斌, 佟慧娟. 传统报业数字化转型背景下软新闻导语的建构 [J]. 今传媒, 2020 (7): 1 - 3.

[24] 武斌, 佟慧娟. 新闻六要素与导语文本语境的逻辑进路 [J]. 采写编, 2021 (3): 161 - 162.

[25] 武斌. "第三只眼睛"看获奖消息导语写作的瑕疵 [J]. 中文学刊, 2023 (6): 106 - 110.

[26] 武斌. 反思媒介融合背景下新闻写作的失范与异化 [J]. 当代传播, 2019 (3): 109 - 112.

[27] 武斌. 后新闻业传播时代新闻导语文本形态的失范与重构 [J]. 中国地市报人, 2022 (7): 77 - 80.

[28] 武斌. 警惕："融"时代硬新闻导语写作常见的十种失误 [J]. 中国记者, 2018 (1): 112 - 114.

[29] 武斌. 软导语在新闻话语中的意义锚定、统摄秩序与建构进路 [J]. 语言与文化 (2021 年) 教育与语言学卷, 347 - 357.

[30] 武斌. 数字化转型中新闻业务的失范问题与对策：以《人民日报》第二版要闻版新闻导语写作为例 [J]. 中文学刊, 2023 (4): 56 - 60.

[31] 武斌. 新闻人的"工匠精神"请"从头"开始 [J]. 传媒观察, 2016 (10): 44 - 46.

[32] 武星户. 写好导语更讲究技巧 [J]. 新闻与写作, 2002 (10): 34 - 37.

[33] 薛国林, 葛俊易. 新闻导语写作的三大乱象 [J]. 新闻与写作, 2014 (8): 73 - 75.

[34] 杨保军, 陈刚. 报纸版面编排的倒金字塔结构 [J]. 中国编辑, 2008 (5): 24 - 27.

[35] 杨保军, 周世林. 新闻文本生产中的思维特征分析 [M]. 中国地质大学学报 (社会科学版), 2013 (3): 49 - 53.

[36] 杨保军. 倒金字塔：新闻思维的规律性结构 [J]. 新闻战线，2008 (6)：44-45.

[37] 张威. 对国内有关硬新闻和软新闻界定的质疑 [J]. 国际新闻界，1998 (4)：58-65.

[38] 张威. 硬新闻导语写作十大要义 [J]. 新闻记者，2003 (7)：20-22.

[39] 周立方. 万事开头难：谈谈新闻导语的写作 [J]. 中国记者，1990 (3)：46-48.

[40] 周盛平. 硬新闻发展趋势研究 [D]. 北京：清华大学，2005.

后　记

这本书历时四年，终于要出版了。揉一揉困倦的眼神，回眸那些为这本书稿魂牵梦绕的日日夜夜。我怀念那些风雨兼程的日子，感谢那些为这本书付出了心血和汗水的人们。

四年前的春天，在遥远的西部边城，疫情骤然降临，被困室内的我不甘心无所事事，开始构思写作这本书，何曾想到，历经坎坷曲折，走过万水千山才终于付梓。起步是艰难的，我写出了6万字后就写不下去了。在斗室中思考、在斗室中阅读、在斗室中蹒跚而行……疲倦了就起身在房子里如驴拉磨一样循环转圈，或者伫立窗前隔着玻璃眺望室外的积雪、高远的蓝天和空旷的街道。正如一名诗人所说，“挺住意味着一切”，我殚精竭虑，一年又一年，终于完成了15万余字的初稿。

四年磨一剑。这四年来，我时不时地删改、增补书稿，踉踉跄跄，磕磕绊绊，仿佛夜行山林的旅人，多少次被磕得鼻青脸肿，狼狈不堪。但我相信，以铁杵磨成针的勇气和耐心，就一定能够让这本书稿从丑小鸭蜕变成小天鹅。当我写下最后一句话的时候，我想起创建了英特尔公司的安德鲁·格鲁夫的一句话：“当我们投入纯粹的行动时，我们的感知和直觉将迅速得到磨炼。”①

感谢陪我走过这段人生旅程的亲朋好友，感谢这次纯粹的行动带给我的体验，感谢我的感知和直觉从中得到了磨炼；感谢我的老师李邦思先生、匡志伦先生、方延明先生给予过我的教诲，李老师已经驾鹤西去，我对他曾经的关怀永生难忘；感谢三位知名新闻学者赵振宇先生、辜晓进先生、靖鸣先生题写的箴言妙语；感谢南方日报出版社社长周山丹、副总编辑刘志一的鼎力相助，感谢本书责编陈宇专业而高效的辛劳付出；感谢浙江越秀外国语学院网络传播学院给予了我学习、进步的空间。

最后，请允许我借用《南方周末》2024年的新年献词中的一段话来结束全书：“每一次何去何从的困惑，都可能通向一场毅然决然的醒悟。即使不知

① 胡泳．数字位移：重新思考数字化［M］．北京：中国人民大学出版社，2020：134．

道答案，即使不清楚前路，仍可选择做最值得的自己：去思考、去行动，去迎接、去探索。无论游刃有余还是头破血流，每一次闪展腾挪都是一次饱含希望的奋起，仿佛每一团在冬夜升起的篝火，都在为迎接春日而燃烧。”

作　者

2024 年 4 月 22 日终稿